仕事としての学問　仕事としての政治

マックス・ウェーバー
野口雅弘 訳

講談社学術文庫

目次

仕事としての学問

仕事としての政治

凡例

・本書は、マックス・ウェーバーの講演「仕事としての学問（Wissenschaft als Beruf）」（一九一七年一一月七日）および「仕事としての政治（Politik als Beruf）」（一九一九年一月二八日）の全訳である。

・両講演は一九一九年にDuncker & Humblot社から出版され、ウェーバーの死後、『学問論集（*Gesammelte Aufsätze zur Wissenschaftslehre*）』（一九二二年）、『政治論集（*Gesammelte Politische Schriften*）』（一九二一年）、および、それぞれの改訂版などに収録されている。本書では、『マックス・ウェーバー全集』（*Max Weber Gesamtausgabe*, Abt. I, Bd. 17: *Wissenschaft als Beruf 1917/1919 - Politik als Beruf 1919*, herausgegeben von Wolfgang J. Mommsen und Wolfgang Schluchter, in Zusammenarbeit mit Birgitt Morgenbrod, Tübingen: J. C. B. Mohr (Paul Siebeck), 1992）を底本として用いた。

・二つの講演は、これまでほとんどの場合、「職業としての学問」、「職業としての政治」と翻訳され、このタイトルで親しまれてきた。しかし、日本語の「職業」は「日常従事する業務。生計を立てるための仕事」（『広辞苑』第七版）のことであり、これでは（神からの呼びかけによる）「天職」という「ベルーフ（Beruf）」がもつ意味合いが消えてしまう。かといって、全体を「天職」ないし「召命」で訳し通すと、あまりに不自然になる。同様の問題は英訳でも発生しており、そのため Cambridge Texts in the History of Political Thought シリーズの Max Weber, *Political Writings*, edited by Peter Lassman and Ronald Speirs, Cambridge: Cambridge University Press, 1994 では、ドイツ語の "Beruf" の二重の意味を二語で表現して "The Profession and Vocation of Politics" というタイトルを採用している。また、タイトルで "Science as a Vocation", "Politics as a Vocation" を用いていても、本文では文脈に応じて "profession" が使われていることも多い。そこで本書では、タイトルも含めて基本的に「事」に「仕」えると書く「仕事」を用い、生計を立てるための業務を指す場合は「職業」、天職や召命という意味合いが強いところでは「使命」ないし「使命を受けた仕事」などとした。

・"Wissenschaft" の訳語は「学問」を基本とし、文脈に応じて「科学」を用いている。大学で行われる研究業務を指すような箇所では、今日の日本の大学で用いられている一般的な用語法に従って「研究」とした。

・原書のイタリックによる強調部分には傍点を付した。

・〔　〕は訳者による補足である。ただし、ドイツ語（場合によっては英語）の原語を入れる場合には〔　〕は使わず、該当する訳語の直後に（　）を付して挿入した。

・「仕事としての学問」の原文は全四〇段落、「仕事としての政治」は全八一段落で構成されている。訳文中の段落冒頭に付された［　］付きの算用数字は、原書の段落番号を示す。なお、原文の段落分けには二行ほどの短いものもあれば、数頁にわたる長いものもあり、本書では長い段落は訳者の判断で適宜分割した。また、原文には「章」や「節」の区分はなく、小見出しもないが、読解の助けとなるよう、訳者による小見出しを［　］を付して追加している。

・講演ということもあり、ウェーバー自身による註はつけられていない。ただし、本文中には多くの人名や用語が出てくるため、訳註を付し、必要と思われる場合には関連文献などの情報も挿入した。訳註はオリジナルの段落ごとに「＊」を付し、当該段落の直後に註本文を置いた。

・『マックス・ウェーバー全集（*Max Weber Gesamtausgabe*）』の略号として「MWG」を用い、MWG I/15のように部と巻数を表記した。

・ここに訳出した二つの講演については、尾高邦雄訳『職業としての学問』（岩波文庫、一九三六年、改訳一九八〇年）、脇圭平訳『職業としての政治』（岩波文庫、一九八〇年）をはじめ、すでにいくつかの邦訳がある。また、詳細な訳註付きで、野崎敏郎『ヴェーバー『職業としての学問』の研究（完全版）』（晃洋書房、二〇一六年）が刊行されており、訳者もこれらの既訳から多くを学ばせていただいた。なお、翻訳史については、ヴォルフガング・シュヴェントカー『マックス・ウェーバーの日本――受容史の研究1905-1995』（野口雅弘・鈴木直・細井保・木村裕之訳、みすず書房、二〇一三年）の巻末「マックス・ウェーバーの著作の日本語翻訳一覧（1925-2012）」を参照していただきたい。

・本書には、今日では差別的とされる表現が見られる。可能なかぎり配慮して訳文を作成したが、本書の歴史的価値を鑑みて、ご理解を賜りたい。

仕事としての学問　仕事としての政治

仕事としての学問

［テーマ設定］

［1］ みなさんからのご要望をいただき、「仕事としての学問」[*1]について話をさせていただきます。ぼくたち国民経済学者にはちょっと学者的な悪い癖(ペダントリー)があり、ここでもそれにこだわりたいと思います。常に外的な事情から出発する、というのがその癖です。ここでの問いは、ことばの物質的な〔「生計を立てる」という〕意味で考えたとき、学問が仕事として成り立つのは、どのようにしてか、という問いです。実際のところ、今日この問いが意味するのは、基本的にこうなります。学業を修了した学生が大学での研究生活に入って仕事として学問をする決意をしたとすると、その状況はどのようなものになるか、です。

ドイツの事情の特性がどこにあるのかを理解するには、比較を行い、海外ではどうなのかを考えてみるというのが目的にかなっています。この点で、ドイツの最も対極にあるところ、それはアメリカ合衆国[*2]です。

＊1　バイエルンの自由学生同盟（Freistudentischer Bund）主催の連続講演会「仕事としての精神的労働（Geistige Arbeit als Beruf）」の一部として、ミュンヘンのシュヴァービング地区にあるシュタイネッケ書店のホールで、「仕事としての学問」は一九一七年一一月七日に、「仕事としての政治」は一九一九年一月二八日に行われた。カール・レーヴィット（Karl Löwith）（一八九七―一九七三年）らの証言から、「学問」講演は一九一九年一月頃に再度行われたとする説もあるが、その日付は確定できていない。

＊2　ウェーバーは一九〇四年秋にセントルイスで開催された学術会議に出席するためアメリカ合衆国を訪問し、一三週間にわたって各地を旅した。「学問」と「政治」の両講演にも、この旅行の痕跡を確認することができる。アメリカとの比較においてヨーロッパを省察するという思考スタイルにおいて、ウェーバーはトクヴィル（Alexis de Tocqueville）（一八〇五―五九年）と共通している（クラウス・オッフェ『アメリカの省察――トクヴィル・ウェーバー・アドルノ』野口雅弘訳、法政大学出版局、二〇〇九年を参照）。

［ドイツの私講師とアメリカの助手］

［2］ご存じのとおり、ドイツで仕事として学問に従事しようとする若手のキャリアは〔ドイツ特有の〕「私講師」[*1]から始まるのがふつうです。若手〔研究者〕は本を出版し、そして学部のたいがいは比較的形式的な試験をパスする。その上で当該分野の責任者と協議し、その承認を得て、どこかの大学で教授資格を取得する。講義を行うのは、ようやくそれからです。講義の中身は教授資格の認可の範囲内で、自分で決めます。しかし、講義は無給で、学生が払う聴講料だけが報酬です。

アメリカでは、まったく事情が異なります。「助手」として雇用されることでキャリアが始まるのがふつうです。ドイツでも自然科学系の学部や医学部に大規模な研究所[*2]がありますが、そこでよく行われている方式に大体似ています。ここでも正規の教授資格を取得して私講師になるのは助手のなかのほんの一部です。しかも、しばしば、かなり時間が経ってからになります。

ドイツの研究者のキャリアは、大体において〔比較的少数の〕カネをもっている人たちによる支配[*3]という前提のもとで組み立てられている。現実問題として、ドイツとアメリカの対比が意味しているのはこういうことです。だってカネのない若い研究者にとっては、そもそもアカデミック・キャリアのこうした条件に身をさらすなんて、途方もなく無謀なことだからです。生計を立てることができるポストに就くという偶然がそのうち自分に訪れるのかどうか。そんなことはどうしたってわかるはずもなく、若い研究者は少なくとも何年かはこの状態に耐えることができなければならないのです。

これに対して、アメリカには官僚制的なシステムがあります。そこでは、若手も最初から給料がもらえる。もちろん、慎ましいものです。多くの場合、半人前の労働者の給料にも届きません。それでも、若手研究者には固定給が支払われるわけですから、外見上は安定したポストからスタートできる。しかしながら、解雇されることがある、という規定がありまず。これはドイツの研究所の助手も同じです。期待に応えられなければ、研究者はしばしば無情にも解雇される。そのことを覚悟しなければなりません。しかも、その期待というのは、若手研究者が「教室を一杯に」することです。

ドイツの私講師の場合、そんなことはありえません。ひとたびそのポストを得たら、もはやそれを失うことはない。もちろん、この人に「請求権」がある、というのではありません。しかし、それでも、長年勤めていれば当人〔の処遇〕は顧慮されるという一種の道義上の権利が生じる、と当然にも考えるわけです。ときとして他の私講師に教授資格を与えるという問題が起こります。そんなときにも、〔先に勤めていた講師は〕道義上の権利をもつことになります。このことは、しばしばとても重要です。

基本的に優秀と認められたすべての研究者に教授資格を与えるか、それとも「〔開講科目の〕コマの需要」を顧慮する、つまりいったんその地位に就いた講師に独占権を認めるべきか。[*4] この問題は居心地の悪くなるジレンマで、まもなく述べることになるアカデミックな仕事の二重性と関わっています。

たいてい、二つ目のほうが選択されます。こうなると、主観的にはちゃんとした〔学問的な〕良心をもっていても、当該分野の専任教授は自分の教え子を贔屓（ひいき）する、という危険性が増すことになります。

実は、自分のところで博士号を取得した研究者は自分以外の教授のもとで、そして他大学で認められ、教授資格を取得しなければならないという基本原則に、ぼく個人は従っています。しかし、結果はこうでした。ぼくの最も優秀な学生の一人は、他大学で落とされてしまいました。[*5] ウェーバーがこうした原則に従っているのが理由だと言っても、誰もこの学生を信じてくれなかったからです。

＊1　ドイツで教授になるには、博士号を取得（Promotion）したのち、教授資格論文を執筆して教授資格を取る（Habilitation）ことが求められる。教授資格があれば大学で講義をすることができるが、必ずしも正規の教授ポストに就職できるわけではなく、この場合、私講師（Privatdozent）となる。

＊2　研究と教育の統一が目指されていた従来の大学とは異なり、研究者が教育の義務から解放されて研究に集中できるのが研究所である。ベルリン大学創設一〇〇周年を記念して、一九一一年に現在のマックス・プランク研究所の前身組織であるカイザー・ヴィルヘルム学術振興協会（Kaiser Wilhelm-Gesellschaft zur Förderung der Wissenschaften）が設立された。

＊3　「プルートクラシー（Plutokratie）」は「金権政治」と訳されることもあるが、要するに経済的に恵まれた少数者による支配を指す。ここではカネに余裕がないと学問の場から排除される、という意味で用いられている。この用語は「仕事としての政治」17段落でもキーワードとして登場する。

＊4　前者を選択すると、ポストに就けない教授資格保持者が量産されることになり、今日のことばを使えば「高学歴ワーキングプア」問題が深刻化する。これに対して、後者を選択すると、年長者の既得権がより若くて優秀な研究者の可能性を狭めることになる。

＊5　『マックス・ウェーバー全集』編者の註によると、ウェーバーの指導のもとで博士論文を書いた経済学者ローベルト・リーフマン（Robert Liefmann）（一八七四―一九四一年）のこと（MWG I/17, S. 73）。リーフマンは結局、ギーセン大学で教授資格を得てフライブルク大学教授になるが、ナチ政権下で職を失い、フランス南西部のグール強制収容所に収監されたあと、アメリカへの亡命を目前にして命を落とした。

［3］アメリカとの違いがもう一つあります。ドイツでは一般に、私講師が担当しなければならない講義は、その人が希望するよりも少ないという点です。たしかに、権利の上では、自分の専門の講義なら行うことができます。しかし、そうすると、古株の講師たちに対する適切な配慮がなされていないとみなされてしまいます。通常は「基幹」〔科目の〕講義

は専門の代表〔たる専任の正教授〕が受け持ち、〔私〕講師は付随的な講義で我慢します。これには利点もあります。いくぶん不本意なことかもしれませんが、若手研究者の時期に研究のための時間は自由になります。

［4］アメリカは、原理的にこれとはまったく異なる仕組みになっています。まさにこの若い時期に、給料が支払われているからこそ、圧倒的に重い負担が講師にのしかかってきます。たとえば、ドイツ語・ドイツ文学の学科で正規の教授はゲーテ[*1]について三時間の講義をすれば十分です。それに対して、若手の助手は週一二時間労働で、ドイツ語を覚え込ませるのに加えて、たとえばウーラント[*2]級の詩人についてのなにか〔講義など〕が割り振られたら、それで喜びます。というのも、カリキュラムは〔教務担当〕部局であらかじめ決められてしまうからです。ドイツの研究所の助手と同様に、アメリカの助手もこの点では従属的なのです。

＊1　ヨハン・ヴォルフガング・フォン・ゲーテ（Johann Wolfgang von Goethe）（一七四九―一八三二年）は、『若きウェルテルの悩み』（一七七四年）、『ファウスト』（一八〇八／三二年）、『親和力』（一八〇九年）などで知られるドイツの詩人・小説家。ウェーバーは、このあと何度も重要な箇所でゲーテに言及することになる。

＊2　ルートヴィヒ・ウーラント（Ludwig Uhland）（一七八七―一八六二年）は、後期ロマン派の詩人。シューマン（Robert Schumann）（一八一〇―五六年）の楽曲《王子（Der Königssohn）》（一八五一年）は彼の詩による。

［ドイツの大学のアメリカ化］

［5］いまや、ぼくたちはドイツで起こっていることを明晰に観察することができます。大学制度の近年の発展は、幅広い研究領域にわたって、アメリカ的な制度の方向に進んでいる、というのがそれです。医学や自然科学系の大規模な研究所は「国家資本主義」的な事業です。かなりのボリュームの経営手段がなければ、こうした事業は運営できません。資本主義的経営が導入されるところではどこでも、同じ事態が出現します。「生産手段から労働者が切り離されること」[*1]がそれです。労働者、つまりこの場合、助手は国家によって提供されている労働手段〔研究室、施設、実験器具、図書や資料など〕に頼らざるをえません。その結果、助手は研究所のトップに従属することになる。〔個人で施設や道具や資材を所有しておらず、労働者として〕工場で雇われている人とまったく同じです。というのも、研究所のトップは、まったくなんの悪気もなく、この研究所は「自分の」研究所だと考えており、そこで意のままにふるまうからです。こうして、ドイツの研究所の助手は、しばしば、「プロレタリア状態にある」すべての存在やアメリカの大学における助手と似たような不安定な状態に置かれるのです。

＊1　カール・マルクス（Karl Marx）（一八一八―八三年）の『資本論』第一巻（一八六七年）第七篇第二四章「いわゆる原初的資本蓄積」を参照。「仕事としての政治」10、13段落でも、ウェーバーは行政手

段から行政スタッフが「切り離されること」に注目しながら、近代国家について論じている。この点で、彼は学問と政治をパラレルに、一貫した視座のもとで考察している。社会主義についてのウェーバーの見解に関しては、一九一八年六月一三日にウィーンで行われた講演（MWG I/15, S. 599 ff. =『社会主義』濱島朗訳、講談社学術文庫、一九八〇年）を参照。また、ウェーバーとマルクスの二人の関係については、カール・レーヴィットの古典的な研究『ウェーバーとマルクス』（柴田治三郎・脇圭平・安藤英治訳、未來社、一九六六年）がある。

［6］ぼくたちの生活一般がそうであるように、ドイツの大学人の生活も重要な点においてアメリカ化しています。昔、工房で熟練の職人がそうしていたのとまったく同じで、職人〔である研究者〕は労働手段（主に蔵書）を自分で所有している。ぼくの専門分野では、今日でもなお、かなりの程度においてこれが実情です。しかし、そうした分野でも、この発展がますます広がっていくものと、ぼくは確信しています。この発展はフルスロットルで進んでいるのです。

［就職はサイコロ賭博］

［7］〔アメリカ的な大学の〕技術的な優位性については、まったく疑問の余地はありません。すべての資本主義的で、そして同時に官僚制的な経営においてそうであるのと同じです。しかし、そこを支配している「精神」は、ドイツの大学の古きよき時代の雰囲気とはまるで違います。資本主義的な大規模大学の経営のトップと、おなじみの昔気質（かたぎ）の教授のあい

だには、外的にも内的にも、尋常ではない溝があります。内的な態度においても、そうです。ここでは、これ以上詳しく論じるつもりはありません。

外的にと同じく内的にも、かつての〔ドイツの〕大学の体制は、もはや虚構になっています。しかし、大学でのキャリアに特有の問題は残っており、しかも本質的なところで、それはさらに大きくなっています。私講師がいつか正規の教授や、ましてや研究所の管理職のポストに就くことができるかどうか。これはまったくサイコロ賭博[*1]のような話です。助手であれば、なおさらです。たしかに、偶然だけが支配しているわけではありません。しかし、尋常ではないレベルで偶然が支配しています。

世の中で偶然がこんな役割を果たしているようなキャリアを、ぼくはほとんど知りません。ぼくはかつて、とても若い頃に、ある分野の専任教授[*2]に任命されました。このとき、同世代の何人かは明らかにぼくよりも適任でした。個人的にそうした絶対的な偶然性の恩恵を受けただけに、ぼくはこんなことを述べることができるわけです。このような経験があるので、なんとかして研ぎ澄まされた目で多くの人の報われない運命を見ようと思うのです。こうした人たちの場合、偶然はまさに反対に働いてきたし、また働いている。彼らは優秀であるにもかかわらず、選抜装置のなかにあって、その人にふさわしいであろうポストに手が届かずにいるのです。

*1　“Hazard”は「僥倖」と訳されてきたが、もともとはアラビア語の“az-zahr”（サイコロ）に由来

し、そこから転じて「危険」、「運」、「賭けごと」という意味をもつ。「ハザードマップ」というときの「ハザード」は、予測される災害を指し、少なくともプラスの意味ではない。「仕事としての政治」34段落にも「リスクをともなった冒険」という意味で、この語が出てくる。以上を考慮して、本書ではすべて「サイコロ賭博」と訳す。

＊2　ウェーバーはローマ農業史についての論文で「ローマ法・商法」の教授資格をベルリン大学で取得し、一八九四年四月にフライブルク大学の「国民経済学」の正教授に任命された。三〇歳だった。

［8］他のどのセレクションでもそうですが、この場合にも人間的なものが関わってくる。それは当然のことです。しかし、優秀さそれ自体ではなく、サイコロ賭博がこんなにも大きな役割を果たすというのは、人間的なものだけの問題ではないし、けっして主として人間的なものの問題というわけでもありません。大学では多くの凡庸な人たちが偉くなっている。こうした状況があるにはある。しかし、この状況を学部や〔文部〕省の個人的なだめさ加減のせいにするとすれば、それは正しくないでしょう。むしろ、問題は人間の共同作業の法則にこそあります。特にいくつかの機関、この場合には〔新規に採用する教授を〕推薦する大学の学部と〔教授を任命する文部〕省が共同作業をするときの法則です。対応するものがあります。何百年にわたって行われてきた教皇選出の経過を、ぼくたちはたどってみることができます。同じように人を選抜する事例のうち、これが最も重要で、最も検討しやすいものです。「本命」と言われる枢機卿が選抜を通る偶然を手にすることはめったにありませんでした。選ばれるのは第二ないし第三の候補というのが通例になっていま

す。アメリカの大統領でも同じです。党大会の「ノミネート」を受けて本選に進むのは、筆頭の候補ではあるが最もキャラクターがはっきりした候補であるというのは例外的で、大体は第二か第三の候補ということになる。アメリカ人は、こうしたカテゴリーのために、専門的・社会学的な表現をすでに生み出しています[*1]。こうした事例に即して集合的な意志決定による選出の法則を研究すれば、かなり面白いものになるでしょうが、今日ここでは論じません。

この法則は大学の教授団にもあてはまります。驚くべきことは、しばしばハズレが通るということではありません。むしろ、割合から見れば、そうしたいろいろな問題のすべてがあるにもかかわらず、それでも**正しい**就任の数が相当に多いということのほうを驚くべきです。骨のない凡人や上昇志向が強いだけの人が偶然をわがものにするのは、**政治的**理由による介入があるところだけです。このことは断言できます。介入するのは、いくつかの州の議会、またはかつてのドイツでは君主（両方ともまったく同じです）、あるいは、いまであれば革命的な権力掌握者たちということになります。

*1 『マックス・ウェーバー全集』編者の註では、「地方自治はデモクラシーの学校」と述べたことで知られるイギリスの歴史家・法学者・政治家ジェームズ・ブライス（James Bryce）（一八三八―一九二二年）の名が挙げられている（MWG I/17, S. 76）。『アメリカ共和国（*The American Commonwealth*）』（一八八八年）で、ブライスは本命である「フェイヴァリッツ（Favourites）」、このフェイヴァリッツが

過半数をとれないときに引っ張り出される「ダーク・ホース（Dark Horses）」、そして知名度に欠ける「フェイヴァリット・サンズ（Favourite Sons）」という表現を紹介している。

［9］人事の審査を思い出したがる大学教員はいない。それが気持ちのよい話になることはめったにないからです。しかし、それでも、ぼくの知るかぎり、数多くのケースで例外なく、純粋に内実（ザッハリヒ）[*1]に即した理由で決めることにしよう、という善き意志がそこにはあった。そのように言ってよいと思います。

＊1　ドイツ語の「ザッヘ（Sache）」は英語の thing にあたるが、「事」、「もの」、「事象」、「本題」、「大義」など、豊かな意味合いをもっている。形容詞形の「ザッハリヒ（sachlich）」は「事柄に即して」という意味から転じて「客観的」、「事務的」、「即物的」と訳すほうがよい場合もあり、一貫して同じ訳語をあてることは難しい。本書でも、複数の訳語を併用し、必要な場合にはルビをふって注意を促すことにする。なお、「ザッヘ（Sache）」がコミットすべき対象という意味で使われるときには、この訳書では基本的に「なにごとか」と訳す。

［研究者と教員］

［10］さらに明確にしなければならないことがあります。アカデミックな運命がこれほどまでに「サイコロ賭博」だということは、集合的な意志形成による選別の不備というだけの

問題ではありません。自分が研究者になる使命を負っていると考える若手なら誰もが、自分に期待されている課題には二つの顔があることを自覚しなければなりません。研究者としてだけでなく、教員としても資格をそなえていることが求められる立場にいるのです。両者はまったく一致しない。ずば抜けた研究者であっても、ほとんどぞっとするレベルでひどい教員ということはありえます。

ヘルムホルツ[*1]やランケ[*2]のような人たちの〔卓越した〕教育活動を忘れているわけではありません。そして、彼らはめったにない例外というわけでもありません。

しかし、いまやドイツの大学、特に小さな大学は実に馬鹿らしい仕方で学生数を競っているのが実情です。大学街の下宿屋の大家は、一〇〇〇人の学生が来ればお祭り騒ぎで祝い、二〇〇〇人ならそれこそ提灯行列をするくらいです。次のことを隠しだてせずに認めるべきでしょう。受講料の利益は隣接領域での「集客力のある」人の就任に左右される。そして、そのことを度外視するとしても、聴講者数はとにかく数字で把握できる証明基準である。それに対して、研究者の質は測定困難で、奇抜な新進気鋭についてはしばしば（そして当然のことですが）評価が分かれる、ということです。したがって、ほとんどすべての人は、多くの受講者という計り知れない恩恵と価値の暗示にかかっています。ある講師について、あの人はだめな教員だと言われるようになったら、たいていの場合、それは大学人生における死刑判決です。その人が世界でトップレベルの研究者であっても、そうなのです。学生が教員に栄誉を与えるのは、受講者数によってです。よき教員か悪しき教員か、という問いへの答えは、受講者数によるのです。

ところが、学生たちがある教員のところに殺到するという事態は、かなりの程度において純粋に外面的なことによって決まります。人柄や、それどころかしゃべり口によってです。こうしたことが、ほとんどありえないと思われる程度においてある、というのが事実です。たしかに不可避ではあるのですが、少なくともそれなりに長い経験と冷静な考察から、ぼくは大〔教室での〕講義に深い不信の念を抱いています。[*3] デモクラシー〔民衆の支配〕はそれにふさわしい場所で行われなければならない。これに対して、学問の訓練というのは精神のアリストクラシー〔貴族制〕に属する事柄です。ドイツの大学の伝統に従ってドイツの大学で学問の訓練を進めるときには、そうすることになっている。ぼくたちはこのことを見失うべきではないでしょう。

ただし、もちろん、他方で次のことも真実です。おそらく、すべてのなかで教育上、最も困難な課題というのは、まだ十分に訓練を受けてはいないが、それでも受け入れる能力のある頭脳にわかるように、そして——ぼくたちにとって、これがもっぱら決定的に重要なことですが——その頭脳がそれについて自分の力で考えるように学問上の問題を説明することだ、ということです。たしかに、そうなのです。しかし、この課題が果たされるかどうかは、受講者数では決まりません。そして、再びぼくたちの本題に戻るならば、まさにこの〔教育的な〕技能は個人的な才能なので、研究者の研究能力とはまったく[*4]一致しないのです。

しかし、フランスと違って、ドイツには学術の「不死なる者たち」の団体はありません。

ドイツの伝統に従えば、大学は研究と教育という二つの要求を満たさなければならない。こうした〔両方の〕能力が一人の人間のなかに同時に存在するかどうかは、まったくの偶然です。

＊1 ヘルムホルツ（Hermann von Helmholtz）（一八二一―九四年）は、エネルギー保存の法則を提唱したドイツの生理学者・物理学者として一般に知られている。『音楽理論の生理学的基礎としての音感覚論』（一八六三年）など、音楽理論にも大きく貢献した。ウェーバーは『音楽社会学』で繰り返しヘルムホルツに言及している。

＊2 ランケ（Leopold von Ranke）（一七九五―一八八六年）は、史料批判に基づく近代歴史学の確立に貢献したドイツの歴史家。

＊3 一九一八年の夏学期にウェーバーはウィーン大学法学・国家学部で講義「経済と社会」を担当した。講義には多くの学生が押し寄せ、ウェーバーを疲弊させた。

＊4 アカデミー・フランセーズのこと。フランス学士院のアカデミーの一つで、最も古くて権威がある。四〇人の終身会員から成り、彼らは「不滅の人」と呼ばれる。

［11］このように、アカデミズムの人生というのはワイルドなサイコロ賭博です。若い研究者が教授資格取得のことでアドバイスを求めにきても、励ましに責任を負うことはほとんど不可能です。もしその人がユダヤ人なら、もちろんこう言います。

すべての希望を捨てよ。[*1]

ユダヤ人でなくても、〔その人の〕良心に問いかけなければなりません。「毎年毎年、凡庸な人がどんどんあなたの先を越していく。あなたは内面において苦しみでひねくれたり、腐ったりもせずに、この事態に耐えていくことができると思いますか」。そのように問うと、当たり前のことですが、「もちろんです。わたしはただ自分の「仕事（ベルーフ）」に生きます」という答えがいつも返ってきます。しかし、そう語ってくれた人たちが、内面的に損なわれることなく、このような事態に耐え抜いたかというと、そんな例を少なくともぼくはほんのわずかしか知りません。

＊1　"Lasciate ogni speranza". ダンテ（Dante Alighieri）（一二六五―一三二一年）の『神曲』（一三〇七―二一年）「地獄篇」第三歌からの引用。当時、ユダヤ人がドイツの大学で正教授になる可能性はゼロではなかったが、著しく難しかった。『社会分化論』（一八九〇年）、『貨幣の哲学』（一九〇〇年）などを書き、ベルリンを代表するスター哲学者であったゲオルク・ジンメル（Georg Simmel）（一八五八―一九一八年）も、晩年にシュトラースブルク（ストラスブール）大学の教授になるまで、ずっと私講師だった。

［専門化の時代］

［12］研究者の仕事の外的な条件について述べるのは、もうこのくらいで十分でしょう。

［13］さて、みなさんが本当のところ、お聞きになりたいのは、もっと別のこと、学問に対する内面的な使命についてだと思います。学問は、いまだかつて経験のない専門化の段階に入り、未来にわたってそうであり続けるということ、今日、仕事としての学問という営みに対する内面的な状況を規定するのは、まずはこれです。個人が学問の専門で本当に完全ななにかを成し遂げているという確たる意識をもつことができるのは厳密な専門化に従っている場合だけだというのは、外面的にだけでなく、むしろ内面的にこそ、そうなのです。

隣接領域にまたがるような作業があります。ぼくたちは、ときどきそのようなことをします。たとえば社会学者などは、たびたびこれをせざるをえない。〔ただ〕すべてのこうした作業には、あきらめの意識がのしかかります。その人自身の専門的な観点からはなかなか思いつかないけれども、有益な問題設定というものがある。ときにそうした問題設定を専門家に提供する人がいる。しかし、自分の仕事はどうしてもきわめて不完全なものにとどまらざるをえない。あきらめの意識とは、これのことです。

学問に従事する人が、実際に、人生において一度のことで、おそらく二度目はないような、あとに遺るものをやり遂げた、という完全なる感情をわがものにできるのは、厳密な専門化によってのみです。真に最終的で立派な業績は、今日では常に、専門的な業績です。したがって、言ってみれば目隠しをつけ、自分の魂の運命は、ある手書き原稿のこの箇所のここ、まさにここの判読を正しくやるかどうかにかかっている、こういう世界に入り込む能力をもたない人は、やはり学問などには近寄らないほうがよい、ということになるわけです。

こうした能力をもたない人は、学問の「体験」と呼ぶことができるものを自分のなかで味わい尽くすことはないでしょう。これは研究者以外の人からすれば、お笑い種でしかない奇妙な陶酔です。その判読に成功するかどうかを待ち受けて「おまえが生まれる前に何千年かが過ぎなければならなかった。そして、次の何千年かが静寂のうちに待っている」[*1]。こうした情熱がないならば、その人には学問への使命はなく、それなら、なにか別のことをしていろ、ということになる。なぜなら、情熱をもってなすことができないものに、人間としての人間にとって価値があるものはなにもないからです。

*1　ウェーバーは「ロシアにおける市民的民主主義の状態について」(一九〇六年)でも、この一節を引用している(『ロシア革命論I』雀部幸隆・小島定訳、名古屋大学出版会、一九九七年、一三九頁)。出典は、トーマス・カーライル(Thomas Carlyle)(一七九五—一八八一年)の『英雄と英雄崇拝』(一八四一年)におけるダンテの『神曲』に関連する箇所である。

［学問における「思いつき」］

[14]ところが、ここで次のような事実があります。どんなにたくさんこうした情熱を持ち合わせていても、そしてその情熱がどれほど本物で、かつ深いとしても、結果を出すことがなかなかできない、という事実です。当然のことですが、決定的なものは「インスピレー

ション」で、情熱はその前提条件の一つなのです。

今日、それにしても若手のなかで広がっているのは、おそらく次のようなイメージです。学問は計算問題になった。計算問題は実験室や情報処理室において「工場で」と同じように生産されるものであって、冷静な頭があればよく、「魂」の全部をつぎ込んで〔「実存」をかけて〕するものではない、というイメージがそれです。このとき特に注意すべきなのは、工場で行われていることでも、実験室で行われていることでも、多くの場合、そこになにかしらの明晰さが存在するわけではない、ということです。人がなにか意味のあることを成し遂げるためには、どこでもそうですが、なにかを——しかも正しいことを——思いつかなければなりません。しかし、こうした思いつきは無理に引き出すことはできません。思いつきは、なにかの冷静な計算とはまったく関係ないのです。

もちろん、冷静な計算も不可欠な条件です。たとえば社会学者がベテランになってなお、場合によったら数ヵ月にわたって、何万もの本当にどうでもよい計算問題で頭を一杯にしていたとしても、なにはともあれ誰もそれを悪く捉える必要はありません。もしなにかを解き明かしたいと思うのであれば、こうした作業を機械的な補助手段に丸投げしようとすることは罰を受けずにはいられない。そして、最終的に明らかになるものも、しばしば本当にわずかになります。

しかし、計算の方向についてなにかが、そして計算中に出てくる個々の結果の重要性についてなにかが、その研究者に「降りて」こないならば、こうしたほんのわずかなものすら出てきません。こうした思いつきの前兆が見えるのは、通常の場合、相当ハードな作業をしてからです。もちろん、いつもいつもというわけではありません。物好きな素人の思いつきが、学問的に見て、専門家のそれとまったく同じレベルか、さらにより大きな重要性をもつなどということもありえます。最上級の問題設定や認識を、ぼくたちはまさにこうした素人たちのおかげで手にしているのです。

〔ところが〕素人にはしっかりした確実性をもつ作業の方法が欠けており、したがって、ほとんどの場合、思いつきをその重要性という点で検証し、評価し、そして実現することができない。ヘルムホルツがローベルト・マイヤー[*1]について述べているように、素人を専門家から分かつのは、ただこれだけのことです。

思いつきは作業の代役はできない。そして、作業のほうも思いつきの代役をしたり、思いつきをむりやり引き出したりはできない。情熱が思いつきの代役をしたり、これをむりやり引き出したりできないのと同じです。作業と情熱の両方が、なにはともあれこの両方が合わさって、思いつきをおびき出すのです。

しかし、思いつきがやって来るのは、ぼくたちの都合ではなく、思いつきの機嫌がよいときです。最高のものが思い浮かぶのは、イェーリンク[*2]が描いているように、ソファーでタバコを吸っているときや、またヘルムホルツが自然科学者らしい厳密さで自慢しているように、ゆるやかな登り坂を散歩しているとき、あるいは似たようなもので、いずれにしてもそんなものを期待していないときであって、机に向かって思い悩んだり、探求したりしている最中には思いつきはやって来ない。これは実際、正しいのです。

もちろん、そのように机に向かって思い悩むことや、情熱的に問いかけることをやったのちでなければ、最高のものを思いつくことなどあるはずはないでしょう。しかし、事態はどうであれ、どんな学問的な作業にも、「インスピレーション」がやって来るかどうか、というサイコロ賭博が入り込む。学問的な作業に携わる者は、このサイコロ賭博を甘んじて引き受けなければなりません。ある人が作業者として優れているのに、一度も自分自身の価値ある思いつきに恵まれることがなかったなんてこともありうるのです。

こんなことは研究だけのことで、たとえば営業所では実験室とは話は別だと考えるのは、ひどい間違いです。「商人のファンタジー」、つまり思いつき、独創的な思いつきのない商人や大工場の企業家は、一生、せいぜい店員か技術系の従業員までの人です。その人には組織を改変する新しい創造などできません。近代的な企業家によって実生活上の諸問題が処理される領域に比べて、学問の領域のほうがインスピレーションがいっそう大きな役割を果たす、と学者の自惚れた独断は思い込む。しかし、そんなことはまったくないのです。

そして、他方で、しばしば勘違いされますが、芸術の領域に比べて〔学問の領域での〕インスピレーションがより小さい役割しか果たさない、ということもありません。数学者が机に向かって定規や他の機械的な器具や計算機を使って、なんらかの学問の上で意味のある結果にたどりつくというのは、子どもじみた思い込みです。たしかに、ヴァイエルシュトラース[*3]の数学的ファンタジーは、意味と結果という点では、芸術家のファンタジーとはまったく異なる方向を向いており、それとは基本的に質が異なります。しかし、心理的な経過という点では、数学的ファンタジーと芸術家のファンタジーに違いはありません。両者とも（プラトンの「マニア」[*4]という意味での）陶酔と「インスピレーション」なのです。

＊1　ローベルト・マイヤー（Robert von Mayer）（一八一四—七八年）は、ドイツの医師。船医として東インド諸島への航海に同行中、東ジャワで船員の採血をすると鮮やかな赤をしていたことからエネルギー保存の法則を思いついたが、なかなか理解されなかった。マイヤーとは別に、この法則をより学問的な仕方で定式化したのがヘルムホルツだった。

＊2　ルードルフ・フォン・イェーリンク（Rudolf von Jhering）（一八一八—九二年）は、『権利のための闘争』（一八七二年）などで知られるドイツの法学者。

＊3　カール・ヴァイエルシュトラース（Karl Weierstraß）（一八一五—九七年）は、ボン大学で法学を学ぶも中退し、数学に転じて関数論を展開したベルリン大学教授。

＊4　プラトン（Platōn）（前四二七頃—三四七年頃）は、『ソクラテスの弁明』、『饗宴』、『国家』、『法律』などを書いた、イデア論で知られる古代ギリシアの哲学者。この当時、詩人のシュテファン・ゲオルゲ（Stefan George）（一八六八—一九三三年）の周辺でよく読まれていた。日本論『三種の神器』で知られ、大塚久雄（一九〇七—九六年）にマックス・ウェーバーの手ほどきをした経済学者クルト・ジンガー（Kurt Singer）（一八八六—一九六二年）もゲオルゲ派に属し、プラトンについての著作を書いている。本文に出てくる「マニア」については、プラトン『パイドロス』二四四A—二四五Aを参照。

〔個性をもった人と体験〕

[15] さて、誰かのところに学問的なインスピレーションがやって来るのかどうか。それは、ぼくたちには隠されている運命、そしてまた〔才能という〕「賜物」次第です。これは疑いえない真理なので、特にこうした真理を理由にして、まさに若い人のあいだで、少数の偶像に仕えようとする姿勢が広がっていることは、よく理解できます。こうした偶像のカルト〔崇拝〕があちこちの街角や雑誌でのさばっているのを、ぼくたちは目撃しています。

ここで偶像というのは「個性をもった人」と「体験すること」です。両者は密接に結びついています。「体験すること」が「個性をもった人」を生み出すのであり、後者には前者が欠かせない、というイメージが支配的になっています。人は体験しようと悪戦苦闘していま[*1]す。というのも、体験はやはり相応の「個性をもった人」の生の導きにとって欠かせな[*2]いからで、体験することがうまくいかないと、少なくともこうした賜物をもっているかのようなふりをしなければなりません。ドイツ語で言うこの「体験」というのは、かつては「センセーション」と呼ばれていました。[*3]そして、「個性をもった人」とは誰で、それはなにを意味するのかについて、昔はいまよりも適切なイメージをもっていたのだと思います。

＊1　ドイツ語の "Persönlichkeit"（英語の "personality"）の訳語としては、井上哲次郎（一八五五―一九四四年）の造語である「人格」が使われることが多いが、ここでは文脈から判断して「個性をもった人」とする。

＊2　この原語は"Lebensführung"で、多くの場合「生活態度」と訳されてきた。これは適切な訳であるが、「仕事としての学問」でも「仕事としての政治」でも、生および共同体を「導く」ことが問題にされており、またこの語は「政治」講演で多用される「導く人（Führer）」にもつながっているので、そうした連関が見えやすくなるように、以下「生の導き」と訳す。

＊3　ラテン語に由来する「ゼンザチオーン（Sensation）」は、一七世紀後半にフランス語からドイツ語に入ってきた。当初は「感覚（Empfindung）」というくらいの意味で使われていたが、一九世紀になる頃には「興奮」や「注目の出来事」を意味するようになった（ドゥーデン（Duden）のドイツ語語源辞書 *Das Herkunftswörterbuch: Etymologie der deutschen Sprache*, 5. Aufl. を参照）。これに対して、ドイツ語の「体験（Erlebnis）」の歴史は浅く、この語が普及したのは一九世紀中頃である（丸山高司「体験」、『岩波 哲学・思想事典』を参照）。この講演が行われた二〇世紀初頭、「生の哲学」が流行するなかで「体験」という語がよく用いられていた。ディルタイ（Wilhelm Dilthey）（一八三三―一九一一年）の『体験と創作』（一九〇五年）の影響も大きかった。

［16］みなさん。学問の領域において「個性をもった人」とは、純粋に、なにごとか〔ザッへ〕にコミットする人のことです。そして、これは学問という領域だけのことではありません。なにごとかに、しかもそれだけにコミットすることなく、かつてなにかを成し遂げた偉大な芸術家がいたでしょうか。そんな芸術家をぼくは知りません。彼の芸術に関するかぎりではありますが、ゲーテ級の「個性をもった人」ですら、自分の「生」を芸術作品に仕立て上げたいと思う自由を欲張ったために報いを受けました。[*1] しかし、これには疑いをもつ人もいるかもしれません。それでも、いずれにしても、自身の生を芸術作品にすることを許して

もらえるのは、まさにゲーテ級の人でなければなりません。ゲーテのように、何千年に一人現れるような人においてすら、ただでは済まなかったということは、少なくとも誰もが認めるでしょう。政治についても、事情はまったく同じです。でも、それについて今日は話しません。

コミットすべきなにごとかの（研究に沈潜するのではなく、それをネタにする）興行者[*2]として舞台に登場してきて、「体験」によって自分にレジティマシー[*3]を付与したがる人がいます。そして、自分はたんなる「専門家」とはちょっと違うんだ、ということをいかに証明するか。形式においても、内容においても、自分以外まだ誰も言ったことがないことを言うにはどうしたらいいか。その人は、こうしたことを知ろうとします。しかし、学問の領域で、こういう人はけっして「個性をもった人」ではありません。今日うじゃうじゃと出てきている現象の一つです。こうした現象は、至る所でちっぽけな影響を及ぼしています。その人はなにごとかにコミットすると口では言っている。しかし、なにごとかの高みと尊厳へと人を押し上げるのは、課題に、そしてただ課題だけに内的にコミットすることによってですが、それはなされていない。そうではなくて以上のようなことばかり気にしている人は、まさにこの現象によってだめにされているのです。このことも芸術家の場合とまったく変わりません。

＊1　『ゲッツ・フォン・ベルリヒンゲン』（一七七三年）と『若きウェルテルの悩み』（一七七四年）で成

功を収めたゲーテは、一七七六年からワイマールで政務に従事する。その頃、彼は文学的な名声以上のもの、すなわち生それ自身を芸術作品にすることを求めていた。しかし、結局ゲーテは精神的な危機に陥り、逃げるようにしてイタリア旅行（一七八六―一八八年）に出ることになった（Rüdiger Safranski, *Goethe: Kunstwerk des Lebens. Biografie*, München: C. Hanser, 2013 を参照）。

＊2　ウェーバーはここで、オペラやコンサートを企画し、資金調達して開催する興行者という意味のイタリア語「インプレサリオ（impresario）」を用いている。

＊3　法学などでは一般に「正統性」と訳されるが、ウェーバー研究では「正当性」と訳されることが多い。政治的支持の調達に関わる概念で、理論レベルでの「正しさ」とは区別される。詳しくは、「仕事としての政治」3段落とその訳註＊4、および5、6段落を参照。

〔進　歩〕

[17] ぼくたち〔研究者〕の作業の前提条件には、芸術と共通するものがありますが、芸術的な作業から学問の作業を深い溝で隔てる運命もあります。学問的な作業は進歩のラインに組み込まれているのです。

それに対して、芸術の領域では、この意味での進歩はありません。新しい技術的な手段や、たとえば遠近法の法則を習得したあとの時代の芸術作品が、こうした手段や法則についての知識をすべて欠いた芸術作品に比べて、それだけ純粋に芸術的レベルが高いかと言えば、それは真理ではありません。もしその作品が内実においても形式においても間違っていなければ、です。つまり、先に述べた条件や手段を用いていなくても、芸術的によい作品を仕上げられるように対象が選択され、かつ形作られていれば、ということです。

実際に「達成」された芸術作品は、けっして凌駕されることがないし、古びることもない。各人は各人なりに、その芸術作品の意味を個人的にさまざまに評価することができます。しかし、本当に芸術的な意味で「達成」された芸術作品については、同じく「達成」された別のものによってその作品が「追い越された」とは、誰も言うことはできないでしょう。

それに対して、学問については、ぼくたちは誰でも知っています。一〇年、二〇年、五〇年すれば、やり遂げられたものも古くなる。これは運命です。したがって、このことが学問の作業の意味なのです。同じ運命があてはまる他の文化要素もあります。しかし、そうした文化要素のすべてと対比してすら、まったく特別な意味で、学問の作業はこの意味に従い、この意味にコミットします。学問上の「達成」は、どれも新たな「問いを出す」ことであり、「凌駕」されること、古くなることを欲するのです。学問にコミットしようと思うなら、誰でもこのことと折り合いをつけなければなりません。学問的な業績が芸術的な質ゆえに「嗜好品」になったり、作業を習得するための教材になったりして、重要なものとして生き残るということは、たしかにありえます。しかし、繰り返しになりますが、学問において追い抜かれることは、ぼくたちすべての運命であるだけでなく、目標でもあるのです。誰かがさらに先に進んでくれるだろうという期待をもたずして、ぼくたちは作業できません。原理からして、こうした進歩には終わりがないのです。

こうして、ぼくたちは学問の意味問題にたどりつきます。というのも、このような法則に従うものが、それ自身において意味と理性をそなえているということは、やはり自明ではないからです。実際に終わりがなく、また終えることができないものを、なぜ人はやろうとするのでしょうか。

さしあたり〔の答え〕はこうです。純粋に実際的な、より広い意味では技術的な目的のため。つまり、学問によって得られた経験がぼくたちに与えてくれる期待に基づいて、ぼくたちの行為を方向づけることができるようにするため、というのが答えになります。なるほど、そうかもしれません。しかし、これは実際の実務家にとってはなにかしらの意味があるのでしょうが、それだけのことです。

では、研究する人その人自身がみずからの仕事へと駆り立てられる内面的な姿勢というのは、どのようなものでしょうか。その人がそもそもそんなものを求めているのなら、ということです。学問する人はこう主張します。学問をするのは「学問そのもののため」ではあるが、それだけというわけでもない。なぜなら、他の人はそれによって、業務上ないし技術上の成果を出すことができ、よりよい暮らしをし、よりよい服を着て、よりよい照明をつけ、そしてよりよく〔他者を〕統治できるから、というのです。

しかし、です。こうした常に時代遅れになることが定められている創造物によって業績を出す。したがって、専門分化され、終わりなく続く〔研究というシステムの〕経営にからめとられる。これにいったいどんな意味があると、この研究者は考えるのでしょうか。これには、いくつかの一般的な検討が必要です。

〔魔法が解ける〕

〔18〕何千年ものあいだ、ぼくたちは知性主義化の過程にあります。そして、この過程に対しては、今日一般に、尋常ではないほど否定的な態度がとられています。[*1] 学問〔科学〕の進歩というのは、こうした知性主義化の破片の一つ、しかも最も重要な一つです。

＊1　当時の「反知性主義」的な動向については、上山安敏『神話と科学――ヨーロッパ知識社会　世紀末～二〇世紀』（岩波現代文庫、二〇〇一年）を参照。

〔19〕学問〔科学〕およびそれに基づく技術によるこうした知性主義的な合理化は、そもそも実際になにを意味しているのか。まずはこれを明らかにしましょう。今日、ぼくたちは、たとえばここの講堂に座っているどの人も、自分が暮らしている生活条件について、インディアンやホッテントットよりもよく知っている、というのはどうでしょうか。そんなわけはないですね。路面電車に乗る人も、専門の物理学者でもないかぎり、路面電車がどのようにして動くのか、などということは、まったく知らない。そんなことについて知る必要などまったくありません。路面電車の車両の動きを「あて」にでき、それに合わせて自分が動けば、それで十分なわけです。どのように電車が動くようになっているのかなど、乗客はなにも知りません。〔それに対して〕未開人は自分の道具について、比べものにならないくら

いによく知っています。

カネを支払う。人はなにかを場合によっては高く、場合によっては安く買うことができます。貨幣がそうしているわけですが、それはいかにしてか。この講堂にも国民経済学の同僚がいるかもしれませんが、この問いに対しては、ほぼどの人も別々の答えを出すでしょう。賭けてもいいです。

日々の食料を手に入れるためにどうするか、このときどのような制度が役に立つかを、未開人は知っています。知性主義や合理主義が進展するといっても、ぼくたちがそのもとで暮らしている生活の条件についての知識が増大しているわけではありません。それはまったく別のことを意味しています。知りたいとさえ思えばいつでも確かめることができるだろうということ、したがって〔電車の運行に〕入り込んでいる、秘密に満ちた、計算不可能な力など原理的に存在しないということ、むしろすべてのものを原理的に計算によって支配できるということ、こうしたことを知っており、また信じている、ということです。これが意味するのは、世界の魔法が解けるということです[*1]。未開人には〔秘密に満ちた、計算不可能な〕こうした力が存在しました。しかし、未開人のように精霊を支配し、願いをかなえてもらうために魔術的な手段に手を出すことは、もはや必要ではありません。技術的な手段と計算がやってくれる。なによりもこのことこそが、まさに知性主義化なのです。

＊1　“Entzauberung”は、「分離」を意味する前綴り“ent”と「魔法」を意味する“Zauber”が結合して

できている。"Zauber"は、モーツァルトの《魔笛(*Zauberflöte*)》の「魔」でもある。英訳では"disenchantment"とされることが多い。日本語文献では「脱魔術化」、「脱呪術化」、「魔術からの解放」、「呪術剝奪」などと訳されてきた。「魔法」というのは、もちろん多義的である。広い意味では、一つの「物語」が相対化されたり、批判的に検討されたりすることなく継続している状態を指すとも解釈できる。ウェーバーは「魔法」が支配している状態を「魔法の園(Zaubergarten)」(英語"Magic garden")とも呼んでいる。『儒教と道教』所収の「儒教とピューリタニズム」(MWG I/19, S. 450 ff. =『宗教社会学論選』大塚久雄・生松敬三訳、みすず書房、一九七二年、一六五頁以下)を参照。もっとも、「魔法が解ける」ことは、宗教的なものの消失を意味しない。ウェーバーは「魔法が解ける」過程が「宗教回帰」へと向かう「生きる意味」への飢餓感を高める、という連関にも注意を促している。「知性主義が魔術(Magie)への信仰を撃退し、かくして世界の諸事象が「魔法から解かれ」て魔術的意味内容を失い、それらがただなお「存在」し「生起」するだけでそれ以上のなにものを「意味」しなくなるにつれ、世界と「生の導き」に対する要請は、これらが常に一つの全体として有意義にかつ「意味深く」秩序づけられるべきであるという方向に向かって、いっそう切実なものとなる」(MWG I/22-2, S. 273 =『宗教社会学』武藤一雄・薗田宗人・薗田坦訳、創文社、一九七六年、一六〇頁。一部変更)。

[トルストイと意味喪失]

[20] 西洋文化では、何千年もかけて魔法が解けるプロセスが進んできました。こうした脱魔術化のプロセスは、純粋に実際的で、技術的なものを超えた意味をもっているのでしょうか。そして、そもそも学問がその部分であると同時にその推進力として属している「進歩」はどうなのでしょうか。

レフ・トルストイの作品のなかで、こうした問いが最も原理的に投げかけられているのが、みなさんにもわかるでしょう。[*1]彼はまったく独自の仕方でこの問いにたどりつきました。死というのは意味のある現象なのか否か。トルストイが思いわずらった問題の全体は、次第にこの問いをめぐって展開されるようになります。文化的人間にとって、死に意味はない、というのが彼の答えです。詳しく述べるなら、「進歩」、つまり終わりのないものに組込まれた、文明化された個別の人生は、その内在的な意味によれば、終わりをもつことが許されないので、死は意味をもたない。というのも、そこにいる人の前には、もちろんさらに続く進歩が横たわっていて、死ぬ者は誰も無限の高みにはとどまれないからです。

アブラハムや昔のどこかの農民は「年老いて、そして人生が満ち足りて」[*2]死んでいった。なぜなら、その人は生命の有機的な連関のなかにいたからです。人生の夕べに、意味から考えても、その人生は提供できるだけのものをこの人にもたらしてくれたからです。そして、その人には解きたいと願う謎はもう残っておらず、それゆえ「十分に」生きることができたからです。

しかし、文化的人間は、思想、知、諸問題を付け加えることで洗練されていく文明の過程に巻き込まれている。こうした人たちにとっては、「人生に疲れる」ことはあっても、人生が満ち足りることはありえません。というのも、精神の生活が常に新たに生み出すものから、その人がつかむことができるのは、最小の断片にすぎず、常に暫定的なものだけで、最終的なものはなにもないからです。したがって、こうした人にとって、死は無意味な出来事です。そして、死が無意味なのですから、まさにこの無意味な「進歩性」によって死に無意味のスタンプを押すのは、ほかでもない文化生活それ自体ですらある。トルストイの芸術の基調として、彼の後期の小説の至る所に出てくるのは、こうした思想でした。

＊1　レフ・トルストイ（Lev Tolstoi）（一八二八―一九一〇年）は、『戦争と平和』（一八六三―六九年）、『アンナ・カレーニナ』（一八七三―七七年）、『復活』（一八八九―九九年）などを書いたロシアの文学者。彼が『ロンドン・タイムズ』に寄稿した「日露戦争論」は幸徳秋水らによって日本語に翻訳され、『平民新聞』に掲載された。ウェーバーはトルストイについての著作を執筆するプランをもっていたが、結局、実現することはなかった。意味喪失については、特に『懺悔』（一八八二年）を参照。

＊2　旧約聖書『創世記』二五・八。

［プラトンの「洞窟の比喩」］

［21］これとどう向き合うか。「進歩」それ自身は、認識可能で技術的なものを超える意味をもっており、このため「進歩」に仕え（つか）ることが意味のある仕事（ベルーフ）になるとでもいうのでしょうか。この問いに答えを出さなければなりません。しかし、これはもはや学問にとっての使命（ベルーフ）という問いに、したがって学問にコミットする人にとって、仕事としての学問がなにを意味するのかという問題にとどまりません。むしろ、すでに、人間の全生活のなかで学問という仕事がなんであり、どのような価値をもつのか、という別の問題です。

［22］この点で、過去と現在の対立には途方もないものがあります。プラトン『国家』第七篇冒頭のすばらしい比喩[*1]を思い出してみてはどうでしょうか。洞窟に人がおり、縛られていて動けない。この人たちの顔は、前にある岩の壁に向けられている。後ろには光源がある。しかし、彼らはそれを見ることができない。この人たちが相手にしているのはただ光源が壁に投げかける影の像で、彼らはその影の像の関連を究明しようとしている。この人たちのうちの一人が鎖を粉砕するのに成功し、向きを変え、そして思いがけず太陽を目にするまで〔こうした状態は続く〕。まぶしさで目をやられながら、あたりをふらふら歩き、そして見たものについてたどたどしく話す。あいつは嘘をついている、と他の人は言う。しかし、この人は次第に光を見ることに慣れてくる。そして、洞窟のなかの人々のところに降りていき、彼らを光のほうへ引き上げることが、その人の課題となる。その人は哲学者で、太陽は学問の真理です。偽の形象や影ではなく、真の存在をつかむのが、まさに学問なのです。

＊1　「洞窟の比喩」（『国家』五一四A―五一七A）のこと。

［概念の発見と合理的な実験］

［23］では、今日いったい誰が学問に対してこのように向き合っているでしょうか。いまでは、まさに若い人の感覚は、たぶんどちらかといえば正反対でしょう。〔若い人の〕頭のなかで作られた学問のイメージは、人工的に抽象化されたものから成る、リアルな世界の背

後〔に捏造された〕王国というものです。この人工的に抽象化されたもの〔学問〕は、リアルな生命の血と体液をそのやせこけた手〔学問的な手段や手続き〕でつかもうとはするものの、かつて一度もそれに触れたことはない。〔若い人の感覚では、現実の〕生活において、つまりプラトンにとっては洞窟の壁に映し出された影絵劇だったところで、リアルな現実が脈打って生きている。学問というもう一つの世界は、そうしたリアルな現実から取り出された生気のない亡霊であって、そうでなければ無だ、というわけです。

どのようにこの転換が起きたのでしょうか。『国家』において、プラトンは激しく高揚しています。当時初めて、あらゆる学問的認識の偉大な道具の一つの意味が見出されました。その道具というのは、概念です[1]。プラトンの高揚は、結局のところ、この概念の意味の発見から説明できます。ソクラテス[2]によって、概念がその重要性において発見されました。世界中でソクラテスだけ、というわけではありません。アリストテレスの論理学[3]にきわめて似た論理学の萌芽は、インドにも認めることができます。しかし、概念の意義をこの〔古代ギリシアの〕ように意識していたわけではありません。

ここにおいて初めて、一つの道具を手にしたように思われたのです。これによって誰でも論理の万力で締め上げることができた。こうして、その人はなにも知らないか、それとも、ほかでもないこれこそが真理か、という「あれか、これか」のうちどちらかを認めなければ、この万力から抜け出ることができなかった。このとき、真理というのは永遠の真理のことで、洞窟のなかの見えていない人たちの行動のように、消えてなくなってしまうであろうものではありません。それはとんでもない体験でした。ソクラテスの弟子たちには、それがよくわかった。こうした体験からの帰結は次のことのように思われました。美、善、あるいはまた勇気、魂など、なんであれ正しい概念を見出したなら、そのときはその真の存在も把握できる、ということです。人生において、特に市民として、いかに正しく行為するかを知り、教える術を与えてくれるのもこれだと考えられました。というのも、徹底して政治的に考えるギリシア人にとっては、「市民としていかに正しく行為するか」という問いに、すべてがかかっていたからです。当時の人が学問をしたのは、そのためでした。

＊1　「概念」は、ドイツ語の“Begriff”の訳語。もともとは「つかむ」、「把握する」を意味する動詞の begreifen から来ている。

＊2　ソクラテス（Sōkratēs）（前四七〇／四六九—三九九年）は、「無知の知」で知られる古代ギリシアの哲学者。著作を残さなかった。プラトンの『ソクラテスの弁明』などから彼の「問答」をうかがい知ることができる。

＊3　アリストテレス（Aristotelēs）（前三八四—三二二年）は、古代ギリシアの哲学者。プラトンの弟子。『自然学』、『形而上学』、『ニコマコス倫理学』、『政治学』などを執筆し、諸学を体系化した。

［24］ギリシア精神の発見と並んで、なんといってもルネサンス時代の子として登場したのが、学問的な作業の第二の偉大な道具である合理的な実験でした。合理的な実験は信頼できる仕方でコントロールされた経験の手段で、これがなければ今日の実証的な学問はありえ

なかったでしょう。実験はそれ以前にも行われていました。生理学については、たとえばインドでヨガの禁欲的なテクニックのために実験がなされていました。古代ギリシアでは数学的に、戦争目的のために行われていたし、中世ではたとえば採鉱を目的とする実験がありました。

しかし、実験が探求それ自身の原理へと高められたのはルネサンスの達成でした。詳しく言うと、画期的な仕事をしたのは芸術分野の偉大な革新者たちでした。レオナルド〔・ダ・ヴィンチ〕[*1]や彼レベルの人たちです。とりわけ特徴的なのは、一六世紀の音楽における試験的な鍵盤楽器[*2]による実験でした。そこから実験は、とりわけガリレイ[*3]によって科学に、またベーコン[*4]によって理論に持ち込まれました。それから実験を受け入れたのが大陸、さしあたり特にイタリアとオランダの大学の厳密な個別の専門諸領域でした。

＊1　レオナルド・ダ・ヴィンチ（Leonardo da Vinci）（一四五二―一五一九年）は、《最後の晩餐》、《モナ・リザ》を描き、ルネサンス的「普遍人」として知られているイタリアの芸術家・科学者。

＊2　「一六世紀はひろく実験の行なわれた時代であって、それに伴って多声的作品用の純正調楽器も生産されたが〔…〕理論家達はとくにクラヴィーア〔鍵盤付きの弦楽器の総称。現在では、ほぼピアノを指す〕風の楽器を実験用に製作させた」（MWG I/14, S. 273 =『音楽社会学』安藤英治・池宮英才・角倉一朗訳、創文社、一九六七年、二三三頁）。

＊3　ガリレオ・ガリレイ（Galileo Galilei）（一五六四―一六四二年）は、地動説を支持して教会と対立したことでも知られるイタリアの物理学者・天文学者。ガリレオにおける演繹と実験については、アレク

サンドル・コイレ『ガリレオ研究』(菅谷暁訳、法政大学出版局、一九八八年)を参照。

＊4　フランシス・ベーコン(Francis Bacon)(一五六一—一六二六年)は、『ノヴム・オルガヌム』(一六二〇年)を書いたイギリスの哲学者・政治家。イギリス経験論の父。

［初期近代における自然科学の意味とその変容］

［25］近代のとば口に立つこれらの人たちにとって、学問とはなにを意味していたのでしょうか。レオナルド流の芸術の実験者や音楽の革新者たちにとって、学問〔科学〕が意味していたのは真の芸術への道でした。そして、それはまた彼らにとっては同時に真の自然への道でもありました。芸術を科学のレベルに、同時に芸術家をドクター[*1]の地位に引き上げることが意図されていました。社会的にも、生の意味においても、です。これこそが、たとえばレオナルドの『絵画の書』[*2]の基礎にもなっているアンビションです。

それでは、今日ではどうでしょうか。「自然への道としての科学」、こんなことを言えば、若い人たちには冒瀆のように聞こえるのではないでしょうか。いや、まったく逆です。自分自身の自然〔本性〕に、そしてそれとともに、そもそもの自然に帰るために科学の知性主義から救済されること〔若い人たちが求めているのは、こちらのほうでしょう〕。芸術への道として「の科学」なんて、とんでもない。そんなものは批判するにも及ばない、ということになるでしょう。

しかし、厳密な自然科学が成立した時代には、学問〔科学〕に期待されていたものはさらに大きかったのです。「蚤（のみ）の解剖をして、ここでみなさんに神の摂理を証明する」というスワンメルダム[*3]の名言を思い出してみてください。そうすれば、（間接的に）プロテスタンティズムとピューリタニズムの影響を受けた科学が課題として考えていたものが見えてきます。それは神への道です。当時、神への道を哲学者やその概念と演繹に見ることはもはやなくなっていました。中世がそこに神を求めていたその道に神を見出すことはできない、ということは当時の敬虔主義の神学〔者〕全体にも知られていました。なかでもシュペーナー[*4]です。神は隠されている。神の道は人間の道ではなく、神の思考は人間の思考ではない[*5]。ところが、厳密な自然科学では、神の作品を物理的に把握することができた。そこで人が望んだのが、現世に関わる神の意図の手がかりをつかむことでした。

　今日はどうでしょうか。まさに自然科学に見られる若干の大きな子どもはいます。しかし、こうしたお子さまを除けば、天文学や生物学や物理学や化学の認識がぼくたちに世界の意味についてなにかを、いや、それについてほんのわずかでも教えることができると今日誰がまだ信じているというのでしょうか。そうした意味があるとしても、どのような道を通って、こうした「意味」の手がかりをつかめるというのでしょうか。もしなにかがあるとすれば、世界の「意味」のようなものがあることへの信仰を根から枯らして死なせることが、自然科学にはふさわしい。「神へ」の道としての科学なんて、もってのほかではないでしょうか。科学は、特に神から離れたよそよそしい力なのではないか。神がそのことをお認めになるかどうかはともかく、科学がこうしたものだということについては、今日、誰も疑問をもつことはないでしょう。

科学の合理主義と知性主義からの救済が、神的なものに結びついた共同体の生活の基本前提になっています。宗教的な傾向をもち、宗教的な体験を求める今日の若い人のどの感性からも聞こえてくるのは、同じ基本となるスローガンです。科学の合理主義と知性主義からの救済や、それと意味の上で同じようなものも、このスローガンの一つです。

ここで宗教的な体験と言いましたが、それだけではありません。体験そのものが求められています。奇異な感じがするのは、そのとき選ばれる、そこに至る道だけです。それまで知性主義が触れることがなかった唯一のものがあります。まさに、あの非合理的な領域です。いまや、これが意識にのぼり、意識のルーペに捉えられています。というのも、近代の知性主義的なロマン主義が非合理的なものを扱おうとすると、実際のところ、ここに行き着くからです。知性主義からの解放への道は、その道を歩む人に目標と考えられているもののまさに真逆のものをもたらします。結局、ナイーブな楽観主義で、科学、つまりそれに基づく生活支配の技術を幸福への道として賛美してしまった。ニーチェは「幸福を発明」した例の「最後の人間」[*6]に辛辣な批判をしています。この批判に倣って、学問の楽観主義などはまったく無視しておいてよいでしょう。教壇や編集室にいる大きな子どもは別として、誰がこんなものを信じているのでしょうか。

＊1　「ドクター（博士）」は、ラテン語の「教える（docēre）」に由来し、「教える人」を指す。ボローニ

ャ大学などの中世の大学で教員のギルドが形成されるのにともなって、学識の証明として教授の免許状が出されるようになった。この学位が「博士」になった。そのため、当初は法学や医学に限定されていた。

＊2　レオナルド・ダ・ヴィンチが遺した膨大な手稿から弟子のメルツィが絵画に関する部分を収載したウルビーノ稿本。田中英道『レオナルド・ダ・ヴィンチ――芸術と生涯』（講談社学術文庫、一九九二年）、第五章「画家は「神」となる」を参照。

＊3　ヤン・スワンメルダム（Jan Swammerdam）（一六三七―八〇年）は、顕微鏡による観察で昆虫学の祖となったオランダの解剖学者・昆虫学者。

＊4　フィリップ・シュペーナー（Philipp Jakob Spener）（一六三五―一七〇五年）は、ドイツ敬虔主義の創始者。

＊5　旧約聖書『イザヤ書』五五・八。

＊6　フリードリヒ・ニーチェ（Friedrich Wilhelm Nietzsche）（一八四四―一九〇〇年）は、『善悪の彼岸』（一八八六年）、『道徳の系譜』（一八八七年）、『権力への意志』（一九〇一年）などを書いたドイツの文献学者・哲学者。「最後の人間（letzter Mensch）」は、『ツァラトゥストラはかく語りき』（一八八五年）の「序説」に出てくる表現で、「末人」とも訳される。ウェーバーは『プロテスタンティズムの倫理と資本主義の精神』の末尾において、この語を用いながら「精神のない専門人、心情のない享楽人」について論じている。ちなみに、冷戦終焉以後の世界について考察したフランシス・フクヤマ（Francis Fukuyama）（一九五二年生）の『歴史の終わり』（一九九二年）の原題は *The End of History and the Last Man* であり、ここでも「最後の人間」という表現が用いられている。

［学問の「前提」］

［26］本題に戻ります。「真の存在への道」、「真の芸術への道」、「真の自然への道」、「真の

神への道」、「真の幸福への道」。こうしたかつての幻想は、すべて没落しました。このような内面的な前提のもとで、使命を受けた仕事（ベルーフ）としての学問の意味とは、なんなのでしょうか。最もシンプルな答えを出したのがトルストイでした。「なにをなすべきか。いかに生きるべきか。こうした、ぼくたちにとってもっぱらそれだけが大事な問いに、学問は答えを与えないのだから、学問は無意味だ」と彼は言います。学問がこうした問いに答えを与えることはない、という事実については、まったく争う余地はありません。問いは、次のことだけです。学問などしても答えは出「ない」というのは、どのような意味においてなのか。問いを正しく立てる者に対しては、学問はそれにもかかわらず、もしかしたら、なにかできるのではないか。

今日、しばしば「無前提」の学問というものが語られています。こんなものがあるのでしょうか。それがどのように理解されるのかにかかっています。どんな学問の作業にもいつも前提にされているものがある。論理や方法論の規則、つまりこの世界におけるぼくたちの方向づけの一般的な基礎が妥当する、ということです。いま、こうした前提は、少なくともぼくたちの特別な問いにとっては、ほとんど問題になりません。

しかし、前提とされているものは、これだけではありません。学問の作業において出てくるものは「知るに値する」という意味で重要だ、ということも前提になっています。ぼくたちの問題のすべてがここに潜（ひそ）んでいるのは明らかです。というのも、「知るに値する」という前提は、それをやっているほうでは学問という手段によっては、もはや証明することができないからです。人生に対するその人自身の最終的な立場によって受け入れるか拒否するかしなければならない最終的な意味というものがあります。学問がみずからに許すのは、ただその最終的な意味を指し示すことだけなのです。

［27］学問的な作業とこうした学問の前提との関係のあり方は実にさまざまで、それは学問の構造によります。物理学、化学、天文学のような自然科学が自明の前提とするのは、宇宙的な現象について科学が及ぶかぎりで構成可能な究極的な法則は知るに値する、ということです。こうした知識によって技術的な成果を手に入れることができるから、という理由があります。〔しかし、同時に〕それだけではなく、学問が〔使命を帯びた〕「仕事」とされるのであれば、「学問それ自身のため」という理由もあります。端的に言って、こうした前提は証明不可能です。そして、学問が記述する世界は存在するに値するのか。世界には「意味」があるのか。そうした世界で存在する意味はあるのか。このような点については、なおさら証明不可能です。こうしたことを学問は問いません。

あるいは、現代の医学のような、科学においてきわめて高度に発展した実際的な技術論を思い浮かべてください。医学の営みの一般的な「前提」は、通俗的な言い方をすれば、こうなります。生命の維持という課題を純粋にそれ自身として、また苦しみの可能なかぎりの軽減を純粋にそれ自身として肯定する、ということです。そして、このことには問題があります。ここに死に瀕した患者がいる。この患者は〔過酷な〕人生からの救済を嘆願するかもしれない。また、この患者の命はもはや価値を失ったと思う親族が苦しみからの救済をその患者に認めてほしいと願うかもしれない。あるいはまた、価値を失った生命を維持するための費用の負担に耐えられない親族がその患者の死を願い出たり、そうせざるをえなくなったりするかもしれない（意識のない、かわいそうな患者のケースもあるので、患者本人が〔安楽死を〕申し出る場合もあれば、そうでないこともある）。たとえこのようであったとしても、医療関係者は自分のもっている手段によって死に瀕した患者〔の命〕を維持します。医師がそこから逸脱しないのは、こうした医学の前提と刑法があるからだけです。この生命は生きるに値するか、そしていつ〔まで〕生きるに値するのか。医学はこのような問いを立てないのです。

ぼくたちが生命を技術的に支配しようと欲するならば、ぼくたちはなにをすべきか、という問いに対する答えは、すべての自然科学が与えてくれます。しかし、ぼくたちは生命を技術的に支配すべきなのか。また、それを欲するのか。そして、そもそも生命に意味などあるのか。こうした問題を、自然科学はまったく未決定のままにしておくか、そうでなければ、それ自身の目的として前提にします。

あるいは、芸術学のような専門領域を思い浮かべてください。芸術作品が存在しているという事実は、美学にとっては所与です。どのような条件のもとでそうした事態になるのかを、美学は究明しようとします。しかし、芸術の王国は、もしかしたら悪魔の壮麗さの王国ではないか。それは現世の王国であって、そのため最も深き内面において神に背（そむ）き、そして内奥深くの貴族主義的な精神において同胞に背いているのではないか。美学はこうした問いを出しません。したがって、芸術作品があるべきかどうかについて、それが問うことはありません。

法学はどうでしょうか。法学的思考の規則は、一部には必然的な論理によって拘束され、一部には慣習的に与えられた図式によって拘束される。こうした規則に従って、つまり一定の法規とそれを解釈する一定の方法が拘束力をもつと承認されるなら、なにが妥当するかを確定するのが法学です。法が存在すべきかどうか、また、まさにこの規則を立てるべきかどうかについて、法学は答えません。法学が言明できるのは、人がその成果を望むなら、ぼくたちの法的思考の規範によって、こうした法規がそれを達成するのに適した手段だ、ということだけです。

あるいは、歴史的な文化科学を考えてみてください。政治的、芸術的、文学的、そして社会的な文化現象を、それが成立した諸条件から理解することを教えるのが、こうした文化科学です。しかし、文化科学はそれ自身で、こうした文化現象が存在するに値したのか、そしていまもそうなのか、というもう一つの問いには答えを出しません。また、そうした文化現象を知ろうと骨を折ることに価値があるのか、という問いにも答えません。このような手続きによって「文化的な人間」の共同体に参与することは利益であるということを文化科学は前提にしています。しかし、これが正しいのだということを、文化科学は誰に対しても「学問によっては」証明できない。これが自明だということを証明しているのではなく、前提にしているだけです。実際にそうだということでは、まったくないのです。

［教室で教員の立場を押しつけてはならない］

［28］それでは、ぼくたちになじみ深い専門分野、社会学、歴史学、国民経済学、そして国家学、および解明〔解釈〕を課題にしているような文化哲学について考えてみましょう。

政治は教室にそぐわないと言われています。ぼくもこれに同意します。学生の側からして、政治は教室にふさわしくありません。たとえば、こういうことです。フェルスター教授[*1]がいます。ぼくの見るところ、ぼくは多くの点で彼とは最も遠いところにいますが、このフェルスターのところで、反平和主義の学生が教壇を取り囲み、大騒ぎしたそうです。ぼくはこれに苦言を呈します。まったく同じように、以前の同僚のディートリヒ・シェーファー[*2]のベルリンの教室で平和主義の学生たちがそんなことをしても、ぼくは苦言を呈するでしょう。

もちろんですが、教える側からしても、政治は教室にふさわしくありません。学問として政治に関わるならば、そのときにこそふさわしくないし、それは最もあってはならないことです。というのも、実践的・政治的な立場の表明と、政治的組織や政党のポジションをめぐる学問上の分析は、まったく異なる二つのものだからです。

もし人民集会でデモクラシーについて語るならば、人は自分個人の立場を隠したりはしません。はっきりわかるように特定の党派につくことは、宿命として避けられない義務であり、責任です。このとき使われることばは、科学的な分析の道具ではなく、他の人たちの立場〔をこちら側の味方につけるために、それ〕をめぐって行われる政治的な宣伝の手段です。観照的な思考の大地をほぐす鍬ではなく、敵と戦う剣、つまり戦の道具です。

これに対して、講義で、または教室でことばをこのように使うとすれば、それは不当なことになるでしょう。たとえば「デモクラシー」についてであれば、そのさまざまな形態を取り上げ、それがいかに機能するのか、という仕方で分析し、そしてあれこれの形態のデモクラシーが生活の諸事情に対して個別にどのような結果をもつのかを確認する。それから、民主的でないその他の形態の政治秩序をデモクラシーと対比する。そして、講義を聞く人が自分の究極的な理念からデモクラシーに対して立場をとることができるようなポイントを見つけられるように努力することになるでしょう。

しかし、真の教員ならば、講義を聞く人に対して教壇の上から、あからさまにでも、ほのめかしによってでも、なんらかの立場を押しつけることを、とても用心深く避けるでしょう。なぜなら、「事実をして語らしめる」[*3]とすれば、もちろんこれは押しつけの仕方として最も不誠実なやり方だからです。

＊1　フリードリヒ・フェルスター（Friedrich Wilhelm Foerster）（一八六九―一九六六年）は、キリスト教的平和主義・反戦論の哲学者・教育学者。「仕事としての政治」74段落も参照。

＊2　ディートリヒ・シェーファー（Dietrich Schäfer）（一八四五―一九二九年）は、ハイデルベルク大学でウェーバーの同僚だった、トライチュケの弟子の歴史家。第一次世界大戦での無制限Uボート（潜水艦）作戦を主張した。

＊3　社会科学者であるウェーバーの立場は「事実をして語らしめる」であると誤解されることがあるが、これは明白な誤りである。「これが事実だ」と主張することで、事実についての特定の「解釈」が押しつけられる事態を彼は問題にする。折原浩は「価値判断を価値判断としてフェアに明示するのでなく、抗いがたい既成事実に見せかけ、価値判断と事実判断との混同に誘い、既成事実への屈伏を強いる」とパラフレーズしている（マックス・ヴェーバー『社会科学と社会政策にかかわる認識の「客観性」』富永祐治・立野保男訳、折原浩補訳、岩波文庫、一九九八年、「解説」三三〇―三三一頁）。一九六四年に東京大学で開催されたウェーバー・シンポジウムの討論で、丸山眞男（一九一四―九六年）も「事実をして語らしめる」ことを「素朴実証主義」と呼んで問題にし、そこには「一種のアニミズム的な考え方」があると論じている（「討論」、大塚久雄編『マックス・ヴェーバー研究――生誕百年記念シンポジウム』東京大学出版会、一九六五年、三七二―三七四頁）。

［29］さて、なぜそもそもぼくたち〔教員〕はこうした押しつけをすべきでないのでしょうか。あらかじめ申し上げておくと、こうした自己抑制をやり通すことはそもそもうまくいかず、もしできても、押しつけを回避するのはたまたまだ、という意見の人が、とても尊敬する同僚のなかにもたくさんいます。大学の教員として、なにが義務なのか。学問によって誰かにこれを指示することは、やはりできません。大学教員に求めることができるのは、ただ知的誠実だけです。一方には、事実の確認、文化的な財の数学的ないし論理的な事態の確認と内的構造の確認があります。他方、文化および文化の個々の内容の価値についての問いに答え、そして文化共同体と政治団体の内部でいかに行為すべきかという問いに答えるとい

うことがあります。この両者はまったく質の違う問題だということを見極めることが、知的誠実です。

なぜ教室で両方のことをやってはならないのか。このようにさらに問われるならば、預言者とデマゴーグは教室の教壇にはふさわしくないからだ、と答えることができます。預言者やデマゴーグに言うことは「街へ出て、パブリックに語れ」[*1]です。つまり、批判が可能なところで、ということです。教室で、教員は聴衆〔である学生〕に向き合って座る。ここで聴衆は黙っていなければならず、教員は講義をしなければならない。学生は進級のために、ある教員の講義に出なければならず、そしてその場で批判をもってこの教員に立ち向かうことは誰にも許されていない。教員の課題は、知識と学問上の経験で聴衆の役に立つことです。そうではなく、こうした状況を使って、自分の個人的な政治的見解をもとにして聴衆にスタンプを押すのは、ぼくは無責任だと思う。

個々の教員にとっては、みずからの主観的な共感のスイッチを切ることが不十分にしかうまくいかないということは、もちろんありえる。そのとき、その教員は自身の良心の法廷で、最も厳しい批判に自分自身をさらす。ところが、こうした批判はなんの証明にもならない。というのも、純粋に事実に関わる別の誤りがありうるし、そうした事実に関する誤りは真理を追求すべし、という義務に対してなんの言い訳にもならないからです。純粋に学問のために、そしてそのためにこそ、ぼくはこれを拒否します。学問をする人が自分の価値判断をもってくる場合にはいつも、事実の完全な理解は終わりを迎える。このことを同時代の歴史家の著作を例に出して証明することを提案します。しかし、そんなことをしていると、今晩のテーマから外れてしまいますし、説明が長くかかってしまいます。

＊1　旧約聖書『エレミヤ書』二一・二。

［30］次のことだけ問うことにします。一方で敬虔なカトリック信者がおり、他方でフリーメイソンの会員がいる。この両者が、教会および国家の諸形態についての講義か、宗教史についての講義に出ている。彼らはそのつど、こうした問題について同じ価値判断に至ることを求められているが、それにはどうしたらよいか。無理な話です。それでも、大学の教員は一方にも他方にも自分の知識と方法によって役に立つことを願い、またそれを自分に要求しなければなりません。

信心深いカトリック教徒は、キリスト教成立におけるさまざまな経緯の事実についてさえ、その信者がもつドグマ的な前提から自由な教員が講義する見解を受け入れることはけっしてないでしょう。このようにみなさんが言うのも当然です。たしかに、そうなのです。しかし、違いは次のことにあります。宗教との結びつきを拒否するという意味で「無前提」な学問というものがある。こうした学問は、実際、この立場の側では「奇跡」や「啓示」を知りません。「奇跡」や「啓示」を認めてしまうと、自分自身の「前提」に不誠実になってしまう。信者は両方わかります。超自然的な介入は、経験的な説明をしようとするとき、原因となる要素としては排除される。こうした超自然的な介入なしに〔キリスト教成立の〕経緯が説明されるのであれば、そうした経緯は、無前提な学問が試みるように説明されなければならない。「無前提」な学問が信者に求めるのは、これを認めるくらいの話であり、それ以上ではありません。自分の信仰に不誠実にならずに、これなら信者にも可能です。

［31］事実そのものには無関心で、実践的な立場だけが重要だ、という人もいます。こうした人にとっては、そもそも学問によって達成されたものは、まったく無意味なのでしょうか。たぶん、そんなことはありません。まず第一に、こうです。もしその人が優秀な教員であれば、都合の悪い事実[*1]を認めることを自分の弟子に教える。それが、教員のいちばんの課題になります。自分の党派的な意見にとって都合が悪い事実、という意味です。どの党派的な意見にとっても、こうしたきわめて都合が悪い事実というものがあります。たとえば、ぼくの党派的な意見にとっても、こうした事実があります。大学の教員が自分の講義を聞きに来る者に、都合の悪い事実に向き合うことに慣れるように強いるならば、その教員はたんなる知的な業績以上のものを成し遂げている、とぼくは確信します。それどころか、厚かましいですが、「道徳的な業績」という表現を用いてもよいのではないか、とすら思います。あまりに当たり前のことに対して大げさすぎるように聞こえるかもしれませんが、そうなのです。

*1 「事実などはなく、あるのは解釈のみだ」（ニーチェ『権力への意志』四八一）という遠近法主義からは、自分にとって都合がいい「事実」しか見ないという傾向が当然出てくる。そうすると、それぞれの立

場が自分に有利なエビデンスを持ち出し、相手の「事実」を「捏造」だと言って罵ることになる。客観的な事実よりも感情的な訴えかけのほうが影響力をもちやすい事態を「ポスト真実」と呼ぶならば、こうした状況においてこそ、自分にとって「都合の悪い事実」と向き合え、という政治教育の仕事は重要になる。

［神々の闘争］

［32］個人の立場の押しつけは避けなければならない。これまで述べてきたのは、このことについての実際的な理由だけでした。しかし、それで終わりというわけではありません。確固たるものとして与えられた前提となる目的に対する手段を検討するという場合はもちろん別ですが、実践的な立場を「学問によって」主張することは不可能です。この不可能性は、いっそう深いところにある理由から来ています。世界のさまざまな価値秩序は相互に解決できない闘争の状態にある。このため「学問」によってある実践的な立場を主張することは原理的に無意味なのです。

ミル爺[*1]の哲学をぼくはその他の点では評価しようと思わないのですが、しかしこの点において彼は正しい。純粋な経験から出発すれば多神論にたどりつく、とミルは言っています。これは味気なく定式化されていて、逆説的に聞こえます。しかし、そこには真実があります。なにかを挙げるとすれば、今日ぼくたちは再び次のことを知っています。あるものが美しくないにもかかわらず、というだけでなく、それが美しくないがゆえに、そしてそのかぎりで、そのあるものは神聖でありうる。『イザヤ書』第五三章と『詩編』第二一編[*2]に、その例証を見つけることができます。また、なにかが善でないにもかかわらず、というだけでなく、それが善でないことで、それは美たりうる。このことは、ニーチェ以来、再び知られています。そして、それ以前には、ボードレール[*3]が彼の詩集に命名した『悪の華』に、それが形を与えられているのがわかります。なにかが神聖でなく、美しくなく、そして善でもないにもかかわらず、そしてそうであることで、あるものが真であることもある。このようなことは日常的に知られていることです。

しかし、これらは神々の闘争の最も初級の事例にすぎません。ここで神々とは、いくつかの秩序（規則）や価値のことです。フランスの文化の価値とドイツの文化の価値の優劣を「学問によって」決めるにはどうしたらよいか、ぼくにはわかりません。ここで争っているのも、まさにさまざまな神々です。そして、もっと言えば、いつの時代でもそうなのです。かつて神々やデーモンからまだ解放されていなかった世界でそうだったように、いまは別の意味ですが、同じなのです。ギリシア人はかつてアプロディテ[*4]に、そしてそれからアポロン[*5]に犠牲を捧げた。そして、特に誰もが自分の住む都市の神々にそうした。このようなふるまいの造形は神秘的ですが、内的には本当です。魔法が解け、衣装が剝ぎ取られてはいますが、〔それ以外は〕いまでも同じです。こうした神々とその闘争を司（つかさど）るのは運命であって、もちろんのこと「学問」ではありません。ある人にとって、そして他の人にとって、あるいはまたある秩序において、そして他の秩序において、神にあたるものがなにであるかを理解できるにすぎません。教室で教授によってなされる検討はいろいろあるでしょうが、そのいずれにおいても、課題はこれをもって完全に終了です。これに対して、そこにある圧倒的な生の問題自体は、もちろんですが、これによって終わることはありません。ここで発言力をもつのは、大学の教壇以外の他の力です。

山上（さんじょう）の垂訓（すいくん）の倫理、たとえば「悪に抗してはならない」という命題や、一方の頬あるいは他方の頬〔「誰かがあなたの右の頬を打つなら、左の頬をも向けなさい」〕という比喩[6]を不遜にも「学問によって論駁」しようとする人がどこにいるでしょうか。しかし、明らかなことがあります。現世の視点で見るならば、ここで説教されているのは、まさに〔男子の〕尊厳を失う倫理です。宗教的な尊厳は山上の垂訓の倫理をもたらします。それに対して、男子の尊厳はまったく別のものを諭（さと）します。「悪に歯向かえ。さもなければ、悪をなす権力とおまえも共犯だ」となる。宗教的な尊厳か、男子の尊厳か。人はどちらかを選ばなければなりません。究極的な立場がどれかによって、個人にとって一方は悪魔で、他方は神になる。その人にとってどちらが神で、どちらが悪魔かを、個人は選ばなければなりません。すべての生の秩序を通じて、そうなのです。

どの宗教的な預言からも、倫理的・方法的な生の導き〔生き方〕の偉大な合理主義が出てきました。こうした合理主義は「必然をなす一者」[7]のために、多神論的な状況から神々を退位させた。そして、生活の内外の現実に直面して、そこで妥協と相対化が求められていることに気づいた。ここでの妥協と相対化は、キリスト教の歴史から、みなが知っているものです。ところが、今日、それはぼくたちの宗教的な「日常」になっています。古来の多くの神々は、いまでは魔法が解け、そして人の姿をとらない諸力という形をとって、その墓から起き上がり、ぼくたちの生への支配権を求めて、再び相互に永遠の闘争を始めているのです。しかし、こうした日常を引き受け、立ち向かうこと、これは近代の人間にはとても難しくなっているし、若い世代には最も難しいことです。「体験」を探しまわるのは、いずれもこうした弱さから来ています。というのも、弱さというのは、時代の運命を真正面から直視できない、ということだからです。

＊1　J・S・ミル（John Stuart Mill）（一八〇六―七三年）は、『自由論』（一八五九年）、『代議制統治論』（一八六一年）などで知られるイギリス功利主義の哲学者。

＊2　正確には、旧約聖書『詩編』第二三編。

＊3　シャルル・ボードレール（Charles Baudelaire）（一八二一―六七年）は、フランス近代詩の代表的な作品『悪の華』（一八五七年）で知られる詩人。『悪の華』のドイツ語訳は、シュテファン・ゲオルゲによって一九〇一年に刊行された。「神々の闘争」、つまり諸価値の対立についてウェーバーが書いたテクストのなかで最も重要なものは『宗教社会学論集』で、中国論（『儒教と道教』）とインド論（『ヒンドゥー教と仏教』）のあいだに位置している「中間考察」である。ここでも彼はボードレールに言及し、『パリの憂愁』（一八六九年）所収の「群衆」から「魂の聖なる売淫」という表現を引用している（MWG I/19, S. 490 = 『宗教社会学論選』一一六頁）。該当する部分を引用しておく。「ふと姿を見せた意外な人、側を過ぎて行く未知の人に、詩であろうと慈悲であろうと、自らの全部をあげて捧げることの出来る、この魂の聖なる売淫、言葉に尽きせぬ饗宴と較べるならば、人間が愛と名づけたものも、如何に限られた、卑小な、弱々しいものであろう。／この世の幸福な連中に、たとえ彼等の愚かしい自負心を一時的に傷つける

にすぎないとしても、彼等の幸福よりまさった、更に広く、更に洗煉された幸福というものがあると、時々教えてやるのは悪いことではない」(『パリの憂愁』福永武彦訳、岩波文庫、一九七二年、三一—三二頁)。

＊4　アプロディテ（Aphroditē）は、ギリシア神話のオリュンポス一二神の一人。

＊5　アポロン（Apollōn）は、ギリシア神話の恋愛と美の女神。預言とともに、音楽、弓術、医術、牧畜などを司る。

＊6　新約聖書『マタイによる福音書』五・三九。「仕事としての政治」68段落も参照。

＊7　新約聖書『ルカによる福音書』一〇・四二。

［33］一〇〇〇年にわたって、キリスト教倫理の偉大なパトスによる排他的な方向づけがあるとされ、またそのように思い込まれてきました。この方向づけが神々の闘争[*1]という事態に対するぼくたちの目をくらませてきたのです。しかし、いまや再び、よりいっそう明晰に、この神々の闘争を意識するようになっている。これが、ぼくたちの文化の運命なのです。

＊1　神々（諸価値）が対立していて、それを人間の理性によって解決することはできない、というウェーバーの「神々の闘争」テーゼについて批判的に検討した研究として、ドイツからアメリカに亡命した政治哲学者レオ・シュトラウス（Leo Strauss）（一八九九—一九七三年）による『自然権と歴史』（一九五三年）がある（塚崎智・石崎嘉彦訳、ちくま学芸文庫、二〇一三年）。一神論と多神論については、トルストイをめぐる研究ではあるが、アイザイア・バーリン（Isaiah Berlin）（一九〇九—九七年）の『ハリネ

ズミと狐——『戦争と平和』の歴史哲学』（河合秀和訳、岩波文庫、一九九七年）を参照。

［アメリカの学生とドイツの学生］

［34］しかし、はてしなく進むこうした問題については、もういいでしょう。これらすべてに対して、現代のドイツの若い人の一部が「そうですか。でも、わたしたちがともあれ講義にやって来るのは、たんなる分析や事実の確認以上のなにか別のものを体験するためです」と答えるとすれば、その人は誤りを犯しています。彼らは教授のところに、そこに対面しているのとはなにか違うものを、つまり教員ではなく導いてくれる人を求めている。[*1] これがその誤りです。しかし、いまぼくたちは、ただ教員として教壇に立っています。これは別のことであり、別のことだと納得するのは容易です。

いま一度、みなさんをアメリカにお連れすることを許してください。なぜなら、そこではしばしば純粋に原初的な形で、こうしたことを見ることができるからです。アメリカの子どもは、ドイツの子どもに比べて、本当にはるかに少ししか学びません。信じられないくらいにたくさんの試験を受けるにもかかわらず、学校生活の意味という点では、ドイツの子どもがそうであるような、あのテスト至上主義者にはまだなっていません。というのも、試験による資格証明が官職の王国への入場券として前提とされる〔ドイツのような〕官僚制は、アメリカではようやく始まったばかりだからです。その人自身の個人としての業績以外は、アメリカの若者は、なにも、誰も、どんな伝統も、そしてどんな役職もリスペクトしない。アメリカ人が「デモクラシー」と呼ぶのは、これなのです。「デモクラシー」のこうした意味内容に対して、現実が歪んでいることもあります。しかし、どんなに歪んでいることがあるとしても、意味内容はこれであり、アメリカではこの「デモクラシー」が問題なのです。自分の前にいる教員についてアメリカ人の若者がもっているのは、次のようなイメージです。「この先生は、わたしに自分の知識と方法をお父さんのカネと引き換えに売っている。八百屋のおばさんがお母さんにキャベツを売るのと、まったく同じことだ」。これだけのことです。もっとも、この教員がたとえばフットボールの名手だとすれば、その人はこの領域では導いてくれる人です。もしそうでなければ（あるいは他のスポーツの分野での似たような存在でなければ）、その人はたんなる教員にすぎず、それ以上ではない。アメリカ人の若者は誰も、教員から「世界観」や生の導き〔生き方〕の基準となる規則を売ってもらえるなどとは思いつきもしないでしょう。このような仕方で定式化すると、ぼくたちはこれ〔野菜を買うように大学で学ぶということ〕を拒否することになるでしょう。ぼくは故意に極論に追い込んで感覚を研ぎ澄ますやり方をとりましたが、ここには一片の真理があるのではないか。これが問題です。

＊1　当時、ドイツ青年運動に大きな影響を与えた教育者であるグスタフ・ヴィネケン（Gustav Wyneken）（一八七五―一九六四年）などによって「導く人（Führer）」が強調されていた。若きヴァルター・ベンヤミン（Walter Benjamin）（一八九二―一九四〇年）もヴィネケンから影響を受けている。

ウェーバーが「カリスマ」について語るのも、こうした時代的な雰囲気においてであった。「カリスマ」については、「仕事としての政治」6段落を参照。

［35］ご来場のみなさん。みなさんは導く人たる資質を求めて、講義を聞きにぼくたちのところにやって来ます。そして、一〇〇人の教授のうち九九人は人生におけるフットボールの名手であることを求められず、またそれは許されない。それだけでなく、そもそも生の導き〔生き方〕という件において「導く人」であることを求められず、またそれは許されない。このことを、みなさんはあらかじめ自分に言い聞かせたりしません。考えてみてください。人間の価値は、もちろん、その人が導く人としての資質をもっているかどうかにかかっているわけではありません。そして、いずれにしても、実践的な方向づけの領域、あるいは特に政治の領域で、ある人を導く人〔リーダー〕にするのは、その人を優秀な研究者や大学の教員にする資質ではけっしてありません。もし誰かがこうした資質を持ち合わせているとしても、それは純粋に偶然の出来事です。そして、もし教壇に立つ誰もが、こうした資質を要求する不当な期待にさらされていると感じるなら、それはとても由々しきことです。教室で導く人を気取ることがすべての大学教員に許されたままになっているのなら、それはいっそう憂慮すべきことです。というのも、最もたくさん自分でそう思い込んでいる人は、しばしば最もそのような人ではないからです。そして、とりわけ自分は導く人だと思い込んでいる人がそのような人物であるかどうかについて、教壇の上の状況が証明の可能性を提供する

ことはまったくないのです。

若い人の助言者としての使命を与えられていると感じ、また彼らの信頼を勝ち得ている教授もいます。そういう人は、彼らとの人間対人間の個人的な交流のなかで、その任を果たしてくれればよいのです。そして、世界観と党派的見解の闘争に介入することが自分に求められていると感じるならば、その人は外に出て、人生の市場のなかでそれをなせばいい。出版物でも、集会でも、結社でも、彼が望むところなら、どこでもいい。しかし、その場にいる人、そして場合によれば別の考えをもつ人が沈黙を強いられているその場所〔教室〕で自分の信仰告白を吐露するなどというのは、あまりに虫がよすぎます。

［学問になにができるか］

［36］最終的に、みなさんは次のように問うでしょう。「もし大学教員にとって話がそうだとするならば、そもそも学問は実際的で個人的な人生に対してなにか積極的なことをしてくれるのか」。こうして、ぼくたちは再び学問という「仕事(ベルーフ)」の問題に戻ってきます。

まず、もちろんですが、〔学問が提供できるのは〕技術についての知識です。技術というのは、いかに人が生活や外的な事柄、そしてまた人間の行為を計算によって支配するかについての技術です。しかし、これではアメリカの子どもにとっての八百屋のおばさんにすぎない、と言われてしまうかもしれません。ぼくもまったく同意見です。

第二は、八百屋のおばさんがもはやしないものです。思考の方法、道具、そしてそのための訓練がそれです。これでも、みなさんは言うかもしれませんね。これは野菜ではない。しかし、野菜を調達する手段以上のものでもない、と。わかりました。今日のところは、これについては保留にしておきましょう。

幸いなことに、これをもって学問によって達成できるものがもうおしまいというわけではありません。第三のものがあります。明晰さです。ぼくたちは、みなさんがこの明晰さを手に入れる手助けをすることができます。

もちろん、ぼくたち自身がこの明晰さを所有している、ということが前提です。この前提が満たされているかぎり、ぼくたちはみなさんに次のことを明らかにすることができます。そのつど争点になる価値問題（話を簡単にするために、例として社会的現象を考えてみてください）に対して、実際において、人はあれこれさまざまな立場をとることができる、ということです。もしこれこれの立場をとるならば、その立場を実際に貫くには、学問の経験に従って、これこれの手段を用いなければならない。この手段というのが、場合によっては、すでにそれ自身、あなたが拒否しなければならないと信じる手段かもしれない。このとき、人は目的とそのための不可避の手段のあいだで、まさしく選択をしなければなりません。目的はその手段を「神聖化」するのか否か。この選択から逃れることはできないということを、教員はみなさんに突きつけることができるのです。ただ、教員が教員にとどまり、デマゴーグになろうとしないのであれば、教員はそれ以上のことはできません。あなたがこれこれの目的を欲しているとする。そのとき、経験によると出てくるこれこれの副次的な結果を、やむをえないものとして引き受けなければならなくなる。当然のことながら、教員は一歩進んでみなさんにこのように言うことができます。〔しかし〕状況は再び同じです。

それでも、こうしたことはすべて変わらず問題であり続けています。技術系の人は、もちろん多くの場合、なるべく悪を少なくするという原則か、あるいは相対的に最善をとるという原則に従って決定しなければならない人たちです。こうした技術系の人にとってすら、このような問題は出てくる可能性があります。ただ、技術系の人にとっては、一つのこと、つまり主要なものがあらかじめ与えられています。それは目的です。しかし、ぼくたちにあてはまらないのは、まさにこれです。本当に「究極的」な問題が論じられるや否や、そんなことはなくなるのです。

これによって、ぼくたちはようやく、学問がそれ自身として明晰さに貢献するためになすことができる最後のものに到達します。そして、同時にその限界にも達するのです。これこれの実践的な立場は、これこれの世界観に適合した根本的な立場（それは一つだけのこともあれば、場合によれば、いくつかのこともある）からその意味に従って導き出され、それ以外のこれこれの基本的な立場からは導き出せない。内的な一貫性、したがって誠実さを保持するならば、そうならざるをえない。このようなことを、ぼくたちはみなさんに言うことができるし、また言わなければなりません。

比喩的に言えば、もしみなさんがこの立場を選び取る決断をするならば、この神に仕（つか）え、他の神を侮蔑することになります。というのも、もし自分に対して誠実であり続けるならば、みなさんは必然的にこれこれの内的な意味の一貫性に達するからです。少なくとも原理的には〔学問によって〕これはできます。哲学という専門分野や個別の専門分野でも本質においで哲学的な原理的探求がやろうとしているのは、こうしたことです。もしぼくたちが自分にとってのなにごとかを理解するならば(ここでもやはり仮定しなければならないのですが)、自分の行いの究極的な意味について釈明することを個人に強いる、または少なくともその人がそうする際の手助けをすることができる。純粋に個人の人生にとってすらも、これはそんなに小さなことではないとぼくは思う。教員がこれに成功しているときには、「道徳的」力に、つまり明晰さと責任感をもたせるという義務に仕えていると言いたいくらいです。そして、この教員の側で、講義を聞いている人にある立場を押しつけたり、そそのかしたりしようとするのを避けるのに注意深くあればあるほど、それだけその教員はこうした業績においていっそう有能だと思います。

〔学問と宗教、あるいは「知性の犠牲」〕

[37] ぼくがここでみなさんにお話ししている想定は、もちろんどこでも次のような基本的な事情に由来しています。人生は〔啓示などによらず〕それ自身に依拠し、それ自身から理解されるかぎりにおいて、あの神々の永遠の闘争以外のなにものでもない。比喩を使わずに言えば、人生に対するそもそもありうる究極的な立場のあいだの闘争は両立不可能で、そして決着をつけることはできない。したがって、どうしても、それらの神々のあいだで選択

をし、いずれかを選び取らなければならない。これが基本的な事情です。こうした事情を前提にした上で、学問は誰かにとって「使命を帯びた仕事」たる価値があるのか、そして学問はそれ自身で客観的に価値ある「使命」をもつのか。これもまた価値判断の問題であり、それについては教室ではなにも言えません。というのも、教室で教えることの前提になっているのは、この肯定だからです。ぼく自身、このように働いています。こうすることで個人としては、すでにこの問いに肯定で答えています。もっと詳しく言えば、今日の若い人たちがそうしているように、あるいはたいていそうしているつもりになっているだけですが、それでもそうしているように、知性主義を最悪の悪魔として憎悪する、そうした立場にとっても、そしてまさにそうした立場にとってこそ、〔学問に価値があるという〕この肯定が前提になっています。というのも、若い人には次のことばがあたっているからです。

考えてもみろよ。悪魔は歳をとっている。だから、悪魔を理解するには、おまえたちも歳をとるんだ。*1

ここで「歳をとる」というのは、出生証明書〔の日付〕の意味ではありません。悪魔に直面しても、それとぶつかって負けないでいようとするならば、今日よくやられるように恐れをなして逃げ出すことは許されない。むしろ、悪魔の力と限界を見極めるために、まずはともあれ悪魔の通る道筋を最後まで見通さなければならない。そういう意味で「歳をとる」なのです。

＊1　ゲーテ『ファウスト』第二部第二幕六八一七―六八一八行。「仕事としての政治」78段落でも引用されている。

［38］今日、学問は自己省察と事実連関の認識に奉仕して専門的に営まれる「仕事」です。救済財や啓示を授けてくれる占い師や預言者による恩寵の賜物ではないし、また世界の意味についての賢者や哲学者による思考の一構成要素でもありません。このことは、もちろんぼくたちの歴史的な状況の逃れがたい実状です。ぼくたちが自分自身に誠実であり続けようとするならば、ここから脱出することはできません。

いま再びトルストイがみなさんの心のなかに現れて問うとしましょう。「わたしたちはいったいどうすべきなのか。わたしたちは人生をどのように調整すべきなのか」。あるいは、今日ここで用いたことばで言えば、「闘争する神々のいずれに仕えるべきか。もしかしたら、まったく別の神に仕えるべきなのではないか。それはどの神なのか」ということになるでしょう。このように問われて、なにかを言うことができるのは預言者か救済者だけです。もし預言者や救済者がいないとすれば、あるいはもし預言者や救済者のメッセージがもはや信じられないとすれば、どうでしょうか。何千人もの教授たちは、国家によって雇われ、あるいは特権を与えられた教室にいる小さな預言者として、その役割を引き受けようとする。これによって、みなさんはきっと預言者や救済者を地上に引っ張り出すことはないでしょう。ただ、みなさんはあることをしてしまう。とてもたくさんのドイツの若い世代の人たちが預言者を探し求めていますが、まさにそんな預言者などいない。これは決定的な事態です。この事態についての知が、この事態の意味の十全な重みをもっては、若い世代の人たちに生々しく受け取られない。これが、みなさんがしてしまうことです。神とは疎遠で、預言者なき時代に生きる運命にあるということ。この基本的な事実が、本当に宗教的に「音感のよい」人やそうでない人に、これらすべての教室の預言者たちがそうであるような間に合わせの代用品で覆い隠されてはなりません。そうされてしまうなら、そのあと、宗教的に「音感のよい」人のためになることはいっさいありえない、とぼくは信じます。その人の宗教的な器官の誠実さはこれに逆らわざるをえないと思われるのです。

さて、みなさんは次のように言いたくなるかもしれない。「神学」が実在していて、それは「学問」だと主張している。では、こうした事実にどんな立場をとるのか。答えを避けないようにしましょう。たしかに「神学」と「ドグマ」は普遍的に存在するわけではありません。しかし、かといってキリスト教にだけ存在するわけでもない。イスラームにおいても、マニ教[*1]においても、グノーシス[*2]においても、オルペウス教[*3]においても、パールシー教[*4]においても、仏教においても、ヒンドゥー教諸派においても、道教においても、ウパニシャッド[*5]においても、そしてもちろんまたユダヤ教においても、（時代を遡れば）ずいぶんと発展した形態で存在しました。ただ、もちろん体系的な発展にはきわめてさまざまな程度がありました。西洋のキリスト教は、神学やドグマを、たとえばユダヤ教が神学について所有していたものとは反対に、より体系的に仕上げてきたし、それを追求している。しかし、それだけでなく、西洋のキリスト教の神学やドグマの発展は、はるかに強大な歴史的意義をもってきた。このことは、けっして偶然ではありません。ギリシア精神が、これをもたらしました。そして、西洋のすべての神学はここに立ち返ります。（明らかに）東洋のあらゆる神学がインド的な思考に立ち返るのと同じです。すべての神学は、宗教的な救済所有の知性的な合理化です。いかなる学問も絶対的に無前提ではないし、この前提を拒否する人に対して、みずからの価値を基礎づけることはできません。ただし、神学については、いずれも、その作業のために、そしてそれによってみずからの存在を正当化するために、いくつかの特殊な前提を付け加えます。さまざまな意味と範囲においてです。いかなる神学にとっても、たとえばヒンドゥー教の神学にとっても、世界は一つの意味をもたなければならない、という前提が妥当します。そして、このようなことが思考可能になるためには、どのように人は世界の意味を解釈しなければならないかが、その問いとなります。

カント[*6]の認識論が「科学的な真理があり、かつそれが妥当する」という前提から出発し、その上で、どのような思考前提のもとでこのことが（有意味に）可能かを問うたのと、まったく同じです。あるいは、現代の美学者、たとえばG・フォン・ルカーチ[*7]は明言しているし、そうでなくても事実そうなのですが、「芸術作品は存在する」という前提から彼らは出発する。そして、いかにしてそれは（有意味に）可能なのか、と問うのです。もっとも、神学というものは（本質的に宗教哲学的な）この前提では満足しないのがふつうです。そうではなく、神学は通常、追加的な前提から出発します。特定の「啓示」が救済にとって重要な事実として、つまり有意味な生の導き〔生き方〕を初めて可能にする事実として、ただひたすら信仰されるべき、という前提であり、また特定の状態性と行為が神聖さの質をもつ、つまり宗教的に有意味な生の導きであるか、あるいはそうでなくてもその構成要素をなす、という前提です。そして、問いはここでもまたこうです。まさに想定されるべきこの前提は、ある世界像のなかで、いかにして有意味に解釈されうるのか。

この際、神学にとって、この前提は「学問」がそれであるところのものの向こう岸にあります。これは、通常理解されるような意味で「知っている」のではなく、「もっている」のです。この前提、つまり信仰ないし他の聖なる状態性を「もって」いない人については、神学がこの前提の代わりをすることはできません。それ以外のなんらかの学問は、なおさらです。反対に、いかなる「実証（ポジティーフ）」神学[*8]においても、信者はある地点に到達する。そこでは、アウグスティヌス[*9]的な一文があてはまります。

非合理であるにもかかわらず、ではなく、非合理ゆえに我信ず。[*10]

「知性の犠牲」というこうした達人的な行いの能力は、実定的（ポジティーフ）な宗教人の決定的なメルクマいだの緊張は架橋不可能だということです。

*1　ササン朝ペルシアのバビロニアで、預言者マニ（Mani）（二一六―二七七年）によって創始された。善と悪の二元的世界観のもと、キリスト教やゾロアスター教、仏教の要素を加えながら普及したが、一五―一六世紀に消滅した。

*2　「グノーシス」は、ギリシア語で「知識」ないし「認識」を意味する。グノーシス主義は、ローマ帝国の属州の有産知識人層を基盤として、キリスト教と同時期に成立した。現世の秩序（コスモス）を否定する二元論を特徴とする。エリック・フェーゲリン（Eric Voegelin）（一九〇一―八五年）は、この「グノーシス主義」を広く解釈し、近代の「全体主義」の分析に用いている（『政治の新科学――地中海的伝統からの光』山口晃訳、而立書房、二〇〇三年を参照）。

*3　オルペウス（Orpheus）は、ギリシア神話に登場する詩人・音楽家。オルペウス教は、古代ギリシアの密儀宗教で、西洋の神秘主義の源泉の一つとして、プラトンやグノーシス主義に影響を与えた。

*4　パールシーは、ムスリムに追われて西インドに移住してきたゾロアスター教徒の共同体のこと。

*5　サンスクリット語で書かれた古代インドの哲学の聖典。前七世紀に遡り、古代最古の哲学書と言われることもあるが、体系性はなく、雑多な教説から成る。

*6　イマヌエル・カント（Immanuel Kant）（一七二四―一八〇四年）は、『純粋理性批判』（一七八一年）などで知られるドイツの哲学者。ヴィンデルバント（Wilhelm Windelband）（一八四八―一九一五

年）やリッケルト（Heinrich Rickert）（一八六三―一九三六年）など、同時代の「新カント派」西南ドイツ学派の影響をウェーバーは受けている。

＊7　ジェルジュ・ルカーチ（Georg Lukács）（一八八五―一九七一年）は、ハンガリーの哲学者・美学者。初期の著作に『魂と形式』（一九一一年）、『小説の理論』（一九二〇年）がある。一九一二―一四年にハイデルベルクに滞在し、ウェーバー宅での研究会にもたびたび顔を出した。その後、共産党に入党し、ハンガリー革命に参加。ベラ・クーン政権崩壊後、『歴史と階級意識』（一九二三年）を執筆した。

＊8　実証ないし実定（positiv）は、ラテン語の“ponere”（設定する）の過去分詞形“positum”に由来し、「設定された」ものの意。「自然」神学は、啓示を基にせず、自然の光（人間の理性）によってキリスト教の真理性を証明しようとするのに対して、「実証」神学はイエス・キリストの啓示を前提とする。

＊9　アウグスティヌス（Aurelius Augustinus）（三五四―四三〇年）は、初期キリスト教の西方教会最大の教父。『神の国』を執筆した。

＊10　“credo non quod, sed *quia* absurdum est”. ウェーバーは、この一節をラテン語で引用し、「アウグスティヌス的」としている。しかし、このことばは、ローマ時代のキリスト教神学者テルトゥリアヌス（Quintus Septimius Florens Tertullianus）（一六〇頃―二二二年頃）に由来する。

[39]「知性の犠牲」を、弟子が預言者に、信者が教会に差し出す。これだけが正当なことです。かなりたくさんの現代の知識人が、保証された本物の古いものを心のなかにそなえつけたい、という欲望をもっている。そして、そのとき、そうした古いものの中には宗教が含まれていることを思い出す。ところが、彼ら知識人は、かつて一度も宗教をもったことがない。その代わりに、世界中のあらゆる国々からの聖人像のようなもので、お遊び半分で据え

つけられた一種の礼拝堂を代替として飾り立て、あるいは、ありとあらゆる種類の体験のなかに代用品を作り出す。そして、知識人たちはそうした体験に神秘的な神聖さの所有という威厳を付与し、それをもって本のマーケットに売り歩きに行く。[*1] こんなことで新しい預言が誕生したことなど、ただの一度もありません（かなり多くの人にとって、この光景は感じの悪いものでしたが、あえて繰り返しておきます）。これはただのペテンか自己欺瞞です。

近年、静かに増えてきた若い人たちの共同体があります。[*2] こうした共同体のなかには、自分たちの人間的な共同体の関係に、宗教的、宇宙論的あるいは神秘的な関係という解釈を与えるものが、けっこうある。だからといって、まったくのペテンというわけではありません。むしろ、とても真面目で真正なものがある。しかし、それに対して、もしかしたら、ときとしてみずからの意味からして自身を誤解しているものもあります。真の同胞愛に基づく行為はすべて、それについての知と結びつくことがある。そして、それによって個人を超えた王国に、失われることのないものが付け加えられる。このようなことが本当ならば、先ほどの宗教的な解釈によって純粋に人間的な共同体の関係の品位が高められるかどうかは、そのぶん疑わしくなります。とはいえ、もはやこれはこの講演の問題ではありません。

*1　編集者のオイゲン・ディーデリヒス（Eugen Diederichs）（一八六七―一九三〇年）と彼の名前を掲げた出版社が行っていたことを指す。一九一七年九月にラウエンシュタイン城で開催された文化会議でもウェーバーは講演を行い、これがきっかけとなって「仕事としての学問」を引き受けることになったが、

この文化会議を後援したのもディーデリヒスだった。オイゲン・ディーデリヒス社は、プラトン、新プラトニズム、聖フランチェスコ、ノヴァーリス、キルケゴール、ヘルダーリンなどの著作を刊行するとともに、世界宗教、諸民族についての書籍を世に送り出した。新ロマン主義的・新神秘主義的な時代の雰囲気のなかで、この出版事業は成功した。ウェーバーは、この出版社を「世界観のデパート」と呼んでいる。

＊2　ワンダーフォーゲルから「自由ドイツ青年」などの学生団体、そしてスイスのアスコナを代表とするコロニー運動など、この当時、実に多様な共同体、ないし「サークル」が生まれ、活動していた。フェルディナント・テニエス（Ferdinand Tönnies）（一八五五―一九三六年）の『ゲマインシャフトとゲゼルシャフト』（一八八七年）は、こうした時代の雰囲気のなかで読まれていた。また、ウェーバーに講演を依頼した学生たちも、このような運動にコミットしていた。当時の青年運動については、上山安敏『世紀末ドイツの若者』（講談社学術文庫、一九九四年）を参照。

［その日その日の要求］

［40］ぼくたちの時代には、特有の合理化、知性主義化、そして特に魔法が解ける過程が随伴しています。こうした時代の運命というのは、究極の、そして最も気高い価値が公共空間から撤退し、神秘的な生活の背後世界の王国に行くか、そうでなければ個々人相互の〔障害のない透明な〕直接的な関係の同胞愛[*1]に向かうか、そのいずれかです。

ぼくたちの時代の最高の芸術は、ごく内輪でわかり合っていて、けっして記念碑的ではない。これは偶然ではありません。また、かつてなら預言者の息吹（プネウマ）として、嵐のような炎をあげて偉大な教団を突き抜け、そして教団を溶かして一体にしていたものに対応するなにかがありました。このようななにかは、今日、最も小さな共同体のサークルのなかで、人から人へとピアニッシモで脈打っている。これも偶然ではありません。記念碑的な芸術の信条を無理強いし、それを「でっち上げる」としましょうか。そうすれば、そのとき、最近二〇年間の多くの記念碑のような、見るも哀れな駄作ができあがります。新しい、真の預言もなしに、新しい宗教の立ち上げをあれこれ考案するとしましょう。そうすれば、いっそう気分を悪くさせるに違いない、内面においてなにか似たものが出てきます。そして、教室で行われる預言は、ただ狂信的なセクトを作るだけで、けっして真の共同体を作ることはありません。

こうした時代の運命に雄々しく耐えることができない人には、次のように言わなければなりません。広く、慈悲深く差し出された古い教会の腕のなかに、この人は黙って帰りたがっている。ただただシンプルに。よく公然と行われているが、背教者だと触れまわることなどしなくていいのだ、と。あなたはこの人を難しい状況に追い込むことはありません。このとき、この人はなんらかの仕方で「知性の犠牲」をどうにかして差し出さなければならない。これは避けられないことです。実際にこの人がそうするとしても、ぼくたちはこのことでその人を非難しないでしょう。というのも、こうした知性の犠牲は無条件の宗教的コミットメントのためになされるのであり、率直な知的誠実という義務を避けて通ることとは、なにはともあれ道徳的にまったく別ものだからです。知的誠実の義務が回避されるのは、自分の究極的な立場をみずからに対して明らかにする勇気をもたず、この義務を軟弱な相対化によって軽減するときだからです。教室という空間のなかでは、率直な知的誠実性以外の徳は通用しない。教室のなかの預言者が明晰にはわかっていないのは、この点なのです。教室の預言者に比べれば、ぼくにとってこれ〔宗教的にコミットメントして「知性の犠牲」を差し出すこと〕はより高いところに位置します。

『イザヤ書』に収められた、捕囚時代のエドム人の見張りの、あの美しい歌があります。今日、預言者や救済者を待ち焦がれる多くの人たちにとって、状況はこの歌から聞こえるのと同じです。このことを確認せよ、と知的誠実の義務はぼくたちに要求します。

エドムのセイルから呼びかけがある。見張りよ、夜はなおどれだけ続くのか。見張りは語る。朝は来る、しかしまだ夜だ。尋ねたければ、また来るように。[*2]

このように告げられた民族は、はるか二〇〇〇年以上にわたって問い、待ち焦がれた。ぼくたちは、この民族の恐るべき運命を知っています。ここから、ただ憧れたり、待ち焦がれたりしているだけではなににもならない、という教えを引き出し、別の仕方をしたいと思います。つまり、人間的なことでも仕事上のことでも、ぼくたちの作業に従事し、「その日その日の要求」[*3]をこなすことです。各人が、その人の人生の糸を握っているデーモンを見つけ、そのデーモンに従うならば、これは単純明快なことです。

＊1　「透明な関係」への憧憬と帰結については、ルソーの研究書ではあるが、ジャン・スタロバンスキー

『ルソー　透明と障害』（新装版）（山路昭訳、みすず書房、二〇一五年）を参照。

＊2　旧約聖書『イザヤ書』二一・一一—一二。マルティン・ハイデガー（Martin Heidegger）（一八八九—一九七六年）は、「ヘルダーリンと詩作の本性」（一九三六年）で、この時代を「乏しい時代（die dürftige Zeit）」だとしたうえで、「逃げ去った神々はもはやいないし、到来するものはまだいない（im Nichtmehr der entflohenen Götter und im Nochnicht des Kommenden）」と書いている（『ハイデッガー全集』第四巻「ヘルダーリンの詩作の解明」濵田恂子＋イーリス・ブフハイム訳、創文社、一九九七年、六四頁）。カール・レーヴィットは、この時代認識についてウェーバーとハイデガーの近さを指摘している（『ハイデッガー——乏しき時代の思索者』杉田泰一・岡崎英輔訳、未來社、一九六八年、一七頁）。

＊3　ゲーテ『ヴィルヘルム・マイスターの修業時代』（一七九五年）第二巻「遍歴者の精神における考察」からの引用。「それにしても、あなたの義務はなにか。その日その日の要求（Was aber ist deine Pflicht? Die Forderung des Tages）」。

仕事としての政治

［テーマ設定］

［1］みなさんからのご要望をいただき、講演をさせてもらいますが[*1]、この講演は間違いなく、さまざまな点でみなさんをがっかりさせるでしょう。仕事としての政治についての講演で、みなさんが現在進行している時事問題への態度表明を期待するというのは当然のことです。しかし、これについては、講演の最後でちょっとだけ触れるにとどめます。しかも、政治的な行いが生の導き〔生き方〕全体のなかでもつ意味、という特定の問いに関連して、純粋に形式的な扱い方をします。どのような政治をすべきか、政治的な行いに込めるべき内容はなにか。こうした関連の問いはすべて、今日の講演から除かなければなりません。というのも、こうした問いは仕事としての政治がなにであり、またなにを意味しうるのか、という一般的な問いとはまったく関係がないからです。

では、本題（ザッヘ）に入ります。

＊1　「仕事としての学問」と同じく、「仕事としての政治」もバイエルンの自由学生同盟によって企画・開催された。ウェーバーは、友人であり、民主党の創設者の一人であったフリードリヒ・ナウマン（Friedrich Naumann）（一八六〇―一九一九年）をこの講演の担当者として推薦していたが、ナウマンの健康上の理由で実現しなかった。交渉にあたったイマヌエル・ビルンバウム（Immanuel Birnbaum）（一八九四―一九八二年）が、ウェーバーが断るなら、ミュンヘン革命の中心人物であるクルト・アイス

ナー（Kurt Eisner）（一八六七―一九一九年）を呼ぶつもりだ、と言うと、彼は仕方なくこの講演を引き受けたという（安藤英治（聞き手）『回想のマックス・ウェーバー――同時代人の証言』亀嶋庸一編、今野元訳、岩波書店、二〇〇五年、一三三―一三四頁）。

［政治の定義］

［2］政治をどのように理解すればよいでしょうか。この概念は、おそろしく広い幅をもっています。なにかに依存することなく導く（リーダーシップをとる）[*1]活動であれば、どのような種類のものでも、政治の概念に含まれます。銀行の為替の政治、ドイツ帝国銀行の手形割引の政治、ストライキにおける組合の政治が話題になることもありますし、都市や村における教育の政治、結社幹部による業務執行上の政治、さらには夫を上手に操（あやつ）ろうとする賢い妻の政治だって語ることができる。ただ、もちろん、今晩ぼくたちの考察が扱うのは、こうした種類の広い概念ではありません。政治的団体――今日では、つまるところ国家ですが――を導くこと、そしてその導きに影響を及ぼすという意味に限定して、ここでは政治を理解したいと思います。

＊1　政治が「導く」ないし「リードする」活動だというのは、あまりに自明だと思われるかもしれない。しかし、ミシェル・フーコー（Michel Foucault）（一九二六―八四年）は、一九七七―七八年度のコレージュ・ド・フランス講義において、古代ギリシアの語彙には基本的に「牧者（berger; Hirte）」のメタ

ファーがないと指摘している。牧者の「導き（conduite; Führung）」（フーコーの邦訳では「操行」という訳語が用いられることが多い）は、一七世紀末まではほとんど見られず、「キリスト教的司牧が西洋社会に導入した根本的な要素の一つ」だと述べられている（ミシェル・フーコー『安全・領土・人口――コレージュ・ド・フランス講義 一九七七―一九七八年度』高桑和巳訳、筑摩書房、二〇〇七年、二三九頁）。リーダーシップの強弱でしか政治を語れないとすれば、それは政治概念の貧困化ということになるかもしれない。

［3］それでは、社会学的考察の立場から見ると、「政治的」団体とはなんでしょうか。つまり、「国家」とはなんでしょうか。国家についても、それが行う内容からは、社会学的に定義することはできません。これまでにどこかの政治的団体が取り組んだことがない課題など、ほとんどありません。また、いつの時代でも、完全に、この課題はいつももっぱら政治的団体と呼ばれるものに固有のものだったと言えるような課題もありません。ここでの政治的団体とは、今日では国家と呼ばれており、そして歴史的には近代国家の先行形態のことです。結局のところ、近代国家を社会学的に定義しようとすれば、それができるのは、あらゆる政治的団体に固有で、それに特有の手段、つまり物理的な暴力行使[*1]からだけです[*2]。「すべての国家は暴力を基礎にしている」と言ったのは、ブレスト＝リトフスクのトロツキー[*3]でした。実際のところ、これは正しい。もし手段としての暴力行使と無関係の社会制度しか存在しないとすれば、その場合には「国家」の概念はなくなり、ことばの特別な意味で「アナーキー」と呼ばれる事態が出現することになるでしょう。

もちろん、暴力行使は、国家の標準的な手段ではないし、また唯一の手段でもない。それは言うまでもありません。しかし、それでも暴力行使は国家に特有です。まさに現在、暴力行使と国家の関係は特に親密です。過去においては、氏族から始まって、さまざまな団体が物理的な暴力行使をごくごく標準的な手段として使っていました。これに対して、今日では、国家とは、ある一定の領域――この「領域」というのがメルクマールですが――のなかで、レジティマシー[*4]を有する物理的な暴力行使の独占を要求する（そして、それを実行する）人間の共同体である、と言わなければならないでしょう。というのも、現代に特有なことですが、国家以外のすべての団体や個人に物理的な暴力行使の権利が付与されるのは、国家が国家の側からそれを認めるかぎりにおいてだからです。つまり、国家は暴力行使の「権利」の唯一の源泉とみなされるからです。したがって、ぼくたちにとって政治が意味するのは、国家間であれ、一つの国家内部においてそれに含まれる集団間であれ、権力を分有しようとする、あるいは権力の配分に影響を及ぼそうとする努力ということになるでしょう。[*5]

＊1　「自衛隊は暴力装置である」という官房長官による発言が物議を醸したことがあったが、ウェーバーの政治理解からすれば、これは当然の発言ということになる。政治における暴力の「圧倒的」な力とその「無力さ」については、プラハの春（チェコスロバキアの自由化政策）に対して一九六八年八月になされたソ連による軍事介入について書かれた加藤周一のエッセイ「言葉と戦車」（小森陽一・成田龍一編『言葉と戦車を見すえて――加藤周一が考えつづけてきたこと』ちくま学芸文庫、二〇〇九年）を参照。

＊2　ブレスト＝リトフスクは、現在のブレスト（ベラルーシ）。一九一八年三月に、この地でロシア革命政府とドイツは第一次世界大戦を終結する条約を結んだ。革命の防衛のためにソ連は領土を大幅に譲歩せざるをえなかったが、ヴェルサイユ条約で無効になった。

＊3　レフ・トロツキー（Lev Trotskii）（一八七九—一九四〇年）は、ロシアの革命家、ソ連共産党の指導者。レーニン（Vladimir Il'ich Lenin）（一八七〇—一九二四年）の死後、一国社会主義を唱えるスターリン（Iosif Vissarionovich Stalin）（一八七九—一九五三年）と対立して、ソ連を追われた。「ブレストにおける交渉」については、トロツキー『わが生涯』下（志田昇訳、岩波文庫、二〇〇一年）、第三一、三二章を参照。

＊4　ドイツ語の"Legitimität"（英語の"legitimacy"）は「正統性」ないし「正当性」と訳されるが、どちらも難点を抱えている。「正当性」を用いると、「正しさ」とレジティマシーの区別が不明瞭になる。ある政治秩序のレジティマシーは、「正しさ」をめぐる争いが存在しているにもかかわらず成り立ちうる。たまたま現在権力を握っている人たちの考え方とは大きく異なる考え方をもち、現在の権力者の政策は「不当」だと考えているけれども、その政治体制自体にはレジティマシーを認める、ということはよくあるし、またそうしたズレの容認がなければ、ほとんどの政治秩序は成り立ちえない。福澤諭吉（一八三四—一九〇一年）が『文明論之概略』（一八七五年）で用いた「政統」という訳語は、現在では使われていないが、この点を的確に捉えている。「正統性」という訳語を用いると、今度は「異端」の対概念である「正統」との混同が出てくる。「正統」と「異端」がウェーバーの宗教社会学のキーワードであることを考えると、レジティマシーとオーソドキシーが日本語のレベルで混同されることは、やはり避けたい。政治的支持の調達に関わるレジティマシーは、教義やドグマのレベルでの争いに関わるオーソドキシーとは区別する必要がある。以上の理由から、本書ではカタカナの「レジティマシー」を用いる。なお、「正当化」は"rechtfertigen"（英語の"justify"）の訳語である。

＊5 ハンナ・アーレント（Hannah Arendt）（一九〇六―七五年）による次のコメントは、ここでのウェーバーの政治の定義にもあてはまる。「現在用いられている用語法が「権力 power」、「力 strength」、「強制力 force」、「権威 authority」、そして最後に「暴力 violence」のような重要な語をきちんと識別していないことは、政治学のかなり嘆かわしい現状を反映しているように思われる」（『暴力について――共和国の危機』山田正行訳、みすずライブラリー、二〇〇〇年、一三二頁）。また、今日の権力論の水準から見ると、ウェーバーの「権力」理解はかなり狭い。権力の多義性については、杉田敦『権力論』（岩波現代文庫、二〇一五年）を参照。

［4］これは大体において日常的な用語法にも一致しています。ある問題について、これは「政治的」問題だと言ったり、大臣や官僚について、その人は「政治的」な役職者だと言ったり、またある決定について、この決定は「政治的」事情によると言うことがあります。このとき、考えられていることは常に同じです。ある問題に答えるにしても、決定するにしても、当該の役職者の活動範囲を決めるにしても、権力の配分、権力の保持、あるいは権力の移行という利害関心が基準になっています。

政治を行う者は、権力を求めます。（理念的ないしエゴイスティックな）他の目標のための手段としてか、「自己目的として」、つまり権力がもたらす威信感情を味わうためか、いずれにしても、彼らは権力を得ようとするのです。

［レジティマシー］

［5］国家は、歴史的に先行する政治的団体と同じく、レジティマシーをもつ（つまり、レジティマシーをもつとみなされている）暴力行使という手段に依拠した、人間に対する人間の支配関係です。国家が存在するには、そのときどきの支配者によって求められる権威を、支配される側の人たちが受け入れなければなりません。では、支配される側の人たちは、いつ、いかなる理由で権威を受け入れるのでしょうか。そして、この支配はどのような内的正当化の根拠と外的な手段に支えられているのでしょうか。

［6］支配の内的正当化、つまり支配のレジティマシーの根拠は、原理的に三つあります。

まず、「永遠の昨日」の権威です。ここで「永遠の昨日」と言うのは、想像の及ばないほど昔から妥当していることによって、またそれを守ろうとする慣習的な態度によって神聖化された習俗のことです。昔の家父長や家産制君主が行ったのが、この伝統的支配でした。

次に、非日常的で個人的（パーソナル）な恩寵の賜物（カリスマ）[*1]の権威です。これは、ある個人の啓示、英雄的な精神、あるいはその他のリーダー的な資質に対する、まったく個人的なコミットメントと個人的な信頼です。たとえば預言者が行っているのが、この「カリスマ的」支配です。あるいは、政治的領域では、人々から選ばれた戦争の指揮官、人民投票によって選出された支配者、偉大なデマゴーグと政党リーダーがこれを行っています。

最後に、「合法性」による支配があります。この支配が依拠しているのは、法規の妥当性に対する信仰、合理的に制定された規則によって基礎づけられた事務的（ザッハリヒ）な「権限」、つまり法規に定められた義務を履行するときに言うことを聞くように態度が方向づけられていることです。近代的な「公務員」や、この点で「公務員」に類似したすべての権力の担い手によって行われるのが、この支配です。

当然のことながら、実際には恐怖と希望というきわめて強い動機が、それと並ぶさまざまな種類の利害関心とともに〔支配者に〕ついていくようにさせています。恐怖というのは魔術的な力や権力者の復讐に対する恐怖、希望というのは来世あるいは現世での報酬への希望です。こうした点については、このあとすぐに論じます。しかし、〔ある人が誰かに〕ついていくとき、そこには「レジティマシー」がある。そして、この「レジティマシー」の根拠を問うならば、どうしてもこの三つの「純粋」型に行き着くのです。

このレジティマシーの観念とその内的な基礎づけは、支配構造にとってきわめて重要な意味をもちます。もちろん、これらの純粋類型は現実の世界ではほとんど見当たりません。しかし、こうした純粋型の変容、移行、結合はとても複雑で、今日のところはこれを扱うことはできません。これは「一般国家論」[*2]の問題に入ります。

ここで関心を引くのは、特にこの類型の二つ目です。「導く人」〔リーダー〕[*3]の純粋に個人的(パーソナル)な「カリスマ」に対する、言うことを聞く側のコミットメントに基づく支配がそれです。というのも、その最高の形態において「使命を受けた仕事」[*4]という思想に根差しているのが、この類型だからです。預言者、戦争の指揮官、エクレシアや議会における、きわめて偉大なデマゴーグ。このようなカリスマたちへのコミットメントが意味するのは、内的に

「使命を与えられた」、人々を導く人として、そのカリスマが個人的（パーソナル）に認められているということであり、人々がこの人についていくのは、習俗や法規のためではなく、そのカリスマを信じるからだということです。その人が狭量で、虚栄心の強い一時的な成り上がり以上のものだとすれば、もちろんその人自身は大義（ザッヘ）のために生き、「みずからの仕事（Werk）を成し遂げようとする」[*5]。しかし、弟子、フォロワー、そしてまったく個人的な党派のお仲間といった、この人の取り巻きは違います。こうした取り巻きのコミットメントが向けられるのは、その人の人物と、その資質です。導く人〔リーダー〕は、すべての地域で、歴史上のどの時代にも登場しました。過去において最も重要な二つの人物像は、一方では魔術師と預言者であり、他方では人々から選び出された戦争の指揮官、賊の親分、傭兵隊長[*6]でした。しかし、いっそう関心を引かれるのは、西洋に固有のものです[*7]。まずは自由な「デマゴーグ」という形での政治的リーダーシップで、これは西洋においてのみ、とりわけ地中海文化に固有の都市国家の土壌で出てきました。それから、議会における「政党リーダー」という形での政治的リーダーシップです。これも同じく西洋でのみ根づいた立憲国家で育ったものです。

*1 「カリスマ」という語は、非日常的な天与の資質ないしそれをもつ人を指す。旧約聖書をギリシア語に訳した『七十人訳聖書』でも使われており、新約聖書のパウロ書簡などにも出てくる。ウェーバーは、法制史家で教会法研究者のルドルフ・ゾーム（Rudolph Sohm）（一八四一―一九一七年）からヒントを

得て、この語を用いた。

＊2　ドイツの公法学者でウェーバーの友人ゲオルク・イェリネク（Georg Jellinek）（一八五一―一九一一年）の著作に『一般国家学』（一九〇〇年）がある。なお、死の直前、ミュンヘン大学で最後に担当した一九二〇年夏学期の講義のタイトルを、ウェーバーは「一般国家学と政治（国家社会学）」としていた（MWG III/7, S. 41）。

＊3　「フューラー（Führer）」は、周知のように、全権を掌握したヒトラーを指して用いられた語で、この場合、日本語では「総統」と訳される。しかし、ウェーバーは一九二〇年に亡くなっているので、この語のこうした歴史的展開を知らない。本書では、文脈に応じて「導く人」ないし「リーダー」という訳語を用いる。ただし、もちろん英語由来の「リーダー」という訳語を“Führer”にあてると物足りなさが残ることは否定できない。

＊4　古代ギリシアの都市国家（ポリス）における自由な市民の集会。

＊5　ニーチェ『ツァラトゥストラはかく語りき』第四部一、二〇。

＊6　ウェーバーは、一四―一五世紀のイタリアの傭兵ないし傭兵隊長を指すイタリア語“Condottiere”に由来するドイツ語“Kondottiere”を用いている。ニッコロ・マキアヴェッリ（Niccolò Machiavelli）（一四六九―一五二七年）は、まさにこのコンドッティエーレを批判し、自前の市民軍の創設を主張した。『君主論』（一五三二年）、第一二、一三章を参照。

＊7　「西洋にのみ」という問題関心は、ウェーバーの『宗教社会学論集』でも貫かれている。その「序言」の冒頭で、彼は次のように書いている。「どのような諸事情の連鎖が存在したために、他ならぬ西洋（Okzident）という地盤において、またそこにおいてのみ、普遍的な意義と妥当性をもつような発展傾向をとる――と少なくともわれわれは考えたい――文化的諸現象が姿を現すことになったのか」（MWG I/18, S. 101 = 『宗教社会学論選』五頁）。日本で彼のテクストが熱心に読まれてきたのは、ヨーロッパ近

代をいかに受け入れるかがそれだけ切実に問われてきたからだろう。もちろん、ここにヨーロッパ中心主義の傲慢さや「オリエンタリズム」を見出すことは容易である。しかし、ヨーロッパに由来するとされる「近代」的な価値基準が瓦解しつつあるとすれば、この論点を再考してみる必要があるかもしれない。

〔支配を受け入れる側の理由〕

［7］とはいえ、ことばの本来の意味での「使命」によって政治家になっている人が政治的な権力闘争のただなかで重要な役割を果たす唯一の登場人物というわけでは、もちろんありません。むしろ、こうした政治家の意のままになるような補助手段が、決定的なまでに重要です。政治的支配権力は、どのようにしてその支配を固めるのか。この問いは、どのような種類の支配にも関係します。あらゆる形式の政治支配、つまり伝統的支配にも、合法的支配にも、カリスマ的支配にも妥当するのです。

［8］いかなる支配の経営にも、継続的な行政が不可欠です。支配の経営が必要とするものは二つあります。一つは、レジティマシーをもつ暴力の担い手だと主張する支配者の言うことを聞くように人の行為が方向づけられていること、そして二つ目は、このように言うことを聞くことによって、所与の状況で物理的な暴力の適用に不可欠の物品を自由に処理できることです。要するに、人的な行政スタッフと物的な行政手段が必要とされるのです。

［9］他のどのような経営でもそうですが、最も外的な現象において政治的支配の経営を具現しているのが、行政スタッフです。当然のことですが、行政スタッフは、いま述べたよ

うなレジティマシーの観念によってのみ権力者の言うとおりになっているわけではありません。個人的な利益に訴える二つの手段もあります。物質的な報酬と社会的な名誉がそれです。〔前者については〕家臣に〔封建領主から〕与えられる封土、家産官僚の俸禄、近代国家の公務員の給料、〔後者については〕騎士の名誉、身分にともなう特権、官僚であることの名誉が報酬となります。また、それを失うことへの不安こそが、行政スタッフと権力保持者の連帯の最終的で決定的な基礎となる。カリスマ的なリーダーの支配にも、このことがあてはまります。〔一方で〕戦士の名誉があり、〔他方で〕戦利品、（英語の）「スポイルズ」[*1]がある。デマゴーグのフォロワーになることには、役職の独占による被支配者からの搾取、政治的に条件づけられた利益、虚栄心というプレミアがついてくるのです。

＊1　ウェーバーは、ここで「戦利品」、「略奪品」、「役得」、「利権」を意味する“spoils”という語を英語で用いている。しばしば「猟官制」と訳される「スポイルズ・システム」については、47、48、49段落を参照。

「身分制的」団体と近代国家

［10］どのようなものであれ、暴力をともなった支配を維持するには、一定の物質的な外的財が必要とされます。このことは、経済の経営とまったく同じです。役人でも、その他の誰でも、権力保持者はこうした人的スタッフが言うことを聞いてくれるというあてがなけれ

ばならない。行政手段は、カネ、建物、武器、車両、馬、あるいはその他いかなるものでもありえます。スタッフがそれらをみずから所有するという原則の上に国家秩序が成り立っているのか、それとも、今日の資本主義的な経営において従業員や労働者が実質的な生産手段から「切り離され」ているように、行政スタッフは行政手段から「切り離され」[*1]ているのか。この点によって、すべての国家秩序は分類できます。権力者が、その人によって組織化されたみずからの管轄にある行政をもち、個人的に支えてくれる人、雇い入れた役人、個人的なお気に入りや信頼できる人たちに行政をさせている(この場合、この人たちは実質的な経営手段の所有者、つまり自分の権利での持ち主ではなく、そこの支配者によって指揮されている)のか、あるいはその反対(実質的な行政(生産)手段を行政スタッフが自前で揃えている)があてはまるのか。この区別は、過去のあらゆる行政組織にも貫かれています。

*1 「仕事としての学問」5段落、および「仕事としての政治」13段落も参照。

[11] 実質的な行政手段のすべてか、あるいはその一部が(支配者に)仕える行政スタッフ自身の権力のうちにあるような政治的団体を「身分制的」に編成された団体と呼ぶことにしましょう。たとえば、封土(を媒介にした主従関係にある)団体の家臣は、賦与された土地の行政と司法をみずからの財布で賄い、戦争のために自分で装備を整えて、食料を供給しました。そして、その家来も同じことをした。このことは、もちろん支配者の権力的地位に

も影響を及ぼしました。支配者の権力的地位が依拠していたのは、〔一方では〕個人的な忠誠という絆であり、〔他方では〕家臣の封土の所有と社会的名誉が「レジティマシー」を引き出していたのがその支配者からだった、という点でした。[*1]

＊1　ここでウェーバーが用いている「身分制的」団体は「封建制」のことだと考えてよい。封建制については、MWG I/22-4, S. 380 ff. ＝『支配の社会学Ⅱ』（世良晃志郎訳、創文社、一九六二年）、二八九頁以下を参照。

［12］〔「身分制的」な政治団体に対して〕支配者みずからによる直轄支配のほうも、至る所で、そして最も初期の政治形態に至るまで見出すことができます。個人的に支配者に依存している人たち（奴隷、家事担当、従業者、個人的な「お気に入り」、そして支配者の貯蓄から現物および貨幣による給料で雇われている俸禄受領者）を用いて、支配者は行政を自身の手に掌握し、自分の財布から、また世襲領土の収益から〔行政〕手段を賄い、穀物庫、貯蔵庫、兵器庫から装備と食料の供給を受けているために純粋に個人的に自分に依存している軍隊を作ろうとしました。

「身分制的」な団体では、支配者が独立した「貴族層」の手を借りながら支配し、したがって「貴族層」と支配を分有していました。これに対して、〔直轄支配する〕支配者は下僕か平民の上に君臨している（ここで平民というのは、無産で、みずからの社会的名誉をもたない階層のことです。彼らは物質的に完全に支配者に縛られ、対抗する自分の権力をまったく手許にもっていません）。家父長制的・家産制的な支配、スルタン[*1]的な専制、官僚制的な国家秩序はすべてこの類型に属します。最も合理的に形成された形式の官僚制的な国家秩序は、近代国家でも、そしてまさに近代国家でこそ特徴的ですが、とりわけ官僚制的な国家秩序がこの類型になります。[*2]

＊1　イスラームの最高権威者であるカリフから世俗権力を委任された指導者の称号。

＊2　「前近代」対「近代」という構図では、家父長制・家産制と「身分制的」団体（封建制）が「前近代」という集合に分類され、それに「近代」官僚制国家が対置されることになる。ところが、この箇所でウェーバーは、権力の分散と集権という基準で分類を行っているため、家父長制・家産制と（前近代および近代の）官僚制国家が同じ集合に入れられ、それに「身分制的」団体（封建制）が対置されることになる。権力が多元的に存在した封建制の経験は、西洋政治思想史においても重要な論点となってきた。こうした観点を日本政治思想史に援用した代表的な研究として、丸山眞男の論文「忠誠と反逆」（一九六〇年）がある。「日本帝国は、徳川時代にはまだしも分散していた権力・栄誉・富・尊敬などもろもろの社会的価値を、急速に天皇制ピラミッドの胎内に吸収し、忠誠競合の可能性をもつライヴァルからその牙をつぎつぎと抜きとりながら、ネーションへの忠誠を組織（官僚制）への忠誠に、さらに組織への忠誠を神格化された天皇への忠誠に合一化して行った」（丸山眞男『忠誠と反逆』ちくま学芸文庫、一九九八年、九八頁）。

[13] 君主と同列にいる自立的な、行政権力の「私的」な担い手というのは、行政と戦争遂行手段、財政の経営手段、そしてありとあらゆる政治的に利用可能な財を自分で所有している人のことです。君主の側から見て、こうした行政権力の「私的」な担い手の収奪が軌道に乗ることで、どこでもそうですが、近代国家の発展が始まります。このプロセスの全体は、独立自営の生産者が次第に収奪されることで資本主義的経営が発展するのと完全に対応しています。

こうして、最後にぼくたちが目にするのは、こういうことになります。近代国家では、実際上、政治を行う手段すべてを思いのままに動かす権力は単一の頂点に集積していく。自分が使うカネ、あるいは思うままになる建物、貯蔵、道具、戦争の装備を個人として所有する役人は、もはや誰一人としていない。行政スタッフ（行政官僚や公務労働者）は、実質的な行政手段から「切り離される」。この「切り離し」が完遂されるのが近代国家で、これこそが近代国家に特徴的なことなのです。

ここでは、いま最新の展開が始まっていて[*1]、目の前で政治手段および同時に政治権力を収奪者から収奪することを[*2]軌道に乗せようとする試みがなされています。法的に根拠をもつ行政機関に代わって、リーダーが登場した。こうしたリーダーは、簒奪によるか選挙によるかして、政治的なスタッフや物的財から成る装置の支配権を掌握し、レジティマシー（どれほど正しいのかはともかく）を被支配者の意志から引き出している。少なくともそのかぎりにおいて、革命は収奪を実現しました。

経済的な経営の業務は、広範な内的類似性にもかかわらず、政治的な行政とはまったく別の法則に基づいています。（少なくとも外見上は）革命は成功している。それゆえ、資本主義的な経営の内部での収奪も達成できるという希望を、この革命が当然のこととしてもつことができるかどうか。これはまた別の問題です。今日はこれについては評価しないでおきましょう。

ぼくたちの考察に必要な、純粋に概念的なことだけを確認します。近代国家はアンシュタルト[*3]的な支配団体です。この支配団体は、一定の領域内でレジティマシーをもつ物理的暴力行使を支配の手段として首尾よく独占しようとし、この目的のために実質的な経営手段を国家のリーダーの手に一本化する。かつては、こうした実質的な経営手段を固有の権利としてわがものにしていた、全体として独立した身分の幹部たちがいました。リーダーは、こうした身分をもった幹部たちから残らず収奪し、それに代わって自分自身を国家の最高の頂点に据えた。以上が、その概念的な確認となります。

＊1　バイエルン革命のこと。一九一八年一一月八日に社会主義の政治家・著述家のクルト・アイスナー（Kurt Eisner）（一八六七—一九一九年）がバイエルン共和国首相になった。ウェーバーの講演「仕事としての政治」は、この革命政府下で行われた。しかし、それから一ヵ月も経たない一九一九年二月二一日にアイスナーは暗殺されることになる。

＊2　『資本論』第一巻第七篇第二四章「いわゆる原初的資本蓄積」の末尾で、マルクスは「収奪者の私有

財産が収奪される」という表現を用いている。

＊3　「結社（アソシエーション）」のように本人の意志で加入するのではなく、一定の属性によって自動的に包摂される団体。「公の営造物」などと訳されることもある。宗教社会学的な文脈では、「教派（ゼクテ）」に対する「教会（キルヘ）」を指す。

［職業政治家の類型論］

［14］こうした政治的な収奪過程は、成功の程度はともかくとして、地球上のすべての国々で展開されてきました。この過程で、まずは君主に仕えるという形で、（収奪する側の君主という第一の意味ではなく）第二の意味での「職業政治家」の最初のものが登場しました。この「職業政治家」は、カリスマ的なリーダーのように、みずからが支配者になろうとするのではなく、政治的支配者に仕える形で出てきた人たちです。彼らは、こうした闘争のなかで君主の言いなりになった。そして、君主の政治の世話をすることで、物質的な生活の糧をもらい、理念上の生きがいを満たしました。彼らは君主だけでなく、それ以外の勢力に仕えることもありましたが、この類型の政治家が見出されるのは、またもや西洋だけです。過去には、こうした政治家は、君主やそれ以外の勢力の最も重要な権力手段であり、また政治的な収奪手段でした。

［15］これからいっそう詳しく「職業政治家」について検討していきます。その前に、こうした「職業政治家」の存在の実態をあらゆる角度から明確にしておきましょう。「政治」

をすること、つまり政治的な組織のあいだで、あるいはその内部で権力の配分に影響を及ぼそうとすることは、「臨時」の政治家としても、また副業ないし本業の政治家としても可能です。経済的に所得を得るのと同じです。ぼくたちが投票し、また似たような意志表出をするとき、たとえばある「政治的」な集会で喝采を送ったり抗議したり、あるいは「政治的」スピーチをしたりするときなど——多くの人の場合、政治との関わりの全体はせいぜいこのあたりに限られますが——には、ぼくたちはみな「臨時」の政治家です。

今日、「副業」的な政治家というのは、たとえば政党政治的な結社の代表委員や理事のような人すべてを指します。「副業」的政治家がこうした活動をするのは、通常は必要なときだけで、物質的にも精神的にも第一次的にそれによって「生きている」わけではありません。召集があったときだけ出てくる枢密院や類似の諮問機関のメンバーも同じです。また、現代の国会議員のかなり幅広い層も同じです。彼らも会期のときだけしか政治に従事しません。

かつてこうした層が見られたのは、特に〔貴族などの諸〕「身分」においてでした。ここで「身分」というのは、軍事の実質的な経営手段や行政にとって重要な実質的な経営手段、または個人的な領主権力を自前でもっている人のことです。こうした身分の大部分は、生活の全体を政治に捧げるなどということはまったくなく、優先的にそうすることもなく、あるいはときおり政治に関わる以上ではありませんでした。むしろ、この人たちが支配権力を用いたのは、地代を取り立てるためであり、あるいは端的に利益のためでした。彼らが政治的団体に仕えて、政治に関わったのは、支配者や同じ身分の仲間がそうすることを特別に要請した場合だけだったのです。君主は自分だけの意のままになる自前の政治組織を調達しようとする戦いのなかで協力者を引き込みましたが、こうした人たちも例外ではありませんでした。「宮廷外顧問団」、さらに遡って「クリア」[*1]や他の君主の諮問機関に集まる助言者のかなりの部分が、このような性格をもっていました。

しかし、こうした臨時の、あるいは副業の協力者だけでは、もちろん君主はやりくりできませんでした。君主は、もっぱら自分だけに仕えてくれる、したがって本業の協力者のスタッフを調達する努力をしなければなりませんでした。君主がこうした協力者をどこから連れてくるか。これによって、きわめて本質的なところで、成立する王朝の政治組織、そしてそれだけではなく、その文化の特徴の全体が決まったのです。

まさにまったく同じ必要に迫られていた政治的団体がありました。君主の権力を完全に排除するか、大幅に制限して、（いわゆる）「自由な」共同体として政治的に自分たちを構成した〔共和主義的な〕政治的団体です。ここでの「自由」は、暴力的な支配からの自由という意味ではなく、伝統によってレジティマシーがあるとされる（たいがいは宗教的に聖化された）あらゆる権威の独占的な起源としての君主権力がない、という意味です。こうした政治的団体が歴史的にその故郷をもっていたのは、なんといっても西洋であり、その萌芽は政治的団体としての都市[*2]でした。都市は、こうしたものとして、まずは地中海文化圏に登場したのです。これらすべての場合で、「本業」の政治家というのはどうだったのでしょうか。

＊1　クリア（curia）はもともと、古代ローマ市民の区分単位を指す。ここでは、国王が封建諸侯を招いて開催された王の会議、あるいは王会（curia regis）のこと。
＊2　氏族的な結合が崩れ、血縁によらない「兄弟盟約」によって形成されている点を、ウェーバーは「西洋都市」の特徴としている（MWG 1/22-5＝『都市の類型学』世良晃志郎訳、創文社、一九六四年）。増田四郎『西欧市民意識の形成』（講談社学術文庫、一九九五年）も参照。

「政治のために生きる」と「政治で生きる」

［16］政治を仕事にする人には、二つの類型があります。政治の「ため（für）」に生きるか、政治「で（von）」生きる〔生計を立てる〕か。この対立は、けっしてどちらか一方ということではありません。通常、人は両方を行います。少なくとも理念的にはそうです。そして、たいていは実質的にもそうします。

政治の「ため」に生きている人というのは、内面的な意味で「自分の人生をそれ〔政治〕から」成り立たせています。こうした人は、次のどちらかです。自分が行使する権力を手にしていること自体を楽しんでいるか、そうでなければ、「なにごとか（ザッヘ）」にコミットすることで自分の人生に意味を付与するという意識から内なるバランスと自尊心を得ているか。なにごとかのために生きている人も、なにごとかで生計を立てている人も、真剣な人であれば、こうした内面的な意味で生きています。したがって、区別は事態のもっと内実の側面、つまり経済的な側面に関係します。職業としての政治「で」生きるのは、政治を持続的な収入源にしようとする人で、政治の「ため」に生きるのは、そういうわけではない人です。

こうした経済的な意味で政治の「ため」に生きることができるには、私有財産制的な秩序の支配のもとでは、いくつかの（そのように言いたければ）ちっぽけな前提が満たされなければなりません。通常の事情では、政治がその人にもたらす収入に、経済的に依存せずに生存できなければならないのです。きわめて簡単に言えば、その人は財産をもっているか、十分な収入が入ってくる私生活上の地位にいるかしなければならない。少なくとも通常の事情においてはそうです。

たしかに、街頭の革命的英雄のフォロワーと同じように、戦争に従事する君主のフォロワーも、通常の経済的な条件を求めることはありません。どちらも獲物、略奪品、没収、賦課、無価値な強制手形――本質的にすべて同じですが――で生活します。しかし、これはもちろん非日常的な現象で、通常の経済下でこうした任務に役立つのは自分自身の財産だけです。

しかし、これだけでは十分ではありません。それに加えて、この人は経済的に「手が離せる」状態でなければならない。つまり、常に個人として、労働力と思考のすべて、あるいはそうでなくてもその大部分を利益のために使わなくてもその人の収入は成り立つ、ということです。こうした意味で手が離せるというのは、最も制約がない人、利子生活者だけです。彼らが完全な不労所得を引き出すのは、昔の荘園領主、現在の大土地所有者や貴族のように地代から（古代や中世では奴隷や農奴の年貢から）のこともあれば、有価証券や類似の近代的な利子収入源からのこともあります。

労働者も、そして注目すべきことに経営者も、さらにはなんといっても現代の大企業の経営者も、またこうした人たちこそ、この意味では手が離せない人です。経営者も、また彼らこそ、経営に縛りつけられており、手が離せないからです、農業は季節的な性格があるので、農業経営者よりも商業の経営者のほうがはるかに余裕がないのです。商業経営者は一時的ですら代わってもらうのが、たいていとても難しい。たとえば、医者も同じです。業績が上がり、忙しくなればなるほど、〔時間は〕より少なくなります。

純粋に経営のテクニカルな理由からして、やはり弁護士は〔政治活動をするのが〕より容易です。弁護士は、そのため職業政治家としても比類なく大きな、そしてしばしばまさに支配的な役割を果たしてきました。こうした決疑論[*1]はこのあたりにして、いくつかの結論を明示しておきたいと思います。

＊1　カズイスティーク。倫理の一般的な原則を個々の事例に適用して分析する方法のこと。この用語は倫理学、神学で用いられることが多いが、法社会学者でもあるウェーバーは、法の「合理化」との関連でも、この方法を用いている。MWG I/22-3, S. 302 ff. = 『法社会学』（世良晃志郎訳、創文社、一九七四年）、一〇二頁以下を参照。

〔**カネ持ちによる支配とポスト配分**〕

[17]（ことばの経済的な意味で）もっぱら政治のために生き、政治で生計を立てているわ

けではない人たちによって国家や政党が運営されると、政治リーダー層のリクルート〔の結果〕はどうしてもカネをもっている人たちによる支配[*1]ということになります。

もちろん、これによって逆のことも言える、というわけではありません。こうしたカネ持ち支配的な権力の導きが意味するのは、政治的支配層が政治「で」も生活しようなどとは考えておらず、したがって政治的支配をプライベートな経済的利益のためにも使うなどということはないのがふつうだ、ということではありません。もちろん、そのようなことは言っていません。なんらかの仕方であっても、そのようなことをしない階層など、これまで存在したためしがないのです。〔政治以外の収入の〕手段をもたない人は誰でも、なんとしてでも対価を請求せざるをえない。しかし、〔カネ持ちの〕職業政治家は政治の仕事に対する対価を同じようにあからさまに求める必要はない。ただそれだけのことです。

他方で、財産のない政治家は、もっぱら、あるいはまた主として政治によって私的な経済的工面を目論んでいて、「なにごとか」のことは考えない、ないし主としては考えない、ということでもありません。これほどの誤りはないでしょう。

財産をもつ者にとっては、その人の存在の経済的な「セキュリティ」への配慮が、経験的に——意識的にであれ、無意識的にであれ——人生の方向づけ全体のなかで最大の関心事になります。まったくもって無謀で、無条件の政治的理想主義が見られるのは、財産をもたないがゆえに、ある特定の社会の経済的秩序の維持に利害関心をもつ人たちの外にいる階層です。もっぱらその階層だけということでなくても、少なくとも、まさにその階層なのです。

このことは、特に非日常的な、したがって革命的な時代にあてはまります。ただ、ここで言いたいのは、政治的利害関係者（政治のリーダーとフォロワー）をリクルートするのにカネ持ち支配にしないためには、政治活動から政治的利害関係者に定期的で確実な収入が入るという当然の前提が欠かせない、というだけのことです。

政治が行われるのは、「名誉職」的に、いわば「自立した」、つまり財産をもった人々、特に利子生活者によってなのか、それとも資産をもたない人にも政治のリーダーシップへのアクセスが可能になるのか。このいずれかです。後者の場合、彼らに報酬が支払われねばなりません。

政治「で」生計を立てる職業政治家というのは、純粋な「サラリーマン」か、有給の「役職者」です。特定の業績に対する料金や手数料で収入を得る（チップや賄賂は、こうした所得の範疇のなかの規則になく、形式的には非合法の変種にすぎない）か、それとも固定的な現物支給や現金給与ないしその両方を受け取るかのいずれかです。

政治家は「企業家」の特徴をもつこともあります。かつての傭兵隊長や、官職を借りたり買ったりする人、あるいはアメリカのボスが、そうした人たちです。ボスは影響力を用いて利益を出す資本投資のように自分の支出を吟味します。政治家は固定給を受け取ることもあります。編集者、政党の事務、現代の大臣、政治的役職者が、そうした人たちです。かつては封土、土地の贈与、ありとあらゆる種類の俸禄が、そして貨幣経済が発達してきてからは特に手数料が、君主、征服者、あるいはうまくいった政党幹部による対価の典型でした。今日では、政党、新聞、協同組合、健康保険、ゲマインデ〔市町村〕、そして国家におけるあらゆる種類のポストが、忠実な献身の見返りとして政党リーダーによって約束されます。政党の闘争はすべてそうですが、内実的な目標をめぐる闘争であるだけでなく、とりわけまたポストの任命権をめぐる闘争でもあります。ドイツにおける〔領邦〕地域主義の志向と中央〔統一〕主義の志向のあいだの闘争もすべて、なんといってもベルリンか、ミュンヘン、カールスルーエ、ドレスデンか、いずれの権力がポストの任命権を握るかをめぐって展開されています。ポスト配分での冷遇は、内実的な目標に背(そむ)くよりも、政党にとってはより厳しいものとして受け取られます。フランスでは、政党政治的な理由で知事が更迭されます。こうした更迭は、ほとんど純粋な慣用的な意味しかもっていない政府の綱領の変更よりも、ずっと重大な転換とみなされ、いっそう多くの騒動を巻き起こしてきました。

相当数の政党、なんといってもアメリカの政党は、憲法解釈についてのかつての対立がなくなって以降は、純粋な就職活動〔猟官〕政党です。これらの政党は、集票のチャンスによって党の内実的な綱領を変えてしまいます。

つい最近まで、スペインでは上からでっち上げられた「選挙」という体裁で、二大政党が慣習的に決められた順番で交代していました。この交代は、党のフォロワーにポストを世話してやるためでした。[*2] スペインの植民地では、「選挙」と言われるものでも、「革命」と言われるものでも、常に国家の割のよい食い扶持(ぶち)となるポストが問題であり、勝者はそれで空腹を満たしてもらうことを望んでいるのです。

スイスでは、政党が比例配分でポストを平和的に相互に配分しています。ドイツの「革命的」憲法草案のいくつか、たとえばバーデンの第一草案は、このシステムを大臣ポストにまで拡大しようとし、国家とその諸々のポストを純粋なサラリー受給者の扶養機関として扱いました。とりわけ中央党[*3]はこれに夢中になり、バーデンでは、宗派ごとに、したがって業績を顧慮することなくポストを比例配分することを綱領の重点に据えることまでしました。

普遍的な官僚制化ゆえにポストの数が増えるに従って、また特に安定した就職の一つとして〔公務員〕ポストへの希望が増えるに従って、すべての政党で、こうした傾向が増大しています。政党は、フォロワーにとってはますます、そのようにして飯を食わせてもらうという目的のための手段になっているのです。

＊1　カネ持ちによる支配（プルートクラシー）については、「仕事としての学問」2段落も参照。

＊2　保守党のカノバス・デル・カスティリョ（Cánovas del Castillo）（一八二八―九七年）と自由党のプラクセデス・マテオ・サガスタ（Práxedes Mateo Sagasta）（一八二七―一九〇三年）による政権交代制のこと。

＊3　中央党は、カトリック教会の立場を代表して一八七〇年に結成された保守政党。議会外での政党組織は弱く、名望家政党的な特徴が強かった。ワイマール共和国成立時には、いわゆる「ワイマール連合」の一つとして政権を担った。現在のキリスト教民主同盟（ＣＤＵ）の前身。

［近代官僚制］

［18］さて、これに対抗するのが、近代官僚制の発展です。近代官僚制は、特別に長期の準備的な教育によって専門的な訓練を受けた優秀な精神労働者の集団へと発展してきました。潔癖さを重視するため、高度に発展した身分的な名誉が彼らにはそなわっています。こうした名誉がなければ、恐ろしい腐敗と低俗な俗物根性という危険が、運命としてぼくたちの頭の上に漂(ただよ)うでしょう。そして、この危険は国家装置の純粋に技術的な業績をも脅かすことにもなるでしょう。しかも、経済に対する国家装置の意味は、特に社会化の度合いが進むに従って、たえず高まってきたし、今後もいっそう高まっていきます。

〔選挙に勝つことでまわってくる〕獲得物を求める政治家によって行われるのは素人行政です。アメリカ合衆国で、郵便配達にまで至る数十万人の公務員を大統領選挙の結果によって交代させてきたのが、この素人行政でした。このような行政は、終身職の公務員など知るはずもありませんでした。ところが、こうした素人行政も「公務員制度改革[*1]（Civil Service Reform）」によって、もうぼろぼろになっています。純技術的で不可避の行政上の必要が、この発展をもたらしました。

ヨーロッパでは、分業を基礎にした専門官僚制が五〇〇年にわたる発展のなかで次第に成立してきました。イタリアの都市とシニョリーア[*2]が、その発端となりました。王政については、ノルマン人の征服国家です。

決定的な歩みが踏み出されたのは、君主の財政においてでした。支配者は当時、まだなんといっても騎士でした。こうした支配者の素人芸を最も許容することができなかったのが、財政の領域でした。官僚たちは、この領域で君主が権限を手放すことを求めた。しかし、マクシミリアン大帝[*3]の行政改革を見れば、極度の困窮とトルコの支配[*4]という圧力のもとですら、これがいかに難しかったかがわかります。戦争技術の発展は専門の将校を生み、また訴訟手続きの洗練化は訓練を受けた法律家を生み出しました。これら〔財政・軍事・法律という〕三つの領域で、専門官僚制が勝利しました。先進国では、最終的に一六世紀のことです。こうして〔貴族などの〕身分に対して君主の絶対主義が台頭する。〔ところが〕この台頭と同時に、専門官僚のおかげで初めて君主は諸身分に対して勝利できたわけですが、まさにこの専門官僚に対して、君主自身の支配のゆるやかな引き渡しが開始されたのです。

＊1　一八八三年のペンドルトン法のこと。資格任用制と政治的中立性を柱とする。47段落も参照。
＊2　イタリア語の「シニョリーア（signoria）」は「主権」、「支配」を意味する。ここでは、中世末期、一三―一五世紀にイタリアの都市（コムーネ）内部の抗争や都市間の戦争による危機状況にあって全権を握った僭主のこと。ミラノのヴィスコンティ家、フェラーラのエステ家、ヴェローナのデッラ・スカラ家など。
＊3　マクシミリアン大帝（Maximilian I）（一四五九―一五一九年）は、ハプスブルク家出身で、オーストリア大公、神聖ローマ皇帝。芸術を愛好し、アルブレヒト・デューラー（Albrecht Dürer）（一四七一―一五二八年）を庇護した。「中世最後の騎士」と呼ばれる。

＊4　マクシミリアン大帝と後継者カール五世（Karl V）（一五〇〇―五八年）の時代にオスマン・トルコ帝国は西に勢力を伸ばし、スレイマン一世（Sultan Süleyman I）（一四九四―一五六六年）による第一次ウィーン包囲（一五二九年）に至った。

［議院内閣制］

［19］このような専門的に訓練を受けた官僚層の台頭と同時に、「リーダーシップをとる政治家」も発展してきました。こちらのほうは、はるかに目立たない変化でした。もちろん、実際の問題で君主に影響力をもつ、このようなアドバイザーは昔から、そして世界中どこでもいました。東洋では、統治の結果に対する個人としての責任をスルタンが問われないようにする必要から、「大宰相」という特徴のある役職ができました。

西洋では、カール五世[*1]の治世に――マキアヴェッリの時代です――外交が初めて意識的に洗練された技芸（アート）になりました。外交の専門家のあいだでヴェネツィア使節報告書が熱心に読まれており、そうした影響も小さくありませんでした。こうした外交術の達人たちは、多くの場合、人文主義的な教養をもっており、彼らはお互いを訓練された事情通の階層とみなしていました。これは、最後の分裂時代[*2]の中国の人文主義的政治家がそうであるのに似ていました。

立憲体制の発展によって初めて、リーダーシップをとる一人の政治家が内政を含む政治の全体を形式的に統一して導く必要が最終的かつ不可避的になりました。もちろん、それまでもアドバイザーとして、あるいはむしろ実質的には君主の指南役として、このような個人がたびたび出てきたということは明らかです。しかし、官庁組織のほうは、最も進んだ国々でさえ、さしあたりは別の道を進みました。合議制をとるいちばん上に位置する行政機関[*3]が登場したのです。これが開催されるのは、君主が個人として臨席するところでした。そして、君主が決定しました。理論上も、そして事実上もそうでした。もっとも、事実上の度合いは次第に低下していきました。

君主は次第に素人の地位に追いやられていきましたが、官僚の専門的な訓練という不可避的に増大する重力から逃れ、最高の支配権を保持し続けようとしました。まず〔採用されたの〕は、この合議制でした。多数派と少数派が所見、反対の所見、そして理由付きの投票をするのが、これでした。そしてまた、公的な最上位の官庁組織と並存する形で、純粋に個人的な側近たち（「内閣」）で君主が周囲を固め、これを通じて彼の決定を国家評議会（さもなければ最上位の国家の官庁のようなもの）の議決に反映させることでした。専門官僚層と一人の〔君主による〕支配とのあいだの潜在的な闘争は、どこでも存在しました。

議会に向き合い、そして議会の政党リーダーの権力への野望に直面して初めて状況が変わりました。条件はとても多様でしたが、外見上は同じような結果になりました。もちろん、一定の差異はありました。それでも、王家が（特にドイツのように）実際の権力を保持していたところではどこでも、君主の利益と官僚の利益は協力関係で結びつきました。君主と官僚は、議会とその権力要求に対立しました。官僚たちの利益は、指導的な地位、したがって大臣ポストも官僚の系列で占められる、つまり、官僚の出世の対象となることでした。君主は君主で、自分の裁量で自分に忠誠を誓った官僚の系列から大臣を任命できることに利害関心をもっていました。そして、この両者が利害関心をもっているものもありました。政治のリーダーシップが統一的かつ独占的に議会に対抗すること、したがって合議制が一人の統一性をもつ内閣の長に取って代わられることが、それでした。

これに加えて、君主は自分をかばって責任をとる人、つまり議会で答弁し、議会に対抗し、政党と交渉する人を必要としました。政党間の闘争と政党からの攻撃から形式的にだけでも身をかわし続けるために、こうした人が必要だったのです。このような利害関心が合わさって、一つの同じ方向に向かいました。統一的にリーダーシップをとる官僚である大臣が誕生したのです。

イギリスのように議会権力が君主に対して優位性を獲得したところでは、議会権力の発展がこの統一化の方向にいっそう強く作用しました。ここでは、統一的に議会を導く人、つまり英語のリーダー（Leader）を頂点にもつ「内閣」が発展したのです。内閣は、公式の法律によって定められていませんでしたが、実際問題として、政治的に唯一の決定的な権力、つまりそのときに多数派を握っている政党の委員会でした。公式の合議体〔枢密院〕は、それ自体としては、政党の、つまり現実に支配している権力の機関ではなく、したがって現実の政府の担い手ではありえませんでした。

対内的に権力を主張し、対外的に偉大な政治を遂行することができるために政権党が必要としたのは、〔一方で〕実行力があり、実際に指導的なメンバーから構成された、内密の交渉をする機関、つまり内閣であり、〔他方で〕公共圏、とりわけまた議会的な公共圏に対してすべての決定に責任をもつリーダー、つまり内閣の長でした。このイギリスのシステムは、その後、議院内閣制という形態で大陸に受け入れられました。アメリカとそこから影響を受けた民主国でのみ、議院内閣制とはまったく異質なシステム〔大統領制〕が敷かれました。このシステムでは、勝者になった政党のリーダーが、直接の人民投票によって、彼が任命する公務員の装置の頂点に立ちました。議会の承認を必要としたのは、予算と立法についてだけでした。

＊1　カール五世は、ハプスブルク家全盛期の神聖ローマ皇帝。在位期間は一五一九—五六年で、まさに宗教改革の時代であった。

＊2　春秋戦国時代。前八世紀から前二二一年の秦の始皇帝による天下統一にかけての古代中国の変動期で、諸子百家と呼ばれるさまざまな思想家が活躍した。

＊3　イギリスの枢密院（Privy Council）などを指す。君主の最高諮問機関として絶対君主制のもとで大きな役割を果たしたが、議会が発達するにつれて、その歴史的な意義を喪失した。大日本帝国憲法下でも、内閣とは独立して、天皇の最高諮問機関として枢密院が置かれていた。

［専門官僚と政治的役職者］

［20］政治は発展して「経営」になる。権力をめぐる闘争で、そして闘争の方法におい

て、経営が必要としたのが訓練でした。そして、この訓練が近代政党を発展させました。政治が経営に発展することで、いまや公的な幹部が二つのカテゴリーに分かれた。このカテゴリーは、もちろんクリア・カットではありませんが、それでも明瞭に分かれている。一つは専門官僚であり、もう一つは〔政治任用の〕「政治的役職者」です。

ことばの本来の意味での「政治的」役職者は、いつでも任意に〔政治リーダーの意志で〕配置換え、免職、あるいは少なくとも休職させられることがある。このことによって「政治的」役職者であるかどうかは通常、外から見てわかります。フランスの知事や他の国における同等のポストがこれにあたり、司法部門の官僚が「独立性」を有しているのとはまったく異なっています。イギリスでは、厳しい慣習があり、議会の多数派が交代、つまり内閣が交代すると、ポストから離れる官僚がいます。彼らがこの「政治的」役職者です。特にその権限が「内政」一般の処理を含む人たちがこのカテゴリーに入れられるのが通常です。この際に「政治的」要素というのは、とりわけ国内の「秩序」、つまり現存する支配関係の維持という課題のことです。

プロイセンでは、プットカマーの公示[*1]がありました。懲戒処分を受けないようにする場合、官僚たちは「政府の政策を支持」する義務を負った。そして、彼らはフランスの知事と同じように、選挙に影響を及ぼす役所の装置として使われました。他の国々とは違って、ドイツのシステムでは、ほとんどの「政治的」役職者も、ポストを手に入れるには、大学教育、専門試験、そして一定の研修が義務づけられていました。そのかぎりで、政治的役職者は他のすべての官僚と同じ資格を持ち合わせていました。ドイツで近代的な専門官僚に特徴的な、このメルクマールをもたないのは、政治的装置の長、つまり大臣だけです。すでに旧体制でも、それまで比較的高等の教育機関に通うことなしにプロイセンの文部大臣になることができました。それに対して、次官は、基本的にあらかじめ課せられた試験を通らないとなることはできませんでした。たとえば、アルトホーフ[*2]時代のプロイセン文部省では、専門的な訓練を受けた部局長や次官は、専門に関する固有の技術的な問題については、当然のことながら自分の上司よりはるかに事情に通じていました。

イギリスでも、この点では変わりありませんでした。それゆえ、部局長や次官は日常的に必要なことについては「大臣よりも」有力者でした。これも、それ自体として、まったくおかしなことではありませんでした。大臣は政治的権力状況の代表者にほかなりませんでした。政治的基準を主張し、部下である専門官僚の提案にそれをあてはめ、あるいは彼らに適切な政治的指示を与えるのが大臣でした。

＊1　ローベルト・フォン・プットカマー（Robert von Puttkamer）（一八二八―一九〇〇年）は、ヴィルヘルム一世とビスマルクの信任を得て活動した保守的政治家。一八八二年一月四日に出されたこの公示によって、プロイセン官僚に政府への無条件の忠誠を求めた。

＊2　フリードリヒ・アルトホーフ（Friedrich Althoff）（一八三九―一九〇八年）は、プロイセンの文部官僚。近代科学の発展に尽力し、多くのノーベル賞受賞者を輩出する基礎を作った。それと同時に当時の大

学行政に絶大な影響力をもち、その支配は「アルトホーフ体制」とすら呼ばれた。大学に関する評論のなかで、ウェーバーもしばしばアルトホーフについて批判的に言及している（上山安敏・三吉敏博・西村稔編訳『ウェーバーの大学論』木鐸社、一九七九年を参照）。

［21］民間における経済的な経営も、たいてい似たようなものでした。〔この場合〕本来の「主権者」である株主総会は、経営の上では無力です。専門官僚に支配された「国民」がそうであるのと同じです。監査役は経営上の政策において重要な人たちですが、銀行によって支配されている。監査役は経済的な指示を出し、行政のために人事はするが、経営を専門技術的に行うことなどできはしません。

この点で、今日の革命国家の構造も基本的になんら新しいことはありません。軍事力を自由にできることで、革命国家は絶対的な素人に行政を支配する権力を渡してしまい、専門官僚をただ実行してくれる頭脳と手足として使いたがっています。現在の体制の問題はこれとは別のところにありますが、今日ぼくたちが関わるべきことではありません。

［**職業政治家の出身階層**］

［22］いま問題にするのは、職業政治家（「導く人（リーダー）」とそのフォロワー）の典型的な特質のほうです。特質は変わってきたし、今日でもさまざまです。

［23］すでに論じたように、かつて君主と諸身分の闘争において、君主に仕える形で発展

してきたのが「職業政治家」でした。その主要な類型を簡単に見てみましょう。

［24］諸身分に対抗して君主が頼みにしたのが、身分に属していないことを特徴とし、政治的に利用できる階層でした。これに属すのは、まず聖職者でした。インド、インドシナ半島、仏教の〔影響力が強かった時代の〕中国と日本、そしてラマ教[*1]のモンゴルは、中世のキリスト教の地域とほぼ同じでした。彼らが読み書きできるから、というのが技術的な理由です。皇帝や君主やハンが貴族と闘争するなかで活用することができたのが、読み書きができて行政の戦力になる人々でした。こうした人々を獲得するという観点から、至る所でバラモン[*2]、仏教の僧侶、〔チベット仏教の〕ラマが呼び寄せられ、司教や司祭が政治的アドバイザーとして利用されました。

聖職者、特に独身の聖職者は、通常の政治的・経済的利害の入り組んだ関係の外にいました。封建家臣がそうしたように、自分の子孫のために支配者に対抗して政治的権力を手に入れようとすることは、彼らにはありませんでした。みずからの身分的な資格によって、聖職者は君主の行政の経営手段から「切り離され」ていたのです。

＊1　七世紀にインドから伝わった密教的な要素の強い仏教と、土着のボン教が結びついて成立したのがチベット仏教だった。ラマ教は、その俗称。ラマは「師」を意味する。

＊2　インドの四つのカーストで最高位。

［25］この種の階層の第二は、人文主義的な教育を受けた文人でした。かつて、君主の政治的アドバイザー、そしてとりわけ政治的な文章を書くライターになることを目的として、ラテン語の演説やギリシア語の詩作を学ぶ、という時代がありました。人文主義的な学校や「詩学」講座の王立施設が最初に花開いたのが、この時代だったのです。〔ただし〕ぼくたちのところ〔西洋〕では、こうした時期はすぐに過ぎ去りました。しかし、この時期は、ぼくたちの学校制度にのちのちまで影響を及ぼすことになった。それでも、もちろん政治的には、それほど深い結果を残すことはありませんでした。

ところが、東アジアでは、まったく事情が違いました。中国のマンダリン[*1]は、ぼくたちのルネサンス期の人文主義者たちがそうであったものに似ています。あるいはむしろ、もともととても似ていました。彼らは、はるか昔の古典言語の遺産について人文主義的な教育を受け、そして〔「科挙」と呼ばれる官僚登用〕試験に合格した文人たちでした。李鴻章[*2]の日記を読めば、詩作をし、そして優れた書家であったことに彼がなおも最大の誇りを感じているのがわかります。マンダリンは中国の古典文化と結びついて発展した慣習を保持しました。中国の運命の全体を決定したのは、この階層でした。これと同じ成功のチャンスを〔西洋の〕人文主義者たちがその当時ほんの少しでももっていたならば、ぼくたちの運命ももしかしたらこれと似たものになっていたかもしれません。

＊1　マンダリン（読書人）は、もともと清朝の学識のある高級官吏を指す語であるが、「世襲の権利や富

ではなく、主として教育上の資格証明によって身分を得た社会的、文化的エリート」（フリッツ・K・リンガー『読書人の没落――世紀末から第三帝国までのドイツ知識人』西村稔訳、名古屋大学出版会、一九九一年、四頁）という広い意味で用いられ、ドイツ教養市民層などに適用されることもある。
＊2　李鴻章（一八二三―一九〇一年）は、清の政治家。日本では、とりわけ日清講和会議の全権として下関条約を締結したことで知られている。「東洋のビスマルク」とも言われた。

［26］三つ目の階層は、宮廷貴族でした。君主は身分にともなう政治的権力を貴族から剥奪するのに成功しました。そののちに君主は貴族を宮廷に引き込み、そして政治や外交の仕事に就かせました。一七世紀には西洋の教育システムが激変しました。人文主義的な文人に代わって、宮廷貴族である職業政治家が君主に仕えるようになったことで、こうした激変が起きたのです。

［27］第四のカテゴリーは、イギリス特有の形態でした。小貴族と都市の利子生活者を含む都市貴族、専門的な言い方をすれば「ジェントリ」[*1]です。君主は、地方の有力者に対抗して、このジェントリという階層を味方につけ、「自治（selfgovernment）」の役職を占有させました。もともとは、そうでした。その後、次第に君主はこの階層に依存するようになっていきました。ジェントリは地方行政のすべての役職を無給で引き受けました。自分たちの社会的権力という利害関心がからんでいました。そうして、彼らはこれらの役職をすべて自分たちで占有したのです。大陸国家全体の運命であった官僚制化からイギリスを守ったの

は、この階層でした。

＊1　貴族とヨーマン（独立自営農民）の中間に位置する。中世後期に騎士が地方に土着して中小の地主になったのが始まり。地方行政を無給で担い、「名望家」としての役割を果たした。

［28］第五の階層は、大学教育を受けた法律家です。この階層は、西洋、とりわけ大陸ヨーロッパに固有で、そこでの政治構造の全体にとって決定的に重要でした。政治的な経営の革命は、合理的な国家への発展を意味します。その担い手は、どこにおいても、訓練を受けた法律家でした。ローマ法は官僚主義的な後期ローマ国家によって再編成されましたが、担い手が訓練を受けた法律家だったという事実以上に、こうしたローマ法の強力な影響が明瞭に現れているものはありません。

イギリスでは、ナショナルな法律家同業組合が強大で、それがローマ法の受容を妨げました。しかし、そのイギリスですら、訓練を受けた法律家の台頭が確認できます。地上のどこにも、これに類似するものは見当たりません。

インドのミーマーンサー学派[＊1]には合理的・法的思想の萌芽があり、イスラームにも古代の法思想の発展がありました。しかし、いずれも神学的思考形式によって合理的法思想が覆われるのを阻止できませんでした。なかでも訴訟手続きは合理化されきることはなかったのです。

イタリアの法学者によってローマ法学の引き継ぎが行われました。これは合理的法思想のおかげでした。古代ローマの法学は、都市国家から世界支配へと登りつめる、まったく独特な性格をもつ政治形態の産物でした。また、中世後期のパンデクテン法学者と教会法学者による「現代的慣用」[*2]、そして法学的・キリスト教的な思想から出て、のちに世俗化した自然法理論が生み出されたのも、この合理的法思想のおかげでした。

イタリアのポデスタ[*3]、フランスの王の法律家（彼らが国王の権力によって封建領主の支配を徐々に弱体化させる形式的な手段を生み出した）、公会議首位説を唱える教会法学者や自然法的に思考する神学者、大陸君主のもとにいる宮廷法学者や教養のある判事、オランダの自然法論者[*4]、モナルコマキ[*5]、イギリスの王党派と議会派の法律家、フランス高等法院の法服貴族[*6]、そして最後にフランス革命期の弁護士。こうした人々のなかに、法学的な合理主義はその偉大な代表者をもちました。

法学的合理主義なくしては、革命と同じく絶対主義国家の成立も考えられない。一六世紀から一七八九年に至るフランス高等法院の建白書やフランス三部会の請願陳情書に目を通すと、至る所に見出すことになるのが、この法律家精神です。フランスの国民議会の構成員の職種の所属を詳しく調べてみたら、よくわかります。平等な選挙権で選出されたにもかかわらず、プロレタリアートはたった一人、ブルジョワの経営者も本当にわずかです。これに対して、そこには大勢のありとあらゆる種類の法学者がいる。このような法律家がいなければ、こうしたラディカルな知識人やその構想に魂を吹き込んだ特有の精神もまったく考えられなかったでしょう。

近代の弁護士と近代のデモクラシーは、それ以来、がっちりと相互補完関係にあります。そして、ぼくたちが知っている意味での弁護士は、自律した身分としては、再びまた西洋だけにしか存在しない。そして、それは中世以来のことです。ここでは、訴訟の合理化の影響のもとで、形式主義的でゲルマン的な訴訟手続きの「代弁人」[*7]から弁護士が発展してきたのです。

＊1　インドの六派哲学の一つで、最も正統的な学派。

＊2　パンデクテンは、『ローマ法大全』の主要部分である「学説彙纂」の異称。パンデクテンの「現代的慣用（Usus modernus）」とは、土着の地域固有法と融合させながらローマ法を実務的に継承すること。

＊3　中世イタリアのコムーネの執政長官。

＊4　「国際法の父」と呼ばれるフーゴー・グロティウス（Hugo Grotius）（一五八三—一六四五年）らのこと。

＊5　暴君に服従する義務はなく、抵抗や殺害も許される、とする思想。暴君放伐論。主としてユグノーによって主張された。サン・バルテルミーの大虐殺（一五七二年）の翌年に刊行された『フランコ・ガリア』（一五七三年）の著者フランソワ・オトマン（François Hotman）（一五二四—九〇年）も、パリ大学でローマ法を修めた法学者だった。彼はゲルマン的な自由の観念を強調しつつ、絶対主義に反対した。

＊6　高等法院の司法官僚が貴族に列せられたことから「法服貴族（noblesse de robe）」と呼ばれた。『法の精神』（一七四八年）の著者シャルル・ド・モンテスキュー（Charles-Louis de Montesquieu）（一六八九—一七五五年）も、その一人だった。

＊7　『法社会学』第四節「法思考の諸類型と法名望家」（MWG I/22-3, S. 476 ff. = 『法社会学』三二六頁

以下）を参照。

［弁護士］

［29］政党が登場して以来、西洋の政治において弁護士が重要になった。このことは偶然ではありません。政党による政治の経営が意味するのは、まさに利害をもつ人々の経営です。これがなにを言っているのかについては、まもなく論じます。ある案件を利害関係者に有利になるように導くことが、訓練を積んだ弁護士の職人芸です。この点で、弁護士はどんな「官僚」[*1]よりまさっている。このことをぼくたちに教えてくれたのは、敵のプロパガンダの優越性でした。

もちろん弁護士は、論理的に弱い論拠に依拠した、この意味で〈筋の〉「悪い」事案でも勝ちにつなげるように、技術的に「うまく」導くことができます。しかしまた、論理的に「強い」論拠で裏づけることができる、この意味で〈筋の〉「よい」事案を勝ちにつなげるように、したがってこの意味で「うまく」導くこともする。

官僚が政治家をすると、技術的に「悪い」導きによって、先の意味で「よい」事案を「悪」くしてしまうことが、あまりにしばしば起こる。ぼくたちが体験しなければならなかったのが、これでした。というのも、今日の政治は、なんといっても際立った程度において、話しことばないし書きことばという手段を使って、公共圏で行われるからです。そうしたことばの効果を考量することは、弁護士の最も本来的な課題のなかに入ります。けっして専門官僚の課題ではありません。

専門官僚はデマゴーグではなく、その目的からしてデマゴーグになるべきではない。もし専門官僚がそれにもかかわらずそんなものになろうと企てるなら、きわめてだめなデマゴーグになるのがおちです。

＊1　第一次世界大戦中のプロパガンダ、特に一九一四年八月、ドイツのベルギー侵攻とそこでの残虐行為をめぐる煽動的な報道などを指す。ウィルソンの「一四箇条の平和原則」の原案にも関わったウォルター・リップマン（Walter Lippmann）（一八八九―一九七四年）は、情報担当陸軍大尉として宣伝ビラを作成し、パリ講和会議のアメリカ代表団にも随伴した。マス・メディア研究の古典であるリップマンの『世論』（一九二二年）は、こうした経験に基づいて書かれている。

［官僚と政治家、あるいは「官僚支配」について］

［30］ドイツの〔戦〕前のレジーム（ベルーフ）を評価するときに決定的なことがあります。本当の官僚ならば、自分本来の仕事に従って、政治ではなく、行政をすべきであるということです。とりわけ非党派的に。いわゆる「政治的」な行政官僚にも、このことはあてはまります。公式には、少なくともそうです。国家理性、つまり支配的な秩序の存続がかかった利害が問題になっていないかぎりは、そういうことになります。「憤り（いきどお）も偏り（かたよ）もなく[＊1]（sine ira et studio）」、官僚は自分の職を務めるべきです。したがって、官僚がすべきでないのは、まさ

に闘争です。リーダーも、そのフォロワーもそうですが、政治家は常に、必然的に闘争しなければならない。党派性、闘争、情念（つまり、憤りと偏り（ira et studium））こそが、政治家の基本要素、とりわけ政治リーダーの基本要素なのです。

政治リーダーの行為は、官僚の原理とはまったく別の、まさに正反対の原理に服します。それは責任の原理です。その人の考えに反して、その上級官庁がその人には間違っていると思われる命令に固執するならば、命令する人の責任において、良心的かつ正確に、あたかもその命令が自分自身の信念と一致するかのようにやり通すことができること。この能力こそ、官僚の名誉です。こうした最高の意味での倫理的規律や自己否定なくしては、装置の全体は崩壊してしまうでしょう。これとは反対に、政治リーダー、したがってリーダーシップをとる政治家の名誉とは、自分がすることに対して、もっぱら自分で責任をとることです。こうした責任を拒否したり、人に転嫁したりすることはできないし、また許されることでもありません。まさに倫理的に最も高次の官僚の本性をもつのは、悪い政治家です。とりわけ、ことばを政治的な概念で用いたとき、この人は無責任で、そしてこの意味で倫理的に最底辺の政治家ということになります。残念ながら、〔ドイツを〕導く地位に再三にわたって就いてきたのが、こうした政治家でした。[*2]「官僚支配」と呼ばれるものが、これです。成果という観点から評価してこのシステムの誤りを政治的に暴露しても、ドイツの官僚制の名誉を汚すことには絶対になりません。しかし、ここでもう一度、政治に関与する人の類型に戻りましょう。

＊1　タキトゥス『年代記――ティベリウス帝からネロ帝へ』上（国原吉之助訳、岩波文庫、一九八一年）、一四頁では、「怨恨も党派心もなく」と訳されている。

＊2　一九一七年四月から六月に五回にわたって『フランクフルト新聞』に連載された「新秩序ドイツの議会と政府」の第四章「対外政治における官僚支配」（MWG I/15, S. 507 ff. ＝『政治論集2』中村貞二・山田高生・脇圭平・嘉目克彦訳、みすず書房、一九八二年、四〇四頁以下）を参照。ウェーバーは、特に一九〇八年のデイリー・テレグラフ事件に言及している。イギリスの新聞『デイリー・テレグラフ』紙に、ドイツ皇帝ヴィルヘルム二世のインタビュー記事が掲載された。親英家であることを強調し、ボーア戦争でのみずからの功績を誇る、といった軽率な発言に対して、英独双方から非難が噴出した。これに対して、宰相のビューロー（Bernhard von Bülow）（一八四九―一九二九年）は、記事の公表の責任を皇帝に負わせ、自身の責任を回避しようとした。ウェーバーは、これを「官僚的」な態度として批判した。

［デマゴーグ］

［31］立憲国家〔の成立〕以来、そしてなんといってもデモクラシー[*1]〔の成立〕以来、西洋では「デマゴーグ」は導く政治家の典型です。このことばには後味の悪さがあります。しかし、そのせいで忘れてはならないことがある。〔「デマゴーグ」という〕この名前で呼ばれた最初の人はクレオン[*2]ではなくペリクレスだ[*3]、ということです。

ペリクレスは官職をもたなかった。古代のデモクラシーの官職は籤によって割り当てられましたが、そうした官職とは異なり、選挙で選ばれる唯一のポスト、つまり将軍職〔ストラテゴス〕に任命されて、アテナイの民衆の、主権をもつエクレシア〔民会〕を導きました。

たしかに、現代のデマゴギーも演説を用います。それどころか、現代の候補者が行わなければならない選挙の演説を考えると、その量は尋常ではないレベルにあります。しかし、よりあとに残るのは、活字になったことばです。政治的な著述家、特にジャーナリストは、今日、このジャンルの最も重要な代表者なのです。

＊1　M・I・フィンリー『民主主義——古代と現代』（柴田平三郎訳、講談社学術文庫、二〇〇七年）、第二章「アテナイのデマゴーグたち」を参照。

＊2　クレオン（Kleōn）（生年不明—前四二二年）は、ペリクレスの死後、アテナイに衆愚政治をもたらしたとされる代表的な「デマゴーグ」。アリストパネス（Aristophanēs）（前四四五頃—三八五年頃）によるギリシア喜劇『騎士』で痛烈に風刺されている（『ギリシア喜劇I』松平千秋訳、ちくま文庫、一九八六年、一六九頁以下）。

＊3　ペリクレス（Periklēs）（前四九五頃—四二九年）は、アテナイの民主政の黄金時代を築いた政治家。

［ジャーナリスト］

［32］近代の政治ジャーナリズムのスケッチをするだけでも、この講演の枠のなかで行うのはまず無理でしょうし、どう考えてもそのためには一章を必要とする問題です。しかし、ほんの少しだけですが、ここで絶対に触れなければならないことがあります。その他に、弁護士（そして芸術
ジャーナリストはデマゴーグと運命をともにしています。

家）とも運命をともにしています。少なくとも、大陸ではそうです。イギリスやその他のところでは、初期のプロイセンの事情とは異なります。ここでの運命というのは、固定的な社会の階層に組み入れられていない、ということです。ジャーナリストは、一種のパーリア・カースト[*1]です。そのカーストは「〔市民〕社会」にあって、常に倫理的に最も低いランクの代表者に準じた社会的評価を与えられます。このため、ジャーナリストとその活動については奇妙でしかないイメージが世間に広がっています。

本当によいジャーナリスティックな業績は、少なくとも研究者の業績と同じくらい豊かな「精神」を必要とする。その理由は、命令によってすぐに呼び出され、そしてもちろん創作の条件はまったく異なっていても、すぐに活動することが求められている、という避けられない事情によるところが大きい。こうしたことはみな知られているわけではありません。ジャーナリストの責任は、研究者よりはるかに大きい。また、立派なジャーナリストなら誰でももっている責任感も、平均してという話ですが、少なくとも研究者より低いということはなく、先の戦争が教えてくれたように、むしろより高い。こうしたことは、ほとんど評価されていません。当然のことですが、しばしばひどい影響を及ぼしたせいで、まさに無責任なジャーナリストの行いが記憶にこびりついているからです。ましてや、なにかしらの点で有能なジャーナリストの思慮は平均して他の人たちより高いのですが、そんなことを言っても信じてくれる人は誰もいません。しかしながら、それは事実なのです。

本当に他とは比較にならないくらい大変な誘惑が、この仕事にはまつわりついてきます。

現在のジャーナリストの活動には、その他の条件も加わる。その結果、読者は軽蔑と哀れな臆病さの入り混じった目で新聞・雑誌を見ることに慣らされてしまいます。ここでなにをすべきかについて、今日はお話しできません。

いまぼくたちの関心を引くのは、ジャーナリストの政治的な仕事の運命、政治的リーダーシップをとるポストに就く偶然についての問題です。これまでのところ、この偶然は社会民主党[*2]のなかでだけ有利に働いてきました。[*3]しかし、社会民主党のなかでも、〔機関紙などの〕編集者のポストは圧倒的なまでに〔党〕職員の勤め口のような性格をもっていて、やはりリーダーの地位に進むための踏み台ではありませんでした。

＊1　パーリアは「賤民」とも訳される。『古代ユダヤ教』（一九一七―一九年）で、ウェーバーはこの語を用いている（MWG I/21＝『古代ユダヤ教』全三冊、内田芳明訳、岩波文庫、二〇〇四年）。ハンナ・アーレントは、『パーリアとしてのユダヤ人』（一九四四年）でカフカなどを例に挙げつつ、多数派に同化して成り上がるのではなく、支配構造から距離をとり、そうすることで複数性を確保する「自覚的パーリア」の意義を積極的に評価している。

＊2　ドイツ社会民主党（SPD）は、現在のドイツ連邦議会で議席をもつ政党のなかで最も長い歴史をもつ。一八九〇年の社会主義者鎮圧法の撤廃後に躍進し、一九一二年の帝国議会選挙で第一党になった。この党の急激な拡大と政党組織の変容については、このあとで議論される。ウェーバーが「近代的な政党組織」を語るときに念頭にあったのが、この政党である。

＊3　例えば、議会主義に基づく漸進的な社会主義（修正主義）を唱えたエドゥアルト・ベルンシュタイン

(Eduard Bernstein)（一八五〇―一九三二年）は、党の機関紙『社会民主主義者』の編集を経験したあと、国会議員になった。

[33] ブルジョワ政党では、〔ジャーナリストからという〕このルートを通って政治権力に上昇する偶然は、全体として見れば、前の世代と比べても、むしろ少なくなっています。新聞・雑誌に影響を及ぼすこと、したがって新聞・雑誌との関係をもつことは、もちろんどの大物政治家にとっても必要なことです。しかし、政党のリーダーが新聞・雑誌の系列から出てくる、というのは——そんなことは期待すべきでないでしょうが——まったくもって例外でした。

その理由は、ジャーナリスト、とりわけ資産をもたず、したがって仕事に縛られているジャーナリストの激化した「手の離せない状態」にあります。この「手の離せない状態」は、ジャーナリズムの経営の集約性と速報性が尋常でなく高まることによってもたらされています。収入が必要で、毎日とまではいかなくても毎週のように記事を書かなければならないという状況は、厄介な重荷となって〔ジャーナリズムの仕事をしている〕政治家を締め上げる。不断に権力へと上昇しつつあると言ってもよかったのに、こうした執筆の圧力のせいでリーダーとしての本性が外的に、そしてとりわけ内的に麻痺させられてきた事例を、ぼくはいくつも知っています。

旧体制のもとで、新聞・雑誌は国家や政党の支配的な権力と関係をもっていました。この関係がジャーナリズムの水準にあらんかぎりの悪い影響を及ぼしたのですが、そのことのためには別の一章を必要とします。敵国では、事情は異なっていました。しかし、その敵国でも、そして近代国家ならどこでも、次の命題が妥当するように思えます。ジャーナリズムに従事する労働者の政治的影響力はより少なくなり、資本主義的な新聞王はいっそう大きな政治的影響力を獲得している、というのが、その命題です。たとえば、ノースクリフ[*1]「卿」のようなやり方のことです。

*1　ノースクリフ卿（Baron Northcliffe）（一八六五—一九二二年）は、大衆紙『デイリー・メール』を創刊したイギリスの新聞経営者。『ロンドン・タイムズ』を買収して新聞の発行部数を飛躍的に増やした。第一次世界大戦中、メディアを通じてドイツに敵対的な世論をリードし、イギリスの宣伝秘密本部「クルーハウス（Crewe House）」のプロパガンダ活動にも深く関与した。

［34］もっとも、これまでドイツでは、資本主義的な大新聞コンツェルンは、とりわけ「ミニ広告」が掲載されている新聞、「党派的でない情報紙」を取り込んできました。通常、そうした新聞コンツェルンは、政治的無関心を培養する典型的な存在でした。というのも、独立した政策などでは儲けにならないし、特に商売の上で利益になる政治的支配権力の好意は手に入らなかったからです。広告は、新聞・雑誌に政治的影響力を行使しようと戦争中に大がかりに試みられた方策です。いまでも、その方策はどうやら継続されようとしていま

す。大きな新聞・雑誌はそれをかわすことが期待できるとしても、小さな新聞にとって状況ははるかに困難です。

しかし、いずれにしてもドイツでは、現在のところ、ジャーナリストというキャリアは政治リーダーに駆け上がる標準的なルートではありません。ジャーナリストというキャリアが他の点でどれほどたくさんの魅力をもち、どれほどの影響力と作用を及ぼす可能性を、またとりわけ責任をもっているとしても、そうなのです。ただ、標準的なルートではないというのが、もはやないということなのか、まだないということなのか〔に答えを出すの〕は、いましばらく待つ必要がありそうです。

すべてではありませんが、かなり多くのジャーナリストによって正しいと考えられている匿名原則の廃止〔署名記事にすること〕がこの点でなにかを変えることになるのかどうかについて発言するのは困難です。

ドイツの新聞・雑誌で戦争中に特別に募集された、ものを書く能力の高い人物による新聞の「巻頭記事」がありました。この人たちは、常に自分自身の名前を明記して登場していました。このような「巻頭記事」で、ぼくたちが体験したものがあります。いくつかの有名な事例で示されているのは、責任感の増大はこうしたやり方では信じられているかもしれないほどには確実に培われることはない、ということでした。こうしたやり方によって売上アップを目論み、そしてまたそれを達成したのは、一部には、まさに悪名高い劣悪な大衆紙でした。これには党派の違いは関係ありません。当事者たち、出版者、そしてまた煽動的なジャーナリストは、財産を手にしました。しかし、名誉は絶対に手にしませんでした。

だからといって、この〔署名記事〕原則に反対してなにかが言われるべきというのでもありません。問題はとても込み入っていて、あのような現象も一般的に起こるというわけではない。しかし、これまでのところ、この〔署名記事〕原則は、真のリーダーシップや責任ある政治の経営への方策にはなってきませんでした。事情がこれからどうなるか。結論を待つ必要があります。

しかし、状況がどうであれ、ジャーナリストというキャリアが仕事として行われる政治活動への最も重要なルートの一つだということには変わりありません。ただし、すべての人にとってそれがルートだということではありません。性格が弱い人、特に身分の安定した状況でないと心のバランスが保てない人などにとっては、最もよくないルートです。

若い研究者の生活がサイコロ賭博だとしても、しっかりした身分的な慣習がその人を取り囲んでいて、その人が脱線しないように守ってくれています。しかし、ジャーナリストの人生は、どこから見ても、サイコロ賭博そのものです。しかも、別の状況ではほとんどありえないような仕方で内なる確信を試してくる、そうした条件のもとでのサイコロ賭博なのです。

仕事上の生活でしばしば苦い経験をすることなどは、おそらくけっして最悪なことではありません。成功したジャーナリストには、特別に困難な内面的な要求が突きつけられます。一見すると対等に、そしてしばしば一般に（恐れられているから）ちやほやされながら、世の権力者のサロンに出入りする。その際、ドアを閉めるとほとんどすぐにサロンの主人は客の前で「ごろつきの物書き」との交流を自己弁護しなければならないことを知っている。これは大変なことです。また、「市場」が求めるものなら、どんなことについてでも、考えられうるすべての人生の問題について、即座に、そしてその場で説得力をもって自説を述べることが求められる立場にいるというのは、ますますもって並たいていのことではありません。しかも、絶対的な平板化に陥(おちい)ったり、とりわけ自己暴露の不名誉やそのひどい結果に淫したりせずに、そうしなければならないのです。道を外してしまったり、価値を失ったりするジャーナリストがたくさんいることは、まったく驚くことではありません。むしろ、驚くべきは、こうしたことすべてがあるにもかかわらず、外部の人が容易に予想できないほど多くの、尊敬に値し、そしてかなりの程度で本物の人たちが〔ジャーナリストという〕この層にいる、ということのほうです。

［政党職員］

［35］職業政治家の類型としてのジャーナリスト〔の歴史〕を遡ってみると、かなり昔からになります。これに対して、政党職員という類型の人は、この数十年、部分的にはここ何年かの発展に属します。この類型の人の発展史上の地位を把握するためには、政党と政党組織の考察に向かわなければなりません。

［ゲルフとギベリン、そしてボリシェヴィズムとのアナロジー］

［36］ 小さな地方のカントン[*1]の領域と課題の範囲を超えた、なんらかの大きな政治団体で、権力者の選挙が定期的に行われるところでは、どこでも政治的経営が必要になります。それは利害関係者の経営です。つまり、主として政治的な生活に、したがって政治権力に関与することに利害関心をもつ比較的少数の人たちが、自由にリクルートしてフォロワーを調達し、自分を、または自分が後見となって応援する人を選挙の候補者として売り出し、カネを集め、そして票を集めに行く。大きな団体では、そもそもこうした経営がなければ、〔膨大で多岐にわたる〕事務内容から考えて、いったいどのようにして選挙ができるというのでしょうか。想像もつきません。

この経営が実際問題として意味するのは、政治的に能動的な部分と政治的に受動的な部分に、選挙権をもつ国民を分割することです。そして、こうした区別〔で能動的なほうに行くか、受動的なほうに行くか〕は自由意志に基づいているので、その経営が除去されるなどということはありません。投票義務や「職能」代表制といった措置によって、あるいはまた明示的ないし事実上の〔二極化という〕事態や政治のプロの支配に対抗する提案によっても、無理なのです。フォロワーをリクルートし、そしてこのフォロワーによって、リーダーの選挙のために受動的な選挙民をリクルートしてくる。そうした自由なリクルートの能動的な構成部分として、リーダーとフォロワーがいます。どの政党にとっても、このリーダーとフォロワーは必要な生命線なのです。

しかし、政党の構造はさまざまです。たとえば、ゲルフ〔教皇党〕やギベリン[*2]〔皇帝党〕のような中世都市の「政党」は、純粋に個人的なフォロワーでした。ゲルフの規約を見ると、貴族（もともとは騎士として生活し、封土を受ける権利をもつような家族のこと）の財産の没収、役職や議決権からの除名、地域をまたいだ党委員会、厳格な軍事組織、そして密告者へのボーナスが出てきます。すると、ボリシェヴィズムが思い出される。ソヴィエトではスパイ組織があり、「ブルジョワ」（つまり、経営者、商人、利子生活者、聖職者、王朝の末裔、警察のエージェント）の非武装化と政治的権利の剝奪があり、こうしたブルジョワの財産の差し押さえがある、あのボリシェヴィズムのことです。

先のほうの〔ゲルフの〕軍事組織は、在籍名簿に従って編成されなければならない純粋な騎士の軍隊で、貴族がほとんどすべての指導的な地位を占めている。ソヴィエトのほうはソヴィエトのほうで、高い報酬を受け取る経営者、出来高払い、テイラー・システム[*3]、軍事や工場の規律は保持し、または再導入して、外資を探しまわらなければならなかった。つまり、ひとことで言えば、ブルジョワ的な階級制度だとして彼らが戦ってきたすべてを、ことごとく受け入れなければなりませんでした。そもそも国家と経済の経営を維持存続するためです。そして、さらにソヴィエトは国家権力の主要な手段として秘密警察[*4]を再び用い始めてもいます。以上のことを視野に入れるなら、ゲルフとボリシェヴィズムのアナロジーは、いよいよもって鮮明になってきます。

しかし、ここで問題にしているのは、暴力組織ではなく、職業政治家のことでした。選挙という市場で、政党の冷静で「平和的」な集票を通じて権力に到達しようとする政治家です。

*1 スイスの行政区画（州）。

*2 聖職叙任権闘争から、ローマ教皇と神聖ローマ帝国皇帝の対立が続いた。中世イタリアでは、教皇を支持するゲルフ（教皇党）と皇帝を支持するギベリン（皇帝党）が対立した。

*3 フレデリック・テイラー（Frederick Taylor）（一八五六—一九一五年）によって二〇世紀はじめに提唱された、工場生産における科学的管理法。

*4 オクラーナ（Ochrana）は、帝政ロシア時代の秘密警察。一九一七年の二月革命で解体された。しかし、レーニンはその年の一二月に、ソ連の国家保安委員会（ＫＧＢ）の前身組織となるチェーカー（Cheka）（反革命・サボタージュ取り締まり全ロシア非常委員会）を設置した。

［名望家政党］

［37］ふだん使っている意味での、こうした政党も、最初は貴族層の純粋なフォロワーの一団でした。たとえば、イギリスではそうでした。ある貴族がなんらかの理由で政党の鞍替えをする。そうすると、そのたびにその人に頼っている全員が、同じように反対の党に移りました。名家の貴族、特に国王は、選挙法改正案が出されるまでは、膨大な数の選挙区の役職任命権をもっていました。

こうした貴族政党に近いのが、名望家政党です。市民の権力が台頭するにつれて、名望家政党は至る所で発展しました。「教養と財産」をもつ集団は、西洋に典型的な知識人層の導きのもとで、一部は階級利害によって、一部はファミリーの伝統によって、一部は純粋にイデオロギーに規定されて、諸党派に分かれました。そして、こうした諸党派を導いたのが、名望家でした。聖職者、教師、教授、弁護士、医師、薬剤師、裕福な農家、工場主といった、イギリスでジェントルマンに分類される有名な層があります。この層の全体が、まずそのつどそのつどの団体を形成しました。いずれの場合にも、ローカルな政治クラブでした。熱狂した時代には、プチブル階層、場合によってはプロレタリアートが名乗りを上げました。そこにリーダーが誕生すれば、ということです。そして、リーダーはたいてい、その階層の真ん中の出身ではありませんでした。

ローカルなレベルを超えて組織された、永続性をもつ全国団体としての政党は、この段階では、そもそもまだ存在していません。つながっているのは議会の議員だけで、候補者の擁立に影響力をもつのは地元の名望家でした。候補者の選挙演説を通して、また名望家の会議や議会会派の決議に依拠して、〔党〕綱領ができる。クラブの運営は、臨時の仕事として、副業で、かつ名誉職として行われる。クラブがないところもあり、たいていがそうでした。そうしたところでは、政治の経営は、通常のときにも継続して政治に関心をもつ少数の人たちで、まったく無定形に行われます。そもそも、ジャーナリストだけが有給の職業政治家[*1]で、新聞経営だけが継続的に政治に関わっている経営なのです。それ以外にあるのは会期中の議会だけです。もちろん、議員や会派のリーダーは、なんらかの政治的な行動が望まれていると思われるとき、地元の名望家の誰のところに行くのかを知っている。しかし、それなりの会費、定例会議、そして議員が事業報告をする公開の集会がある政党という団体が継続して存在するのは、大都市だけです。〔それも〕選挙期間だけのことでした。

＊1　ウェーバーは「職業政治家」という語を広い意味で用いており、今日わたしたちが考えるような専業の議員を必ずしも意味しないので、その点には注意が必要である。彼がここで言及しているのは、オノレ・ド・バルザック『ジャーナリストの生理学』（鹿島茂訳、講談社学術文庫、二〇一四年）に出てくる「政治家兼新聞記者」というカテゴリーに近い。

［38］地域を超えた選挙での〔候補者調整や政策のすり合わせなどの〕妥協の可能性や、全国の広い領域で承認された統一的な綱領と全国に広がる統一的アジテーションの起爆力に、議員は利害関心をもっています。こうした利害関心が、次第に張りめぐらされていく政党連合の原動力になります。そして、いまや中規模の都市でも、ご当地の政党組織のネットが張られ、それから「代表委員」によって田舎にもそのネットが広げられていく。中央の政党本部オフィスのリーダーである議会政党のメンバーは、こうした「代表委員」と継続的に連絡をとるのです。しかし、そうなっても、政党装置の性格は原理的に名望家団体のまま変わりません。

中央の事務所以外では、有給の職員はまだ存在していません。相変わらず「顔のきく」人たちが地方の組織を運営しています。彼らはこれまでに得た尊敬を守るためにそうするのです。実際に議席をもつ議員という政治的な名望家の層がありますが、それと並んで影響力を行使するのが、こうした議会の外〔院外〕の名望家です。もっとも、政党によって発行される党通信〔機関誌〕が次第に新聞・雑誌や地元の集会の精神的な糧を調達するようになります。定期的に徴収される会費が不可欠になり、一部は中央の経費に使われなければならなくなる。ほとんどのドイツの政党組織は、ほんの少し前までは、まだこのような段階でした。ましてやフランスでは、部分的にはなおも、この第一段階が支配的です。議員たちのきわめて脆弱な結合、地元の名望家のなかで全国的に活躍しているのは少数だけ、綱領も（多かれ少なかれ議員の議決や綱領に地元色を入れたものに準じているとしても）候補者によって、あるいは候補者のために、後援者によって選挙運動の際に個別に立てられる。こうしたシステムは崩れてきましたが、崩れたのはやっと一部だけです。本業の政治家の数は、ここでは少ない。そうした政治家を構成するのは、基本的に、選挙で選ばれた議員、少数の党本部の職員、ジャーナリストです。そして、フランスでは、この他に、「政治的な役職」に就いているか、目下のところそうしたポストを狙っている就職活動組がいました。

形式的に見れば、圧倒的に政治は副職でした。「大臣になれる」議員の数もほんのわずかに限られていたし、また名望家の性格からして選挙の候補者の数もそうでした。しかし、間接的に政治の経営に利害関心をもつ人たち、とりわけ物質的に、ということですが、そうした人たちの数はとても多かった。というのも、ある省庁が行う措置のすべてが、とりわけ人事案件の処理のすべてが、選挙の偶然に対して及ぼす影響という問題とからみ合って行われたからです。また、人はありとあらゆる陳情を地元の議員の仲介で実現しようとしたからです。その議員が多数党であれば（だからこそ誰もがそれを求めるわけですが）、大臣は、好むと好まざるとにかかわらず、耳を傾けなければなりませんでした。個々の代議士はポストの任命権をもっており、また自分の選挙区のすべての案件で、ありとあらゆる利益供与の関係をもっていました。そして、代議士のほうでも、再選されるために地元の名望家との結びつきを保持したのです。

［近代的政党組織と人民投票的なデモクラシー］

［39］名望家の仲間、とりわけ議員が支配している。このような牧歌的な状態に対して、いまや鋭く対照的な関係にあるのが、政党組織の近代的な形式です。デモクラシー、大衆選挙権、大衆の集票と大衆組織の必要、きわめて高度な指揮の統一性ときわめて厳格な規律の発展、こうしたものの産物が、この近代的な政党組織なのです。

名望家の支配と議員による舵取りは終わる。議会の外の「プロ」政治家が、経営の実権を握ります。〔議会の外の政治家というのは〕アメリカの「ボス」やイギリスの「選挙事務長（Election agent）」のような「経営者」か、固定給を受け取る職員です。形式的には、大幅に民主化が進む。もはや議会の会派〔議員団〕が標準となる綱領を作成するのではありません。また、もはや地元の名望家が候補者の擁立の実権を握るのでもありません。組織された党大会が候補者を選び、（全国「党大会」に至るまでに場合によっては何段階もある）より上位の大会にメンバーを送り出すのです。

しかし、実際に権力を握っているのは、当然のことですが、経営の内部で継続的に働いている人たち、あるいはまた進行中の経営が金銭的ないし人的に依拠している人たち、たとえば（タマニー・ホール[*1]のような）強力な政治的利害関係者のクラブのパトロンや支配人です。特徴的なことに、こうした人間の装置の全体を、アングロ＝サクソン諸国では「マシーン」[*2]と呼んでいます。この装置の全体、あるいはむしろ装置を導く人たちが、議会の議員の動きを封じ、自分の意志をかなりの程度、押しつけることができる、これこそが決定的なのです。特に政党を導く層の選別に、これは特別な意味をもちます。いまや、議会を頭越しにしてもマシーンがついてくる人がリーダーになる。別の言い方をすれば、こうしたマシーンの創設が意味するのは、人民投票的なデモクラシーの到来です。

＊1　タマニー・ホール（Tammany Hall）は、タマニー協会の本部。タマニー協会は、移民の生活の面倒と民主党への集票を結びつけ、ニューヨーク市政に強い影響力をもった。政治腐敗の代名詞的な存在でもある。ウィリアム・M・トウィード（William Marcy Tweed）（一八二三―七八年）は、ここの代表的な「ボス」政治家だった。

＊2　ブライスの『アメリカ共和国』などで用いられている。

［40］政党のフォロワーたち、特に党職員と党の運営者たちは、自分たちのリーダーが勝利することから個人的な報酬を期待します。当然のことです。ポストだったり別のご褒美だったりが、それです。ご褒美をもらうのは、そのリーダーからです。個々の議員からではなく、ましてや個々の議員からだけではない。このことが決定的に重要です。

リーダーのパーソナリティがその政党の選挙戦に及ぼすデマゴーグ的な影響が、票と議席、それとともに権力を供給し、そしてそれによって取り巻きたちが自分たちの望んだご褒美を手にする偶然を最大限に拡大する。[*1] とりわけ求められているのは、こうしたことです。凡庸な連中から成る政党の抽象的な綱領のために働く、というのではだめなのです。それだけでなく、ある人に内面から個人的（パーソナル）にコミットして、その人のために働く、という満足感がある。それは精神的なものです。すべてのリーダーシップにはこうしたカリスマ的な要素があるわけですが、これこそが原動力の一つなのです。

＊1　もちろん、現代のほうがこの傾向は強まっている。イタリアの政治学者マウロ・カリーゼは、「パーソナル政党」という用語を用いている（『政党支配の終焉――カリスマなき指導者の時代』村上信一郎訳、法政大学出版局、二〇一二年を参照）。

［41］〔マシーンに担（かつ）がれ、そしてマシーンを動かすカリスマ的なリーダーの支配という〕この形式については、程度はさまざまでしたし、自分の影響力を確保しようとして戦う地元

の名望家や議員との戦いは潜在的に常にありました。それでも、この形式は前に進み出てきました。まずはアメリカのブルジョワ政党で、それからとりわけドイツの社会民主党でそうでした。ひとたびみなに承認されたリーダーがいなくなると、反動が起こる。そして、リーダーがいる場合でも、党の名望家の虚栄心と利害関係に対して、ありとあらゆる譲歩がなされなければなりません。なかでも、このマシーンが日常的な業務を司っている党の職員の支配下に置かれることもあります。社会民主党の仲間たちのかなりの数の人たちの見方によれば、彼らの政党は「官僚制化」してしまった。[*1] しかしながら、「職員」というのは、デマゴーグ的に力強く働きかけてくる、リーダーシップをとるパーソナリティには比較的簡単になびくものです。党職員の物質的および理念的な利害関心はもちろん、リーダーに期待される党勢と密接に結びついています。そして、あるリーダーのために働くということは、それ自体として、内面的によりいっそうの満足を与えてくれるのです。

〔党〕職員と並んで「名望家」〔ここでは派閥の領袖ないし「ドン」〕が政党への影響力を握っているところでは、リーダーの台頭ははるかに難しい。ブルジョワ政党では、たいていそうです。というのも、こうした名望家は彼らが就く幹事会や委員会のちょっとした役職から〔カネではなく〕理念上の「生きがい」を「得ている」からです。[*2] 新人として登場するデマゴーグへのルサンチマン〔怨恨〕、政党政治の「経験」（もちろん、なんといってもこれは相当に重要な意味をもつ）では優越しているという確信、そして古くからの政党の伝統が壊されることへのイデオロギー的な心配が、こうした人たちの行為を決定しています。そして、彼らは党内で、すべての伝統主義的な分子〔守旧派〕を味方にしている。とりわけ地方の選挙民は、昔からなじみの名望家の名前にはすぐ目を向けますが、見知らぬ人には不信感をもつ。これは小市民的な有権者もそうです。もちろん、もしこのなじみのないリーダーがひとたび自分たちのために成功をもたらしたとなれば、そのぶんだけ盤石なまでにその人を信奉するということにもなります。

〔名望家（ドン）の支配とカリスマ的なリーダーの支配という〕二つの構造の形式のあいだには戦いがあります。こうした戦いの中心的な事例のいくつかを論じることにしましょう。それから特にオストロゴルスキー[*3]によって描かれている人民投票的形式の浮上についても論じます。

＊1　ロベルト・ミヘルス（Robert Michels）（一八七六―一九三六年）は、ドイツ社会民主党に参加していたが、やがてその現実に失望し、同党の「官僚制化」と「寡頭制の鉄則」についての考察『政党の社会学』（一九一一年）を執筆した。この初版は、マックス・ウェーバーに捧げられている。ただし、この献呈の辞は改訂版では削除されている。そのため、改訂版の邦訳『現代民主主義における政党の社会学――集団活動の寡頭制的傾向についての研究』（森博・樋口晟子訳、木鐸社、一九九〇年）にも出てこない。政党組織やデモクラシーに関してウェーバーがミヘルスと交わした書簡も遺されている。官僚制とデモクラシーの関係については、野口雅弘『官僚制批判の論理と心理――デモクラシーの友と敵』（中公新書、二〇一一年）も参照。

＊2　"homo novus"とは、もともとローマ共和政末期に、父祖に高位の役職者をもたずに執政官の職を

獲得した人のこと。キケロ（Marcus Tullius Cicero）（前一〇六―四三年）も、その一人である。
＊3　オストロゴルスキー（Moisei Ostrogorski）（一八五四―一九一九年）は、いち早く政党組織に注目し、イギリスとアメリカの政党政治についての先駆的研究『デモクラシーと政党組織』（一九〇二年）を書いたロシアの政治学者・政治家。

［イギリスの場合――チェンバレンとコーカス］

［42］まず、イギリスです。ここでは一八六八年まで、党組織はほとんど純粋な名望家の組織でした。トーリー党が田舎で基盤にしていたのは、たとえば国教会の牧師、それと並んで（たいていは）学校の先生、特に当該のカウンティ〔州〕の大土地所有者でした。ホイッグ党のほうは、（もしいれば、ということですが）非国教会の説教者、郵便局長、鍛冶屋、仕立屋、縄職人のような人たち、要するに職人さんたちでした。人々はこうした職人さんとおしゃべりをする機会が多かったので、そこから政治的影響力が生じてきたのです。

都市で政党が分かれたのは、一部には経済的な党派的意見、一部には宗教的な党派的意見、そして一部には単純にファミリーに代々引き継がれてきた党派的意見によってでした。しかし、いずれにしても、常に名望家が政治的な運営の担い手でした。この〔名望家支配の〕上に、議会と政党が浮動していました。そして、これには内閣と「リーダー」がついており、そのリーダーというのは閣議のトップと野党のトップのことでした。

こうしたリーダーは、自分以外にも、政党組織の最も重要な、プロとして政治をする人物をもっていました。それは「鞭を打つ人」（院内幹事（whip））です。ポストの任命権は院内幹事の手に握られていました。そのため、就職活動者はその人のところを訪れねばならず、この院内幹事もこうしたことについて個々の選挙区の代議士と協力しました。地域で運動員が集められました。彼らはさしあたり無給で、大体ドイツの「代表委員」のような地位を占めました。そうするなかで、各選挙区で次第に職業政治家の階層が育ってきたのです。

これと並行して、選挙区に一つの資本主義的な形式の企業家も育ってきました。「選挙事務長」がそれです。近代イギリスの立法は、選挙のクリーンさを確保しました。ここで不可欠なのが、選挙事務長の存在です。イギリスの立法が試みたのは、選挙でいくらかかったかの申告を候補者に義務づけることで、選挙費用をコントロールし、カネの力に対抗することでした。というのも、かつてドイツでそうであったよりはるかに、〔イギリスの〕候補者は自分の声を酷使するだけでなく、カネを払う喜びももっていたからです。選挙事務長は候補者に総額を払わせ、それでいい商売をするのが常でした。議会と地元の「リーダー」と政党の名望家〔有力者〕の権力配分については、イギリスでは昔から、偉大でかつ恒常的な政治を可能にする、という差し迫った理由から、前者〔リーダー〕がとても重要な地位を占めていました。しかしながら、議員と政党の名望家の影響力というのも、なおも相当なものでした。

［43］古い政党組織は、たいていこのような様子でした。半分は名望家の経済で、半分はすでに従業員と企業家の経営になりかけていました。ところが、一八六八年以降、まずはバーミンガムの地方選挙で、それから全国で「コーカス」[*1]システムが発展してきました。この

システムを導入したのは、一人の非国教会派の牧師[*2]、そしてもう一人、ジョゼフ・チェンバレン[*3]でした。

きっかけは選挙権の民主化でした[*4]。大衆〔の支持〕を獲得するために見かけの上で民主的な団体から成る巨大な装置〔コーカス〕を設立し、それぞれの地区ごとに選挙団体を作って、不断に経営を動かし続け、すべてを厳格に官僚制化することが必要になりました。次第に有給で雇われた職員が増え、地方の選挙委員会（やがて全体で約一〇パーセントの有権者がそこに組織化された）から、新会員の補充権をもつ、中心となる媒介者が政党政治の公式の担い手として選ばれました。駆動力になったのは、とりわけ地方政治（どこにおいてもコテコテの物質的チャンスの源は地方政治にあったのです）に関心をもつ地方の人たちの集まりでした。第一に財政手段を調達してきたのも、この人たちです。新たに成立し、もはや議会の導きを受けないマシーンは、すぐにそれまでの権力保持者、とりわけ院内幹事と戦わなければならなくなりました。しかし、マシーンは地方の利害関係者からの支持を得てこの闘争に勝利し、院内幹事のほうが言うことを聞くようになり、マシーンと協定を結ばなければならなくなりました。その結果、少数、そして究極的には党の頂点にいる一人の手に、全権力が集中することになったのです。

というのも、自由党の場合、グラッドストン[*5]が権力に駆け上がるのと連動して、システムの全体が台頭したからです。グラッドストンの「偉大」なデマゴギーの魅力、彼の政治の倫理的な内容と、とりわけ彼のパーソナリティの倫理的な性格に対する大衆の確たる信頼こそが、かくも迅速に名望家に対する勝利をこのマシーンにもたらしたのです。

政治におけるカエサル的・人民投票的な要素、つまり選挙という戦場における独裁者が登場しました。これは本当にまたたくまに出現しました。一八七七年、このコーカスが初めて国政選挙で機能した。輝かしい成功でした。これによってディズレーリ[*6]は、彼の偉大な成功のただなかで失脚した。これが結果でした。一八八六年には、このマシーンはすでに完全にカリスマ的な仕方で、この人〔グラッドストン〕を中心にまわっていた。アイルランド自治問題が検討されたときも、「実質的にわたしたちはグラッドストンの土俵に立つ」かどうかを、装置の全体は上から下まで、まったく問うことはなかった。そうではなくて、シンプルにグラッドストンのことばに従い、彼とともに方針を転換し、「グラッドストンがすることに、わたしたちはついていく」と言った。そして、その装置自体の生みの親であるチェンバレンを見殺しにしたのです。[*7]

＊1　オストロゴルスキーが『デモクラシーと政党組織』第一巻第二部第三—六章で詳しく論じている。「コーカス」という語は、アメリカ・インディアンの「相談相手」を意味する言葉"Cau-Cau-a-Su"に由来する。しかし、「閉鎖的な幹部会」と訳すと誤解を招く。バーミンガムで始められたのは、各区で有権者に開かれたパブリック・ミーティングを組織し、下から積み上げて委員を押し上げていくシステムを指す。アーネスト・バーカーは、次のように述べている。「〈コーカス〉という言葉は〔…〕アメリカのコーカスという言葉を誤って用いたものである。アメリカでは、この言葉は政党の運営者たちの私的な会合を意味するのに対して、イギリスのコーカスは、私的なものでもなく、また、党の運営者たちの会合でもな

く、その性格において、代表的な公的組織を意味したからである」(『現代政治の考察——討論による政治』足立忠夫訳、勁草書房、一九六八年、七七頁)。この意味でのコーカスは、政治に関心をもつ一般の有権者にとっては平等な政治参加の機会を提供してくれる場であり、政党にとっては集票マシーン、台頭しつつある野心的な政治家にとっては旧来の名望家支配を打破するツールであった。

＊2　ウェーバー自身による講演用のメモには"Schnadhorst"と書かれている(MWG I/17, S. 142-143)。フランシス・シュナードホースト(Francis Schnadhorst)(一八四〇—一九〇〇年)は、バーミンガムの自由党で活動していた非国教会派で、繊維を扱う商人だった。

＊3　ジョゼフ・チェンバレン(Joseph Chamberlain)(一八三六—一九一四年)は、イギリスの政治家。バーミンガム自由協会(コーカス)を立ち上げて成功を収め、バーミンガム市長から中央政界入りした。一九三八年のミュンヘン会談でイギリスの首相としてヒトラーに対する「宥和政策」をとったことで知られるネヴィル・チェンバレン(Neville Chamberlain)(一八六九—一九四〇年)の父。

＊4　一八六七年の第二回選挙法改正を指す。これにより都市労働者にまで選挙権が拡大した。

＊5　グラッドストン(William Ewart Gladstone)(一八〇九—九八年)は、イギリスの政治家。自由党党首。四度首相になった。ウェーバーは、いわゆる『支配の社会学』において、一八八六年の第一次アイルランド自治法案の提出、その後の自由党分裂、そして選挙での敗北を、グラッドストンという「ピューリタン的合理主義」のカリスマと「コーカス」官僚制の争いとして記述している(MWG I/22-4, S. 512＝『支配の社会学II』四五五—四五六頁)。神川信彦『グラッドストン——政治における使命感』(吉田書店、二〇一一年)を参照。

＊6　ディズレーリ(Benjamin Disraeli)(一八〇四—八一年)は、イギリスの保守党の政治家。ユダヤ系の文筆家アイザック・ディズレーリの長男として生まれる。小説家を志していたが、政界入りし、自由党のグラッドストンと交互に首相になって、ヴィクトリア朝の二大政党制において重要な役割を果たした。

＊7　アイルランド自治法案をめぐってグラッドストンと対立したチェンバレンは、一八八六年に統一自由党を結党し、これによって自由党は分裂することになった。

［44］　このようなマシーンは、相当な人的装置を必要とする。しかしながら、直接的に政党政治で生計を立てているのは、イギリスで二〇〇〇人ほどです。もちろん、純粋に就職活動者として、あるいは利害関係者として——特にゲマインデ〔地方〕政治のなかで、ですが——政治に関わる人は、はるかにたくさんいます。有能なコーカスの政治家には、経済的な偶然だけでなく、虚栄心を満たす偶然もある。「治安判事」や、それどころか「国会議員」になるというのが、最も高い（ふつうの）名誉心が当然にも求めるところでした。よい礼儀作法を示さなければならない「ジェントルマン」たる人たちに、これが与えられました。党の財源は、約五〇パーセントまでが、名を明かさない寄贈者の寄付によっていました。特に大口の後援者には、最高のものとしては貴族になるという名誉が待ち受けていたのです。

［45］　では、このシステム全体は、どのような効果を生んだのでしょうか。今日、イギリスの議員は二、三人の閣僚（と少しの一匹狼）を例外として、通常の場合、よく規律化された票[*1]以外のなにものでもありません。ドイツの帝国議会では、せめて自分の席の机で私的なメールを片づけることで、お国のために活動しているふりをするのが常でした。この手のジェスチャーは、イギリスでは要求されもしません。議会のメンバーがしなければならないのは投票だけで、党を裏切らなければよいのです。内閣、あるいは野党のリーダーが命令する

のに応じて、それをするように院内幹事から呼び出されれば、議員のメンバーは顔を出さなければなりません。一人の強力なリーダーがいる場合、全国のコーカス・マシーンに至っては、ほとんど主義をもたず、リーダーの手に完全に掌握されます。したがって、こうして議会の上に君臨するのは、事実上の人民投票的な独裁者です。この独裁者は「マシーン」を介して大衆を自分の後ろに従える。そして、この独裁者にとって、議員などは彼の支配下にある政治的なサラリーマンにすぎなくなります。

＊1　"Stimmvieh" を直訳すれば「票をもつ家畜」。英語では "voting cattle". ニーチェは『愉しい学問』(『悦ばしき知識』) 三六八で、「最大多数」という水平化する魔力について論じるなかで、この語を用いている。「有権者ども」、「弥次馬」、「喝采屋(さくら)」あるいは「陣笠」などと訳されている。

［46］では、リーダーの選出はどのように行われるのでしょうか。まずは、どのような能力によってか。世界中どこでも決定的な資質は意志ですが、それと並んで、デマゴーグ的なしゃべる力がとりわけ重要です。コブデン[*1]の場合のように、知性に訴えかける時代から、一見して冷静な「事実をして語らしめる」[*2]ことのテクニシャンであったグラッドストンへ、そして大衆を動員するために、救世軍が使うような手段によって、しばしば純粋にエモーショナルになされる現代へと、語り方が変化してきました。いまの状態は「大衆の感情の利用を基礎にした独裁」と呼ぶことができるでしょう。

ところが、イギリスの議会には、とても発展した委員会活動の仕組みがあります。この仕組みは、〔国家の〕導きに関与しようと考える政治家ならば誰でも委員会で共同作業することを可能にし、またそれを強います。この何十年かの重要閣僚はすべて、現実的で実効性のある〔委員会での〕実地訓練を経験している。この学校が実際のところ選別〔装置〕となって、たんなるデマゴーグを排除することにつながっていますが、その前提になっているのが、〔委員会〕報告をしたり、この審議に公共的な批判を加えたりする実践なのです。

＊1　リチャード・コブデン（Richard Cobden）（一八〇四―六五年）は、イギリスの政治家。穀物法に反対した自由放任論者。

＊2　「仕事としての学問」28段落の訳註＊3も参照。

［アメリカの場合――スポイルズ・システムとボス］

［47］以上がイギリス〔の場合〕でした。しかし、イギリスのコーカス・システムは、アメリカの政党組織と比べれば、水で割ったような形式にすぎません。アメリカの政党組織は、人民投票的な原理を特別に早くから、そして特別に純粋に形作ってきました。ワシントン[＊1]のアメリカは、彼の理念によれば「ジェントルマン」によって運営される共同体のはずでした。ジェントルマンというのは、当時、あちらでも地主か大学教育を受けた人のことでした。最初はアメリカでもそうだったのです。政党が形成されたとき、当初は下院

議員がリーダーになることを要求しました。この状態が一八二四年まで続きます。名望家支配の時代のイギリスと同じです。政党組織はとてもゆるかった。

すでに〔一八〕二〇年代より前から、政党マシーンが生成しつつありました。それはいくつかのゲマインデ〔地方自治体〕においてでした。アメリカでもまた、近代的な発展の発祥の地はここだったのです。しかし、西部の農民の候補者アンドリュー・ジャクソン[*2]が大統領になる〔一八二八年の〕選挙で、初めて古い伝統がひっくり返されました。指導的な議員によって政党が導かれる、という時代が正式に終焉を迎えたのです。一八四〇年の直後のことでした。カルフーン[*3]、ウェブスター[*4]のような有力議員が政界を引退しました。全国的に議会が政党マシーンに対してほとんどすべての権力を喪失したからです。

人民投票的な「マシーン」がアメリカでこんなにも早くに発展したのには理由がありました。アメリカでは、そしてアメリカにおいてのみ、行政の長であり――ここが問題だったわけですが――ポストの任命権をもつ長であるのは、人民投票的に選ばれた大統領でした。そして、大統領は「権力分立」のゆえに、大統領の職務を遂行する上で、議会からほぼ独立していました。役職手当がつくポストは、正当な戦利品でした。大統領選挙ともなれば、こうしたポストが勝利の報酬としてちらつかされました。「スポイルズ・システム」[*5]は、アンドリュー・ジャクソンによって、いまやすっかりシステマティックな仕方で原理にまで高められました。この「スポイルズ・システム」によって出てきたのが以上の結果だったのです。

＊1　ジョージ・ワシントン（George Washington）（一七三二―一九九年）は、アメリカ合衆国初代大統領。

＊2　アンドリュー・ジャクソン（Andrew Jackson）（一七六七―一八四五年）は、初の西部の農民出身の大統領。指揮官として米英戦争に勝利して国民的英雄となる。第七代大統領としての在任期間は、一八二九―三七年。諸州で白人男性の選挙権が拡大し、彼の時代は「ジャクソニアン・デモクラシー」と呼ばれる。訪米中のトクヴィルも彼と面会したが、「ジャクソン将軍は、性格こそ激しいが能力は凡庸な男である」と述べている（『アメリカのデモクラシー』松本礼二訳、第一巻下、岩波文庫、二〇〇五年、第二部第九章、一九四頁）。

＊3　ジョン・カルフーン（John Calhoun）（一七八二―一八五〇年）は、アダムズとジャクソン両大統領のもとで副大統領を務めた。州権論を唱え、南部の利益を擁護した。

＊4　ダニエル・ウェブスター（Daniel Webster）（一七八二―一八五二年）は、東北部の連邦派の政治家。奴隷制反対の立場だったが、連邦の分裂にも反対した。

＊5　猟官制。選挙に勝った政治リーダーがフォロワーを官職に任用する政治慣行を指す。アメリカでこのシステムが確立したのは、ジャクソンが大統領に選出された一八二八年の選挙のときだと言われている。選挙結果が公務員人事に反映されるという意味では民主的だが、政治腐敗と非効率の温床ともなる。これと対立するのが、メリット・システム（資格任用制）である。

［48］国のすべてのポストを、勝った候補者のフォロワーに振り向ける。こうしたスポイルズ・システムは、今日、政党形成[*1]にどのような意味をもつのでしょうか。

まったく信条を欠いた政党が対決する。こうした政党は、純粋な就職活動者たちで構成される組織です。それは、個々の選挙戦のために、集票のチャンスに合わせて、ころころと綱領を変えてくる。類例はあるが、それにしても〔アメリカ以外の〕他国ではありえないくらい綱領がころころと変わる。こうした事態が生じてくるのです。

ポストを任命するのに最も重要な選挙戦は、合衆国の大統領選挙と州知事選挙です。政党は、まさに徹頭徹尾、こうした選挙戦に照準を合わせて編成されます。綱領と候補者は、政党の「全国大会」で、〔議席をもつ〕議員を介することなく確定される。つまり、綱領と候補者は「党大会」によって決められるわけですが、この「党大会」は形式的にはとても民主的に、党員代議員集会から送り出されています。そして、この党員代議員集会は党員代議員集会で、その代表を「予備選挙（primary）」、つまり政党の末端の党員による大会に負っています。すでに予備選挙で、代表は国家元首候補の名で選挙されるのです。個々の政党内で、「ノミネーション」問題をめぐる熾烈きわまりない闘争が吹き荒れます。なんといっても、三〇万人から四〇万人の役人の任命が大統領の手に握られるわけです。上院議員と相談するだけで、大統領はこの任命を行います。したがって、上院議員は政治家として強い。これに比べて、下院は政治的に言うと相対的に大して力をもっていません。役人の任命権は下院にはないからです。そして、大統領は誰と対立しても、もちろん議会と対立しても、国民によってレジティマシーを付与される。こうした大統領の純粋な補助者である長官は、議会の信任や不信任とは関係なく、職務を遂行することができる。「権力分立」のもたらした一つの結果が、これなのです。

＊1　「信条を欠いた（gesinnungs-los）」政党とは、明確な「世界観」をもたず、幅広い層から支持を獲得するために比較的柔軟に「綱領」を変更するプラグマティックな政党を指す。70段落の「信条倫理（Gesinnungsethik）」についての訳註＊1も参照。

［49］こうした支えに基づくスポイルズ・システムは、アメリカで〔だからこそ〕技術的に可能になりました。なぜなら、アメリカの文化は若い段階にあり、純粋な素人経済でももちこたえることができたからです。党のためによく尽くしました、という事実以外にはなにも能力を証明する必要がない三〇万人から四〇万人の党関係者がいるわけです。こんな状態は、当然のことですが、とてつもない不都合なしには成り立つはずがありません。前代未聞の汚職と浪費です。無限の経済的なチャンスがある国だからこそ、もちこたえられたのです。

［50］人民投票的な政党マシーンとともに舞台に登場してくる人物がいます。「ボス」です。ボスとは誰か。政治的な意味での資本主義的経営者です。ボスは自分で見積もり、リスクを冒して選挙の票を調達してきます。弁護士か、パブの店主か、あるいは似たような店のオーナーか、それともまた債権者か。ボスが最初の関係を構築したのは、このような立場の人としてだったかもしれません。ここからボスは自分のネットワークを広げていき、一定数の票を「コントロール」できるようになる。偉くなってきたら、隣のボスと関係を作る。熱意、器用さ、そしてなかでも気配りによって、すでにもっと偉くなっている人たちの注目を

引き、そして台頭していく。ボスは政党の組織になくてはなりません。組織はボスの手に集約されるのです。

とても本質的なことですが、ボスは資金を調達してきます。どのようにして手に入れるのか。もちろん、一部は党員からの党費です。特にボスやその政党のおかげで職に就いた人たちの給料から徴収するのです。それから、賄賂とチップがある。刑を受けることなくたくさんある法律の一つを犯そうとする人がいれば、ボスの黙認が必要で、そのためにはカネを払わなければなりません。さもなければ、必ず不愉快なことが起こる。

しかし、これだけではまだ必要な経営資金は調達されません。財界の大物のカネを直接受け取る人として不可欠なのがボスなのです。サラリーマンとして党の職員をやっている人や、なんらかの公的な会計責任者に選挙目的でカネを託す財界の大物などいるはずはないでしょう。カネのことで知恵のある心遣いができるボスは、当然にも、選挙のスポンサーである資本主義のサークル内の人なのです。

典型的なボスは、絶対的なまでに冷静な人です。この人は、社会的名誉を求めていない。「プロ」は「よき社会」では軽蔑されます。この人が求めるのは権力です。カネの源泉としての権力、さらにはまた権力のための権力です。この人が働くのはダークなところであって、イギリスのリーダーとはまさに対極にいます。この人自身が公共の場でなにかを語るのを聞くことはないでしょう。この人は、演説する人に、目的にかなう仕方でなにを語るべきかを示唆します。しかし、自身は黙っているのです。

通常、ボスは官職に就くことはありません。アメリカ合衆国の上院議員は別です。なぜなら、上院議員は合衆国憲法の規定によってポストの任命に関与するので、指導的なボスはしばしば自身でこの機関に籍を置くからです。ポストは、なんといっても党のために働いた功績に応じて与えられます。しかし、付け値に対する落札にも、いろいろありました。個々のポストには一定の値段があったのです。こうしたポストを売る制度は、一七世紀と一八世紀の君主国では、教会国家も含めてですが、もちろんよく知られたものでした。

［51］ボスは、しっかりした政治的な「原理」などはもっていません。完全に信条を欠き、「どうすれば票が入るか」しか問題にしません。ボスがきわめて低い教育しか受けていないこともめずらしくない。しかし、私生活において、この人が品行方正に生きていることもよくあることです。当然ですが、政治倫理についてだけは、ボスは政治的行為で定着した平均的な倫理に合わせます。ハムスターの時代〔戦時中の買い出しの時代〕に、ぼくたちの大多数が経済倫理の領域でそうすることがあったのと同じです。

ボスは「プロフェッショナル」であり、プロの政治屋として社会的には軽蔑されていますが、そんなことは気にしません。ボスは連邦の重職に就くとか、就きたいとかいうことはない。これには利点があります。ボスが選挙で集票力があると見込めば、政党とはあまり縁のない知識人、つまり著名人でも、立候補することがめずらしくありません。ドイツのように、いつもいつも古い政党内の名望家〔有力者〕が出馬するのとは違うのです。社会的に軽蔑された権力者がいる、信条をもたない政党の構造こそが、ドイツではけっして出世しないと思われる有能な人たちを大統領職へと押し上げることに貢献してきました。カネと権力の出所を脅かしかねないアウトサイダーには、もちろんボスは反対します。しかし、〔クリーンさを求める〕選挙民のご贔屓（ひいき）をめぐる競争で、まさに腐敗と戦う人として知られている候補者をしぶしぶ受け入れざるをえないことも、めずらしくはなかったのです。

［52］アメリカには、上から下まで厳格に組織化された、強力に資本主義的な政党経営が存在します。そして、こうした政党経営は、〔前述の〕タマニー・ホールのような類いの、尋常でなく強固で、修道院的に組織化されたクラブによっても支えられています。アメリカでも最も重要な搾取の対象は地方行政ですが、とりわけ地方行政の政治的支配によって、こうしたクラブは独占的に利益を得ようとします。政党生活のこうした構造が可能だったのは、「新しい国」である合衆国が高度に民主的だったためです。

いまや、このシステムも徐々に終わりつつありますが、それはこうした〔「新しい国」だから可能だったという〕連関のためです。アメリカは、もはや素人だけでは統治できなくなっている。「なぜみなさんは、おおっぴらに侮蔑している政治家に、自分たちを統治させておくのですか」と尋ねると、一五年前〔ウェーバーがアメリカ旅行をした一九〇四年〕には、まだアメリカの労働者から次のような答えが返ってきました。

　ドイツみたいに俺たちに唾を吐きつけるような役人カーストよりも、俺たちのほうが唾を吐きつけるようなやつらを役人にしておくほうが、まだましだ。

アメリカの「デモクラシー」の立場は、かつてはこうしたものだったのです。〔もっとも〕社会主義者たちは当時すでにまったく異なる考えでした。〔いずれにしても〕このような状態は、もはやもたない。素人行政では、もう不十分なのです。公務員制度改革〔ペンドルトン法〕は、終身雇用で年金付きのポストをますます数多く生み出し、大学を出た、ドイツのそれとまったく同じようなクリーンで有能な公務員たちが役所に入ってくる、という事態をもたらしています。約一〇万の官職が、もうすでに選挙のたびにまわってくる戦利品ではなくなっている。そうした官職には年金が付き、資格証明が求められています。このような事態は、スポイルズ・システムをゆっくりと、ますます後退させるでしょう。そうすれば、政党の導き方も同じように改められるでしょう。どう変わるのかは、まだわかりかねますが。

〔ドイツの場合――議会の無力と官僚支配と世界観政党〕

[53] ドイツで、これまで政治的経営の決定的な条件だったのは、本質的に次の〔三つの〕点でした。

まず、議会の無力です。この結果として、リーダーの資質がある人は、長らく誰も〔議会に〕入ってきませんでした。入りたいと思ったとしても、いったいそこでなにができたでしょうか。官房のポストが空席になったとき、当該の行政の長に次のように言うことはできました。「わたしの選挙区に、とても有能なのがいる。適任だと思うが、雇ってみないか」。そして、こうしたことはよくあることでした。しかし、ドイツの議員がその権力本能を満たすために——そもそもそんなものがあれば、ということですが——やれることと言えば、ほとんどこれくらいの話でした。

これに加えて、次の第二の要因が出てきます。この第二の要因が、第一の要因〔議会の無力〕を条件づけている。その要因というのは、ドイツにおける学歴をもつ官僚層の圧倒的な存在感です。ドイツはこの点で世界一でした。

専門官僚層の存在感がとても大きいので、彼らは専門官僚のポストだけでなく、大臣のポストも要求しました。バイエルン州議会では、こんなことがありました。昨年、議会主義化が議題になったとき、次のような発言がありました。議員が大臣になってしまうと、もう有能な人は官僚にならなくなってしまう、というのです。さらに、〔ドイツの〕官僚による行政は、イギリスの委員会審議がやっているようなコントロールをも体系的に逃れてきました。このため、わずかな例外を除けば、本当に仕事ができる行政の長を自分たちの真ん中で育てることは、議会にはできませんでした。

[54] 第三に、アメリカとは反対に、ドイツには信条に基づく政党がありました。こうした政党は、わが党の党員は「世界観」を信奉している、と善意をもって主張してきました。少なくとも主観的にはそうでした。

このような政党の最も重要な二つは、一方が中央党で、他方が社会民主党でした。両者は生まれながらの〔議会での多数派形成を目指さない〕少数派政党で、しかもみずからの意図でそうしていました。「議会主義に反対だ。なぜなら、少数派〔非主流派〕に転落する恐れがあり、そうなるとこれまでのように政府に圧力をかけて就職活動者を採用してもらうのが困難になるだろうからだ」。帝国で中央党を導いている幹部たちは、このように公言してはばかりませんでした。

社会民主党は原理的に少数派政党で、議会主義化の障害になってきました。既存の政治的・ブルジョワ的な秩序で身を汚すことを望まない、というのが理由でした。両党が議会制からみずからを排除したというこの事実が、議会制を不可能にしたのです。

[55] このとき、ドイツの職業政治家はどうなったのか。権力をもたず、責任もなく、かなりレベルの低い名望家の役割しか果たすことができず、そのため、どこにでもある典型的な同業者組合本能（ツンフト）にいつでもとらわれていました。ちっぽけな役職を生きがいにしている名望家の仲間内で、彼らとは種類の異なる者が立ち上がることなど不可能です。その人にはリーダーの資質があったにもかかわらず、まさにそのせいで名望家たちには耐えられなかった。こうした理由で政治的キャリアが悲劇に終わった人たちが何人もいます。そうした人たちの名前を挙げようと思えば、たくさん挙げることができます。どの政党でもそうです。もちろん、社会民主党も例外ではありません。

ドイツのすべての政党が、名望家の同業者組合（ツンフト）への発展の経路をたどりました。たとえば、ベーベル[*1]は知性は慎ましかったけれども、激しい気性や純粋さという性格の点では一人のリーダーでした。ベーベルは殉教者であり、大衆の期待を一度たりとも裏切ることはなかった。こうした事実の結果として、ベーベルは大衆全体を後ろ楯にし、そして本気で彼に楯突くことができるような勢力は党内には存在しませんでした。

彼の死後、こうした事態は終わり、官僚支配が始まりました。組合官僚、党の書記、〔党機関紙の〕ジャーナリストが出世し、役人的な本能が支配した。彼らはきわめて立派な官僚ではありました。他国の状況を考えれば、特にアメリカの汚職まみれの組合官僚を考えれば、まれに見るほどの立派さと言ってよいでしょう。しかし、先ほど述べたような官僚支配の結果というものは、政党にも及んできました。

＊1　アウグスト・ベーベル（August Bebel）（一八四〇―一九一三年）は、ドイツ社会民主党の創設者の一人。旋盤工の徒弟から労働運動に参加、社会主義者鎮圧法下で何度も投獄されながら、闘争を続けた。

［56］ブルジョワ政党は〔一八〕八〇年代以降、完全に名望家の同業者組合（ツンフト）になりました。もちろん、ブルジョワ政党も折に触れて宣伝目的で政党の外の知識人を引っ張ってこなければなりませんでした。「この人もあの人も、わたしたちの仲間です」と言うことができるためです。〔しかし〕こうした有名人を選挙に立候補させることは、可能なかぎり回避されました。どうしても避けられない場合にだけ、当人がそれ〔出馬〕以外受け入れない場合にだけ、立候補させることになりました。

［57］議会を支配しているのも同じ精神でした。ドイツの議会政党は同業者組合（ツンフト）でした。いまもそうです。帝国議会の本会議で行われる演説は、いつも事前に党内で徹底的にチェックされます。演説が途方もなくつまらないことから、それがわかります。演説を任された人しか発言できない。イギリス、そしてまた（まったく対立する理由から）フランスの慣習とは、かなり対照的です。このコントラストは、ほとんど考えられないほどです。

［リーダーとマシーン］

［58］現下の暴力的な崩壊を[*1]、人はよく革命と呼んでいます。いま、この崩壊ゆえに、おそらく一つの転換が進行している。確実に、ではありません。おそらく、です。さしあたり、新しい種類の政党装置の萌芽が出てきました。

第一は、アマチュアの装置。特によくあるのは、いろいろな大学の学生によって主張されるものです。学生たちは、リーダーの資質があると見込んだ人にこう言うわけです。わたしたちが必要な労働は引き受けます。あなたはそれを導いて、やり遂げてください。

二つ目は、〔選挙〕ビジネス請負人的な装置です。リーダーの資質があると見込んだ人のところにやって来て、一票あたり一定の額で選挙活動〔宣伝〕を引き受ける、と提示してくることもありました。純粋に技術的・政治的観点から見て、この二つの装置のうち、どちらを頼りにしたいか、とみなさんが率直に尋ねるとすれば、ぼくは後者のほうを選ぶだろうと思います。

しかし、両方とも急にふくらんだバブルであり、再び急速に消えていきました。既存の装置自体は再編されましたが、継続して作動してきました。リーダーさえいれば、おそらく新しい装置はもうできたようなものだ、という兆候の一つが、先ほど言及した現象でした。しかし、すでに比例代表制の技術的な特徴からして、[*2]こうしたリーダーの上昇は排除されました。台頭したのは、二、三人の街頭の独裁者だけでした。[*3]彼らもまた没落しました。街頭の独裁者のフォロワーだけが、強固な規律で組織化されており、したがってこうした消えつつある少数派の権力〔として残っているの〕です。

*1　一九一八年一一月三日、キール軍港での水兵の反乱に端を発したドイツ革命と旧体制の崩壊を指す。ウェーバーによるこの講演は、翌一九一九年一月二八日に行われた。巻末「関連年表」も参照。
*2　一九一九年一月一九日の国民議会選挙は比例代表制で行われ、その後ワイマール憲法にも比例代表の原則が明記された。ウェーバーとは対極的に、この当時、比例代表制を積極的に擁護したのが法学者のハンス・ケルゼン（Hans Kelsen）（一八八一―一九七三年）であった。ケルゼンの『民主主義の本質と価値』（『民主主義の本質と価値 他一篇』長尾龍一・植田俊太郎訳、岩波文庫、二〇一五年）、八二―八三頁を参照。同書の初版は、一九二〇年に刊行された。
*3　カール・リープクネヒト（Karl Liebknecht）（一八七一―一九一九年）とローザ・ルクセンブルク（Rosa Luxemburg）（一八七〇―一九一九年）のこと。彼らはともに、この講演の直前の一月一五日に暗殺された。

［59］事態が変わったと仮定します。そうすると、ここまで述べてきたことに応じて確認しなければならないことがあります。人民投票的なリーダーによって政党が導かれるということは、フォロワーの「魂の喪失」、精神のプロレタリアート化をもたらすと言うことができるだろう、というのがそれです。リーダーにとって装置として有用であるためには、フォロワーは見境なく言うことを聞かなければならず、名望家の虚栄心や自分の見解への固執によって妨げられたりしない、アメリカ的な意味でのマシーンでなければならないのです。リンカン[*1]の選挙は、政党組織がこうした性格をもっていたことによって初めて可能になりました。グラッドストンの場合でも、すでに述べたように、コーカスで同じことが起きた。これこそが、リーダーによる導きの、まさに代償なのです。

しかし、あるのは次の選択だけです。「マシーン」をともなったリーダーに導かれるデモクラシーか、それともリーダーなきデモクラシーか。リーダーなきデモクラシーというのは、使命（ベルーフ）なき（これこそがリーダーを作る）内的・カリスマ的な資質なき「職業（ベルーフ）政治家」の支配です。このとき、それが意味するのは、ときどきの政党の反対者が「派閥」〔談合〕支配とよく呼んでいるものです。

さしあたりですが、ドイツにあるのは後者のほうだけです。そして、将来においても、少なくとも国レベルでは、その[*2]〔リーダーなきデモクラシーの〕存続に有利な状況です。理由の一つは、やはり連邦参議院が再建され、必然的に下院の権力、したがってまたリーダーを選別する場としてのその意義が制限されていることです。さらには、導入されたばかりの比例代表制もあります。これはリーダーなきデモクラシーの典型的な現象です。比例代表制は人事をめぐる名望家たちの取引を助長します。そればかりでなく、将来的には自分たちの職員をリストに載せるように強要し、またそうして真のリーダーには居場所のない非政治的な議会を作る可能性を利益団体に与えます。

リーダーへの欲求を満たす唯一の捌け口は、帝国〔ライヒ〕大統領でしょう。これも、大統領が議会からではなく人民投票的に〔直接、国民から〕選ばれるならば、という条件付きです。大規模な自治体で人民投票的に選ばれた都市の独裁者が、みずからの行政組織を自主的に編成する権利をもって舞台に登場することがあります。アメリカでは、汚職に真剣に取り組もうとしているところなら、どこでもそうなっています。リーダーが実務能力の証明をして出てきて、そして当選するのは、なんといってもそのような場合です。この結果として、こうした選挙に照準を合わせる政党組織が出てくるでしょう。

しかし、とりわけ社会民主党も含めてですが、〔ドイツの〕すべての政党はリーダーというものに対して、まったくもって小市民的な敵対心をもっています。こうした敵対心は、政党形成と、それとともにここで述べたすべての偶然が将来どのようなあり方をとるのかを、なおもまったく不確かなままにしています。

＊1　エイブラハム・リンカン（Abraham Lincoln）（一八〇九―六五年）は、第一六代アメリカ大統領。一八六一年に大統領に就任。南北戦争で勝利し、連邦を維持して、一八六三年に奴隷解放宣言を出した。

＊2　帝政期における連邦参議院は、領邦（ラント）の代理人から構成され、議席数で優越するプロイセンがヘゲモニーを握っていた。ウェーバーは統一が脅かされることを危惧し、領邦政府とは独立して選挙で選ばれる上院にすべきであると主張していた。一九一八年の論文「ドイツの将来の国家形態」（MWG I/16, S. 95 ff. ＝『政治論集2』四九四頁以下）を参照。

［政治家に必要な資質］

［60］外面的なことについて、「職業」として営まれる政治の経営がどのようになされるのか、という問題については、したがって今日まったく予測できません。どのようなルートをたどれば、満足のいく政治的課題に取り組ませてもらえる偶然が政治的な才能に恵まれた人に開けるかについては、いっそう難しい。懐（ふところ）具合のために政治「で」生計を立てることが必要な人にとっては、相変わらず次の選択になるでしょう。典型的な直線ルートとしては、ジャーナリストか、政党の職員のポスト。そうでなければ（労働組合、商業会議所、農業会議所、手工業会議所、労働者会議、経営者団体などの）利益団体の代理人のポスト、あるいは地方における相応のポストです。

ジャーナリストとともに、政党職員にも「はぐれもの」という汚名がつけられています。外面的な側面に関してさらに述べることができるのは、このことだけです。あちらでは「売文屋」、こちらでは「御用コメンテーター」、そこまであからさまに言われていないとしても、耳に入ってくるのは残念ながらいつも悪い評判です。これに対して内面的に無防備だったり、また自分自身に正しい答えを与えることができなかったりする人は、こうしたキャリアには近寄らないほうがよい。どんな場合にも誘惑がついてまわるし、絶えず失望させられかねない道だからです。

それでは、このキャリアは、内面的な喜びという点では、なにを提供してくれるのでしょうか。また、こうしたキャリアに入っていく人には、個人的な条件として、なにが前提とされるのでしょうか。

[61] このキャリアが満たしてくれるのは、まず権力感情です。人に影響を与えているという意識、人に行使する権力に関与しているという意識、とりわけまた、歴史的に重要な出来事の神経繊維の筋の一本を自分が握っているという感情。こうしたものが職業政治家をして日常を超越させる。形式的に見れば慎ましいポストに就いていてさえ、そうなのです。

しかし、いまや職業政治家には、次の問いが出されます。政治家がこうした権力（個別には、いっそう狭く言い換えられるとしても）と、したがってまた権力が政治家に課す責任に自分がふさわしいと望むことができるのは、どのような資質ゆえなのか。この問いとともに、ぼくたちは倫理的な問題の領域に入ります。歴史の車輪のスポークに手を突っ込むことが許されるには、どのような人間でなければならないのか。この問いは、倫理的な領域に属すのです。

[62] 政治家には三つの資質が特別に重要だと言えます。情熱、責任感、目測能力が、それです。

情熱というのは、なにごとかに即していること（Sachlichkeit）という意味です。なにごとか（ザッヘ）、つまりなにごとかを司（つかさど）っている神ないしデーモンに情熱的にコミットすることです。ぼくの友人である故ゲオルク・ジンメルがよく「不毛な興奮」*1と呼んでいた、あの内面的な態度のことではありません。「不毛な興奮」というのは、とりわけロシアの知識人のある特定の類型（まさか彼らのすべてというのではありません！）にあてはまります。いま「革命」という誇らしい名前で飾りつけられているこのカーニバルで、ドイツの知識人のなかでもとても大きな役割を果たしているのが、この態度です。これは、なにごとかに即した責任感をいっさいもたない、無に消えていく「知的に面白ければいい、というロマン主義」なのです。というのも、どんなに本物と感じられる情熱であったとしても、裸の情熱では、もちろんなにもできないからです。一つの「なにごとか（ザッヘ）」へのコミットメントとしての情熱が、このなにごとかに対する責任を行為の決定の導きの星にする。こうしたことがなければ、情熱は政治家にとってなににもなりません。

これに加えて必要とされるのが、目測能力、内的に集中し、心を鎮めて、現実を自分に対して作用させる能力、つまりものと人に対する距離です。これは政治家の決定的に重要な心理的資質です。「距離感を失う」ことは、純粋にそれだけで、どんな政治家にとっても大罪の一つです。そして、ドイツの若い知識人のあいだでこうした資質が育成されるとき、彼らは政治的無能力という判決を受けます。というのも、熱い情熱とクールな目測能力が互いに一つの魂のなかでいかにまとめ上げることができるかが、まさに問題だからです。

政治は頭でなされるもので、身体や魂の他の部分で行うものではありません。しかし、政治が浮わついた知的ゲームではなく、人間として本物の行為であるべきならば、政治へのコミットメントは情熱からのみ生まれ、また情熱からのみ滋養を与えられる。情熱的な政治家を際立たせ、また「不毛に興奮した」だけの政治的素人と区別するのは、魂のあの強い抑制です。この抑制は、距離についての習熟――このことばのいかなる意味においても、ですが――によって初めて可能になります。政治的「パーソナリティ」の「強さ」というのは、なんといってもこうした資質をそなえていることなのです。

＊1　「不毛な興奮」という表現の出典は不明。しかし、「形式（Form）」を否定して「生（Leben）」そのものを強調する表現主義的な風潮を、ジンメルはその文化哲学で繰り返し問題にしている。特に最晩年の「現代文化の葛藤」（一九一八年）を参照（生松敬三訳、『ジンメル著作集』第六巻、白水社、一九九四年）。こうした危うさを孕みつつも、表現主義的な時代精神は「黄金の二〇年代」につながっていく。ピーター・ゲイ『ワイマール文化』（亀嶋庸一訳、みすずライブラリー、一九九九年）を参照。

［63］したがって、政治家は一つのまったく矮小で、あまりに人間的な敵を、日々自分のなかで克服しなければならない。その敵というのは、まったく卑俗な虚栄心です。虚栄心は、なにごとかと向き合うコミットメントのすべて、そしてあらゆる距離、ここでは自分自身に対する距離の不倶戴天の敵なのです。

［64］虚栄心はとても広く見られる特性の一つで、おそらく誰もそれから完全に自由ということはありません。アカデミズムや研究者の仲間内では、これはある種の職業病です。しかし、まさにその研究者の場合には、表に出るといかに感じが悪いものであれ、虚栄心は比較的無害です。通常、学問の営みに支障をきたさないという意味で、そうなのです。

ところが、政治家の場合は、まったく違います。不可避の手段として権力を追求しながら政治家は活動する。したがって、よく「権力本能」と呼ばれるものがありますが、これは実際のところ、政治家の標準的な資質なのです。ところが、政治家の仕事の聖なる精神に対する罪が始まるのは、もっぱら「なにごとか」にコミットするのではなく、この権力追求がないにごとかに即さず（unsachlich）、純粋に個人的な自己陶酔の対象になるところです。というのも、政治の世界には、究極のところ二つの大罪があるからです。一つは、なにごとかへのコミットメントの欠如、もう一つは、いつもというわけではないが、しばしばこれと一致する無責任です。虚栄心というのは、〔他者と比較して〕自分をできるだけ目立たせたい、という欲求です。二つの罪の一つ、またはその両方を犯すように最も強く政治家を誘惑するのが、この虚栄心なのです。

デマゴーグは「効果」を計算に入れなければなりません。まさにこのせいで、デマゴーグは常に危険にさらされています。役者になったり、自分の行いの結果への責任を安易に考えたり、また自分が与える「印象」〔好感度〕ばかりを気にしたり、という危険です。なにごとかにコミットしない態度は、現実の権力ではなく、権力のきらびやかな仮象を追求させやすく、また無責任は権力をただそれ自身のために、内容となる目的を抜きにして享受させやすいのです。権力はあらゆる政治の不可避の手段であり、また権力の追求はあらゆる政治の原動力です。そうであるにもかかわらず、あるいはむしろ、まさにそうであるがゆえに、成り上がり者がやるように権力をふりかざしたり、虚栄を張って権力感情に自己陶酔したり、そもそも純粋に権力それ自身を崇拝したりすること以上に、政治的な力を破滅的に歪めてしまうものはないのです。

剝き出しの「権力政治家（Machtpolitiker）」というのがいます。ドイツでも熱心に行われているあるカルトが、これを神聖化しようとしている。こうした「権力政治家」は力強い印象を与えるかもしれませんが、しかし実際のところ空虚で無意味に終わります。その点で「権力政治」の批判者たちは完全に正しい。こうした信条の持ち主が突然、内面的に崩壊するということに直面して、こうした威張りちらした、しかしまったくの空虚なジェスチャーの背後に、いかなる内面的な弱さと無力さが隠されているかを、ぼくたちは身をもって知ることができました。この空虚なジェスチャーは、人間の行為の意味に対する、きわめて貧相で、表層的な尊大さの所産です。すべての行い、特に政治的な行いは、実のところ悲劇に巻き込まれています。この尊大さは、そうした悲劇についての自覚とは、まったく無関係なのです。

［65］政治的な行為の最終的な結果は、しばしば、いや、ほとんどいつも、もともとの意図とはまったく一致せず、また、しばしばまさに逆説的な関係になる。このことは、まった

くのところ真理であり、いまここではより詳細に論証することはできませんが、あらゆる歴史の基本的な事実です。しかし、そのために、この意図というもの、つまり一つのなにごとかにコミットすることはそもそもなくてよい、ということにはなりません。もしも行為が内的な支えをもつべきだとするならば、そうした支えが必要です。政治家がそれにコミットするために権力を追求し、またそのために権力を用いる「なにごとか」がどのようなものであるべきかは、信仰の問題です。政治家がコミットする目標は、国民的かもしれないし、人類的かもしれない。社会的、倫理的かもしれないし、また文化的かもしれない。現世的かもしれないし、宗教的かもしれない。そして、政治家は「進歩」〔その意味がいかなるものであれ〕への強い信仰に支えられていることもあり、またその種の信仰をクールに拒否することもある。「理念」へのコミットメントを求めようとすることもあるし、そうした要求を原理的に退けつつ、日常生活のより外面的な目標にコミットしようとすることもある。どんな場合でも、なんらかの信仰がここになければなりません。さもなければ、被造物は無にすぎない、という呪いが、外から見て最も強力な政治的成功にすら、のしかかってきます。

〔政治のエートス〕

［66］以上で述べたことをもって、今晩ここで取り組む最後の問題の検討にすでに入っています。「本題(ザッヘ)」としての政治のエートス[*1]の問題です。目標とはまったく別に、政治はそれ自身で、生の導き〔生き方〕の倫理的な全体的配置(エコノミー)のなかで、いかなる仕事を果たすの

か。政治がそこに故郷をもつ、いわば倫理的に見てふさわしい場所はどこなのか。そこでは、もちろん究極的な世界観が相互に衝突しており、最終的には、そのなかで選択がなされなければなりません。

この問題は、最近再び――ぼくの見解では完全に間違った仕方で――展開されています。この問題に思いきって取り組んでみましょう。

＊1　もともと「エートス」は習慣づけによって持続性をもつようになった集合的な倫理的態度を指すギリシア語で、アリストテレス『ニコマコス倫理学』一一〇三aなどで用いられている。「論理と心理」の両方を含む。『プロテスタンティズムの倫理と資本主義の精神』で、ウェーバーはこの用語を援用した。エートスは「近代化」を論じる際に、大塚久雄、安藤英治（一九二一―一九九八年）をはじめとする日本のウェーバー研究者によって、とりわけ熱心に検討されてきた。ただし、禁欲的プロテスタンティズムのエートスと、ここで論じられる「政治のエートス」は、直結しているわけではない。なお、ロバート・ベラー（Robert Bellah）（一九二七―二〇一三年）がトクヴィルから引き出した「心の習慣」も、このエートスと近い意味をもつ（R・N・ベラー＋R・マドセン＋S・M・ティプトン＋W・M・サリヴァン＋A・スウィドラー『心の習慣――アメリカ個人主義のゆくえ』島薗進・中村圭志訳、みすず書房、一九九一年を参照）。

［67］それでは、まずこの問題を最もくだらない歪曲から解き放っておきたいと思います。さしあたり倫理が、道徳的に言ってきわめて致命的な役割で登場することがあります。

例を挙げましょう。ここに一人の男がいる。彼の愛は一人の女性から離れていき、別の女性に向かう。「彼女は自分が愛するに値しなかった。彼女にはがっかりした」。あるいは、似たような「理由」をさらにこの男は言う。そして、そう言うことで、自分自身に対してこれ〔別の誰かを好きになること〕にレジティマシーを付与したいと思う。こうした欲求を感じないなどということは、ほとんどないでしょう。というのは端的に言って運命です。〔ただ〕この運命に、いっそう騎士道的な礼節に反する仕方で、自分に一つの「レジティマシー」を捏造して上乗せし、またこうした「レジティマシー」の力で自分の正しさを要求し、そして不幸に加えて不正をも彼女のせいにしようとする。これは騎士道的な礼節に反します。性愛の競争で勝った側も同じことです。[*1] ライバルは自分より価値が低い。そうでなければ負けないだろう、という場合です。

ある戦争で勝ったあとで、わたしが勝ったのは、わたしが正しかったからだ、と勝者が品位のない独りよがりで主張する。このときも、もちろんまったく同じです。あるいは、ある人が戦争の恐ろしさで心が折れる。率直に、もう本当に限界だ、と言うのではなく、いまや自分の感覚を置き換えることで、自分自身を前にしてわが身の厭戦気分にレジティマシーを付与したい、という欲求をもつ。そして、わたしが耐えることができなかったのは、悪い大義のために戦わなければならなかったからなのです、と言う。この場合も同じです。

そして、戦争で負けた側も、まったく変わりません。戦争を起こしたのは、社会構造です。ところが、戦争のあとで、老婆がやるようなやり方で「戦犯」を探す。これは違います。男らしい、クールな態度〔をとる人〕は、敵に対して次のように言うでしょう。「わたしたちは戦争に負け、君たちは勝った。おしまいだ。さあ、〔この戦争で〕問題となった実質的な利害関係に対応して、そしてこれが本題だが、とりわけ勝者のほうに課せられている未来への責任に鑑（かんが）みて、どのような結論を引き出すべきかについて論じようじゃないか[*2]」。

これ以外のことを言えば、品位がなく、また報いを受けることになります。国民は利害を損なうことは勘弁してくれる。しかし、名誉を損なうこと、少なくとも説教くさい独善によって名誉を損なうことは許してくれません。戦争は、その終結とともに、少なくとも道徳の上では埋葬されなければ、何十年後かに公文書が明るみに出るたびに、品位のない金切り声、憎悪、そして怒りが息を吹き返すことになります。

戦争を倫理的に埋葬するのは、実際の問題に即していることと騎士道的な礼節によって、とりわけ品位によってのみ可能です。〔どちらが善で、どちらが悪かという「あれか、これか」を問う〕「倫理」によってではないのです。「倫理」〔による戦争の終結〕では、〔勝者と敗者の〕双方の品位が失われてしまいます。政治家が関わるのは、未来と、未来に対する責任です。しかし、「倫理」はこれを気にかけません。むしろ、「倫理」が取り組む[*3]のは、調停不可能なゆえに政治的に不毛な、過去の罪責についての問いです。政治的な罪責というものがあるとすれば、これをすることこそが政治的罪責なのです。それに加えて、このとき見逃されてしまうのは、問題の全体が物質的な利害によって歪曲されることです。勝者は、最大限の利益の獲得——道徳的にも物質的にも——に利害関心をもち、敗者が罪責の告白をすることでアドバンテージをとることを期待する。「ゲス」なものがなにかあるとすれば[*4]、まさにこれです。こうした仕方で「独善」の手段として「倫理」を利用することの結果が、これなのです。

*1　教え子で、友人の妻であったエルゼ・ヤッフェ（Else Jaffe）（一八七四—一九七三年）と、ウェーバーは特別に親密な関係にあった。この箇所の記述には、こうした個人的な事情が関わっていると見ることもできるかもしれない。エルゼの妹フリーダ・ロレンス（Frieda Lawrence）（一八七九—一九五六年）は、『チャタレイ夫人の恋人』（一九二八年）の著者として知られるD・H・ロレンス（D. H. Lawrence）（一八八五—一九三〇年）と駆け落ちしている。マーティン・グリーン『リヒトホーフェン姉妹——思想史のなかの女性 一八七〇—一九七〇』（塚本明子訳、みすず書房、二〇〇三年）は、この姉妹についての思想史的な研究である。

*2　ドイツだけに戦争開始の道義的な責任と多額の賠償を負わせようとする連合国側の動向を牽制しようとする意図が、ここでのウェーバーの議論にはある。パリ講和会議の開始（一月一八日）直後、ウェーバーは「「戦争責任」問題について」（一月一七日）を『フランクフルト新聞』に寄稿した（MWG I/16, S. 179 ff. ＝『政治論集2』五三九頁以下）。「仕事としての政治」講演は、その一〇日ほどあと（一九一九年一月二八日）に行われている。もちろん、今日の観点からすれば、これはかなり無理筋な議論であるように見える。しかし、「戦争の違法化」が進められるのは第一次世界大戦後であり、この時点では、むしろ

戦争に合法・違法の区別を設けない「無差別戦争観」が主流であって、少なくとも戦争を犯罪化して戦争責任者を裁くことは自明ではなかった（牧野雅彦『ヴェルサイユ条約――マックス・ウェーバーとドイツの講和』中公新書、二〇〇九年を参照）。この問題は、のちに一九一九／二〇年の冬学期にミュンヘン大学でウェーバーの講義と講師向けのゼミに参加していたカール・シュミット（Carl Schmitt）（一八八八―一九八五年）によって、第二次世界大戦後（一九五〇年）に改めて検討されることになる（『大地のノモス――ヨーロッパ公法という国際法における』新田邦夫訳、慈学社出版、二〇〇七年を参照）。

＊3　日本語では「戦争責任」という語が広い意味で用いられているが、「責任（Verantwortung; responsibility）」と「罪責（Schuld; guilt）」は別の概念であり、整理が必要である。ウェーバーとも関係が深かったカール・ヤスパース（Karl Jaspers）（一八八三―一九六九年）が第二次世界大戦直後に書いた『罪責問題（*Die Schuldfrage*）』（一九四六年）も参照（『われわれの戦争責任について』橋本文夫訳、ちくま学芸文庫、二〇一五年）。

＊4　クルト・アイスナーをはじめ、ドイツ社会民主党（SPD）から独立したドイツ独立社会民主党（USPD）は、ドイツの罪責を積極的に認めることを主張した。そのために、アイスナーは一九一八年一一月二三日にベルリン駐在バイエルン公使がミュンヘンに送った開戦に関わる通信文書を公開した。

［68］それでは、倫理と政治の本当の関係はどうなのでしょうか。倫理と政治は、折に触れて言われてきたように、相互に無関係なのでしょうか。あるいは、反対に、他の行為と同じように、政治的な行為にも「まったく同じ」倫理が妥当する、というのが正しいのでしょうか。この二つの主張のあいだには、一方か他方か、どちらかが正しいという排他的な二者択一があるかのように、よく論じられてきました。しかし、性愛的な関係とビジネス的な関

係、家族的な関係と役所的な関係があります。また妻、八百屋のおばさん、息子、ライバル、友だち、被告との関係もあります。これらすべての関係に対して同一の内容のルールが世界のなんらかの倫理によって確立できるなどということが、そもそも本当にあるでしょうか。

政治は、とても特殊な手段、つまり権力によって行われます。そして、その権力の背後には暴力がある。このことは政治に対する倫理的な要請にとってどうでもいい、なんてことが本当にあるのでしょうか。ボリシェヴィズムやスパルタクス団[*1]のイデオローグたちは、どこかの軍事的独裁者とまさに同じ結果を招いています。まさにこの政治的な手段を使うがゆえに、そうなるのです。こうしたことを、ぼくたちは目撃してきたのではなかったでしょうか。権力者の人物と彼らの素人芸以外で、労働者・兵士評議会の支配は、なにによって旧体制の権力者の誰かの支配と区別されるというのでしょうか。勘違いで新しい倫理[*2]と言われているものがあります。しかし、これですら、その代表者のほとんどは、彼らの批判相手を論駁します。この論駁は、別のデマゴーグが行うなんらかの論駁となにによって区別されるのでしょうか。

「高貴なる意図によってだ！」と言われるかもしれない。いいでしょう。しかし、ここで問題にしているのは、手段です。[*3]究極的な意図の高貴さを自分に対して主張するのは、敵対者もまったく同じです。しかも、主観的には完全なる誠実さとともにそうします。「剣をとる者は剣で滅びる」[*4]。闘争はどこにおいても闘争です。

では、山上の垂訓の倫理はどうか。ここで山上の垂訓というのは福音の絶対倫理のことですが、これによって問題にされているのは、今日この戒律を好んで引用する人たちが信じているよりもはるかに深刻な事柄です。笑いごとではありません。科学における因果性について言われていることがあります。因果性は都合で乗り降りするために好きなときに停めさせることができる辻馬車ではない、というものです[*5]。これは山上の垂訓にもあてはまります。〔山上の垂訓を通俗化して〕どうでもいいもの〔しか出てこないことがよくあります。しかし、それ〕以上のなにかが出てくるべきだとすれば、すべてか、ゼロか、です。これこそが山上の垂訓の意味なのです。たとえば、裕福な若者がいるとします。「彼は悲しみながら立ち去った。たくさんの資産をもっていたからである」[*6]。福音の戒律は無条件かつ一義的です。「汝のもてるものを与えよ。すべて、すっかり」というわけです。

この戒律がすべての人に貫徹されるなどということはない。そのかぎりで社会的に意味のない無理な要求だ、と政治家なら言うでしょう。したがって、税をとる、行き先をコントロールする、差し押さえる、ひとことで言えば、すべての人に対する強制と秩序〔が必要なの〕です。しかし、〔山上の垂訓の〕倫理的な戒律は、そんなものはいっさい問わない。これこそが倫理的戒律の本質です。あるいは「汝のもう一つの頬を向けよ」[*7]となる。なぜ殴ることがもう一つの頬にふさわしいのかを問うことなく、無条件に差し出す。聖人でもなければ、こんなものは品位を欠いた倫理です。

こういうことなのです。〔山上の垂訓を実践するには〕聖人でなければならない[*8]。すべての点で。少なくとも意欲において。イエス、使徒、そして聖フランチェスコのような人と同じように生きなければならない。この場合には、この倫理は意味をもち、ある一つの品位の表現になります。さもなければ無です。なぜなら、無宇宙論的な愛の倫理に一貫して従って「悪人に力で歯向かうことなかれ」[*10]ということを、これが意味するとすれば、政治家にとってはまさに正反対の命題が妥当するからです。「あなたは悪人に力で抵抗すべきです。そうしなければ、悪人がはびこる。それはあなたの責任になる」。

福音の倫理に従って行為しようとする者は、ストライキを放棄しなければなりません。なぜなら、それは強制だからです。そして、黄色の労働組合〔穏健で協調的な労組〕に行かなければならない。なにはともあれ「革命」を語るべきではありません。なぜなら、内乱こそが唯一のレジティマシーのある戦争だなどと、この福音の倫理が説こうとするはずがないからです。福音に従って行為する平和主義者は、この戦争を、そしてそれとともにすべての戦争を終わらせるために、武器を拒否ないし放棄するでしょう。これがドイツで推奨されたものです。

予見できるかぎり永久に戦争への期待をなくす唯一のいっそう確実な手段は現状維持〔無併合・無賠償〕の講和だったのに、と政治家は言うでしょう。その場合には、なんのための戦争だったのか、と諸国民は自問したことでしょう。それでは非合理のために戦争が遂行されたことになってしまうではないか、というわけです。〔それにしても、現状維持の講和は〕いまではもう不可能です。というのも、勝者にとって、少なくとも勝者の一部にとっては、戦争が政治的な利益になってしまっただろうからです。これは、ぼくたちが抵抗するのをすべて不可能にした、あの〔平和主義者の〕態度のせいなのです。疲弊の時代が過ぎ去れば、いまや評判を落とすのは戦争ではなく平和のほうです。絶対的な倫理の一つの結果が、これなのです。

＊1　ローザ・ルクセンブルク、カール・リープクネヒトらを中心に、戦争に協力するドイツ社会民主党主流派を批判して一九一六年一月に結成された党内左派のグループ。名称は、古代ローマの奴隷反乱のリーダーに由来する。

＊2　「新しい倫理（Neue Ethik）」とは、ヘレーネ・シュテッカー（Helene Stöcker）（一八六九—一九四三年）らによって二〇世紀のはじめに展開された「性愛の解放」を求める運動。キリスト教的な道徳に縛られた性愛道徳や婚姻観を批判した。マックス・ウェーバーの妻マリアンネ・ウェーバー（Marianne Weber）（一八七〇—一九五四年）は当時のフェミニズム運動に関与していたが、夫婦ともども、こうした急進派には批判的だった。

＊3　「正しい目的のための暴力と不正な目的のための暴力とを区別する」という「自然法的な誤解」を、ベンヤミンも「暴力批判論」（一九二〇—二一年）で問題にしている（『暴力批判論 他十篇』野村修編訳、岩波文庫、一九九四年、三三頁）。

＊4　新約聖書『マタイによる福音書』二六・五二。

＊5　ショーペンハウアー（Arthur Schopenhauer）（一七八八—一八六〇年）の学位論文「根拠律の四つの根について」（一八一三年）の第四章第二〇節「生成の根拠律」に出てくる表現（『ショーペンハウアー全集』第一巻、生松敬三・金森誠也訳、白水社、一九七二年、五七頁）。

＊6　新約聖書『マタイによる福音書』一九・二二。

＊7　新約聖書『マタイによる福音書』五・三九。「仕事としての学問」32段落も参照。
＊8　聖フランチェスコ（Francesco d'Assisi）（一一八二—一二二六年）は、アッシジ生まれの聖人。清貧・貞潔・奉仕の生活を守り、フランチェスコ修道会を創設した。
＊9　ウェーバーは、神秘主義者などに対して、この語を用いている。現世の秩序（コスモス）の論理を超越した思想的な立場を指す。
＊10　新約聖書『マタイによる福音書』五・三九。「仕事としての学問」32段落も参照。

［69］最後に真実の義務について。真実の義務は、絶対的な倫理にとって無条件に必要です。したがって、引き出された結論は、こうでした。すべての、とりわけ自国〔の国益〕を害する公文書を公開すること、そしてこうした一方的な公開に基づいて、一方的で無条件に、結果を顧慮せず罪の告白をすること。政治家であれば、次のように考えます。こうした方法では、結果として真実は明らかにされない。むしろ、情念が濫用され、解き放たれることで、確実に真実は曇らされてしまう。成果が出せるのは第三者によるあらゆる角度からの計画的な確認作業によってのみだ。このような事情にある国民にとっては、他のどんなやり方も、何十年も再び埋め合わせができないような結果をもたらす可能性がある。以上が、政治家の考えになります。しかし、それでも「結果」は問わない、というのが、まさにこの絶対的な倫理なのです。

［信条倫理と責任倫理］

［70］決定的な点は、ここです。倫理的に方向づけられた行為は、どれもそうですが、相互に根本的に異なる、調停不可能なまでに対立する二つの格率に立脚することができます。行為は「信条倫理」[*1]的に方向づけられることもあり、「責任倫理」的に方向づけられることもある。このことを、ぼくたちは自覚しなければなりません。

信条倫理は無責任と同じで、責任倫理は信条の欠如と同じだ、などということではありません。もちろん、これは論外です。けれども、人は信条倫理的な格率のもとで行為する、宗教的に言えば、「キリスト者は正しいことを行い、結果は神に委ねる」のか、それとも責任倫理的な格率のもとで行為し、みずからの行為の（予見可能な）結果の責任を引き受けるのか。これは底知れぬほど深い対立です。[*2]

みなさんは確信犯的な信条倫理のサンディカリスト[*3]に説明してあげればいい。その人がやっていることの結果は、反動の偶然を高め、自分の階級に対する抑圧を強化して、階級の上昇を阻止することになる、と。しかし、どんなにその説明を説得的にやっても、そのサンディカリストにはまったく影響を及ぼさないでしょう。純粋な信条からなされる行為の結果が悪くても、サンディカリストにとって責任は行為者にはない。他の人間の愚かさにしても、そういうふうに人間を創った神の意志にしても、〔いずれにしても〕世界のせいなのです。

これに対して、責任倫理の立場をとる人は、人間がもっている、まさにあの平均的な欠点を計算に入れます。フィヒテ[*4]が正しく述べているように、人の善と完全性を前提にする権利は、責任倫理の立場をとる人にはまったくない。それが予見できたかぎりで、自分の行いの結果を他者のせいにできるなどとは、この人は思わない。そして、結果は自分の行いのせいだ、と責任倫理に生きる人は言うでしょう。

信条倫理の立場をとる人も「責任」を感じる。しかし、それは純粋な信条の炎、たとえば社会秩序の不正義への抗議の炎が消えてなくならないようにすることに対してだけです。ありうる結果という観点から判断すると、まったく非合理な行為かもしれない。しかし、信条の炎を常に新しく燃えたぎらせることが、こうした行為の目的なのです。〔結果という観点だけから見れば〕まったく非合理な行為でも、範例的な価値[*5]だけはもつかもしれないし、またもつべきです。

*1 「責任倫理（Verantwortungsethik）」の対概念である“Gesinnungsethik”の訳語としては、伝統的に「心情倫理」が用いられてきた。しかし、“Gesinnung”を「心情」と訳すのはミスリーディングである。日本語で「心情を察する」と言うとき、そこには論理性の欠如が含意されている。しかし、“Gesinnung”にはこれはあてはまらない。英語では“ethic of conviction”、“ethic of single-minded conviction”、“ethic of ultimate ends”などと訳されており、いずれにしても「心情」というよりは「信条」に近い。ある大義に対する一定の確信に基づいた（しばしば結果を顧慮しない）コミットメントを、この語は含意している。

*2 責任倫理と信条倫理の両義的な関係については、E・H・カー（E. H. Carr）（一八九二―一九八二年）の『危機の二十年』（一九三九年）におけるリアリズムとユートピアニズムについての考察が参考になる（『危機の二十年――理想と現実』原彬久訳、岩波文庫、二〇一一年）。

＊3　ゼネストなどの直接行動によって政権を転覆しようとする考え方。ジョルジュ・ソレル（Georges Sorel）（一八四七―一九二二年）の『暴力論』（一九〇八年）など。

＊4　ヨハン・ゴットリープ・フィヒテ（Johann Gottlieb Fichte）（一七六二―一八一四年）は、『全知識学の基礎』（一七九四年）や『ドイツ国民に告ぐ』（一八〇八年）などで知られるドイツ観念論の哲学者。ここで参照されているのは「著述家としてのマキアヴェッリについて並びに著作からの抜粋」（一八〇七年）である（『フィヒテ全集』第一七巻、菅野健・杉田孝夫訳、哲書房、二〇一四年）。

＊5　その時代の支配的な見方や「現実主義」からすれば「非合理」と評価されるかもしれないが、ソクラテス、イエス、あるいは聖フランチェスコのような人が実際にそのように生きることができたということ、そうした「範例（example）」がもつ意義を指す。ハンナ・アーレントは、カントの『判断力批判』を参照しながら次のように書いている。「ある者を善良な男だと言うときにも、我々は心の奥で、聖フランシスやナザレのイエスを範例とする。〔…〕ある特殊な歴史上の出来事にその起源をもつものであるが、後になって我々が、その特殊なもののうちにより多くの事例に妥当する事柄を見ようとして、その出来事を範例とするようになる」（ロナルド・ベイナー編『カント政治哲学の講義』浜田義文監訳、伊藤宏一・多田茂・岩尾真知子訳、法政大学出版局、一九八七年、一二九―一三〇頁）。

［71］しかし、問題はこれで終わりではありません。世界のどの倫理も回避できない事実があります。数限りない事例において「善き」目的の達成には、倫理的に疑わしい、少なくとも危険な手段と、悪い副次的結果の可能性または蓋然性を甘んじて受け入れることとがついてまわる、というのがその事実です。倫理的に善い目的は、倫理的に危険な手段と副次的結果をいつ、どの程度まで「神聖化」するのか。世界のどの倫理も、これに結論を出せてい

ません。

[72] 政治にとって決定的な手段は、暴力行使です。手段と目的の緊張関係の程度が倫理的にいかに大きいかを見て取ることができるのは、みなさんご存じのとおり、革命的な社会主義者(ツィンマーヴァルト派)[*1]がすでに戦争中に次の原理に対して賛成を公言したことです。簡潔に定式化すれば、その原理はこうなるでしょう。「あと何年か戦争をして革命が起こるか、それとも、いま講和して革命が起こらないか。この二者択一の前に立たされたなら、わたしたちはあと何年かの戦争を選ぶ」。

これには、さらなる問いが続きます。「この革命によって、なにが実現されるのか」。この問いに対しては、研究を積んだ社会主義者なら、誰もがこう答えたでしょう。「社会主義者の意味で社会主義的と呼べる経済への移行は問題外だ。せいぜいのところ、ブルジョワ経済が再び成立するくらいだろう。ただ封建的要素や王朝的な残滓を捨て去ることくらいはできるだろう」。

つまり、こんな慎ましい結果のために、「あと何年か戦争を〈継続すべし〉」というわけです。そうすると、どんなに筋金入りの社会主義的な確信をもっていても、こんな手段〈戦争の継続〉を要求するような目的など拒否するかもしれない。このように言ってよいでしょう。ボリシェヴィズムでも、スパルタクス主義でも、そもそもどのような革命的な社会主義でも、問題はまったく同じです。旧体制の「暴力的な政治家」が〈暴力という〉同じ手段を用いるからといって、社会主義者の側から倫理的に非難されるとすれば、〈旧体制を守るという〕彼らの目標の拒否がどれほど正当であっても、もちろん、ただただお笑い種です。

＊1「ツィンマーヴァルト派」という名称は、一九一五年九月にスイスのベルン近郊のツィンマーヴァルトで開催され、レーニンも参加した国際社会主義者会議に由来する。

〔73〕ここで、〔善き〕目的による〔いかがわしい〕手段の神聖化という問題に直面して、いまや信条倫理も全体として挫折を余儀なくされるように見えます。そして、実際、倫理的に危険な手段を用いるいかなる行為をも非難する可能性しか、信条倫理にはありません。論理的には、です。現実の世界では、もちろんぼくたちはいつも再三にわたって次のような経験をしています。信条倫理に生きる人が突然に千年王国説[*1]の預言者になる。たとえば、たったいまさっきまで「暴力に対して愛を」と説教していた、まさにその人たちが、次の瞬間に暴力を呼びかける。これさえやれば、地上からあらゆる暴力行使がない状態が実現するであろう、最後の暴力だ、というわけです。ドイツの軍人は、攻撃のたびごとに兵士にこう言ってきました。「これが最後だ。この攻撃で勝利がもたらされ、そうすれば平和になる」。これと同じなのです。

信条倫理に生きる人は、この世界の倫理的非合理性に耐えられない。この人は宇宙的・倫理的な「合理主義者」なのです。みなさんのなかでドストエフスキー[*2]を読んだことがある人はいるでしょうか。読んだ人なら、誰でも〔『カラマーゾフの兄弟』の〕大審問官のシーンを思い出すでしょう。この問題が適切に整理されて論じられているシーンです。信条倫理と責任倫理を両立させることはできません。また、たとえこの原理になんらかの譲歩をしたとしても、いかなる目的がいかなる手段を神聖化すべきかについて、倫理的な指示を与えることもできないのです。

*1　「至福千年説」とも言う。キリストの再臨後、最後の審判の前までの一〇〇〇年をキリストが統治するという理想の王国を信じるキリスト教の終末論の一形態。宗教改革期のトマス・ミュンツァーら、再洗礼派など。カール・マンハイム（Karl Mannheim）（一八九三―一九四七年）が一九二九年に書いた『イデオロギーとユートピア』（高橋徹・徳永恂訳、中公クラシックス、二〇〇六年）の第三部「ユートピアの意識」でも考察されている。

*2　フョードル・ドストエフスキー（Fyodor Mikhailovich Dostoevsky）（一八二一―八一年）は、『罪と罰』（一八六六年）、『悪霊』（一八七一年）、『カラマーゾフの兄弟』（一八八〇年）などの作品で知られるロシアの文学者。ウェーバーの蔵書の『カラマーゾフの兄弟』には、赤鉛筆で多くの線が引かれている。特に第二部第五編第五章「大審問官」は、責任倫理と信条倫理をめぐるウェーバーの考察に大きな影響を与えた。

［暴力の宗教社会学］

［74］ぼくの同僚にF・W・フェルスター[*1]がいます。その信条の純粋さから個人的に彼のことを尊敬していますが、もちろん政治家としては無条件にだめです。彼の著作に書かれて

いますが、善からは善だけが、悪からは悪だけが出てくる、というシンプルなテーゼによって、フェルスターはこの困難を回避できると信じています。もしもそのとおりなら、こうした問題はまったく存在しないことになります。しかし、それにしても、ウパニシャッド[*2]から二五〇〇年も経って、このような命題が世に出ることができてしまった、というのは驚きです。世界史の経過の全体が物語っているのは、もちろんその反対のことです。そして、それだけでなく、日常の経験を率直に検討してみても、それはわかります。

そうした反対の事態〔善からは善だけが、悪からは悪だけが出てくるわけではない〕が真であるということに基づいて、地上のあらゆる宗教は発展してきたわけです。神義論[*3]の原初の問題は、もちろん次の問いです。全能にして、同時に慈悲深いとされているその力が、不当な苦悩、罰せられることなき不正、どうしようもない愚鈍さという非合理な世界を創ることができてしまったというのは、いったいどういうわけなのか。この力は、一方〔全能だが慈悲深くない〕か、他方〔慈悲深いが全能ではない〕か。あるいは、まったく別の均衡と応報の原理が人生を支配しているとして、それはぼくたちが形而上学的に解明できるものか、あるいは人間の解明から永遠に逃れているものか。この問題、つまり世界の非合理性の経験は、もちろんあらゆる宗教の発展の原動力でした。インドのカルマ説、ペルシアの二元論、原罪、予定説、隠された神[*4]、これらはみな、この同じ経験から生まれてきたのです。

世界〔現世〕はデーモンによって支配されていること。政治に関わる、つまり手段としての権力と暴力に関与する者は悪魔的な力と契約を結ぶのだということ。そして、善からは善だけが、悪からは悪だけが出てくるというのは、政治に関わる者の行為にとって真実ではなく、むしろしばしばその反対が真実だということ。古代のキリスト教徒にも、こうしたことはよく知られていました。こんなこともわからない人は、政治的にはお子さまにすぎません。

＊1 「仕事としての学問」28段落の訳註＊1を参照。
＊2 「仕事としての学問」38段落の訳註＊5を参照。
＊3 ライプニッツ（Gottfried Wilhelm Leibniz）（一六四六―一七一六年）の造語。「弁神論」とも言う。この世にはありとあらゆる悪が存在する。それにもかかわらず神の善を弁護しようとする議論のこと。命名はライプニッツではあるが、正しい人がなぜ苦難を味わわなければならないのか、という問いは、旧約聖書『ヨブ記』をはじめとして、広く知られていた。ウェーバーは、この問題を彼の比較宗教社会学の中心に据えている。論理的に首尾一貫して展開された神義論として、インドの業（カルマ）の教説、ゾロアスター教的な善悪二元論、そしてカルヴィニズムの予定説を彼は挙げている（MWG I/19, S. 95＝『宗教社会学論選』四八―四九頁）。
＊4 「隠された神（Deus absconditus）」は、旧約聖書『イザヤ書』四五・一五に由来する。一五一七年に「九五箇条の提題」で宗教改革を開始したマルティン・ルター（Martin Luther）（一四八三―一五四六年）によって強調された。クザーヌス（Nicolaus Cusanus）（一四〇一―一六四年）、パスカル（Blaise Pascal）（一六二三―一六六二年）らによっても取り上げられている。

[75] ぼくたちは、相互に異なる法則に服する、さまざまな生活秩序に埋め込まれていま

す。宗教倫理は、このような事実とさまざまな仕方で折り合いをつけてきました。古代ギリシアの多神論は、ヘラ[*1]とまったく同じようにアプロディテにも、そしてアポロンと同じくディオニュソス[*2]にも捧げものをした。そして、こうした神々が争うことはめずらしくないということを知っていたのです。

ヒンドゥー教の生活秩序は、さまざまな仕事（ベルーフ）のそれぞれを、特別な倫理的法則、つまりダルマの対象にしました。さまざまな仕事をカーストに対応して相互に永遠に分離し、その際、さまざまな仕事を確固とした身分のヒエラルキーに組み込みました。このヒエラルキーから逃れることは、ここに生まれた者にとってはありえなかった。ただ、次の人生で生き返ることだけはできました。これによって、さまざまな仕事は最高の宗教的救済から、それぞれ異なった大きさの距離を確保したのです。苦行者〔禁欲者〕やバラモンから詐欺師や娼婦まで、個々それぞれのカーストのダルマがあった。こうして、ダルマを仕事に内在する固有法則性に従って分解することがヒンドゥー教の生活秩序では可能になったのです。そのなかには戦争と政治もありました。

『バガヴァッド・ギーター』[*3]のクリシュナとアルジュナの話し合いを見れば、戦争が生活秩序の全体にすっかり組み込まれているのがわかります。

「「必要なこと」をせよ」〔とクリシュナは言います〕。ここで「必要なこと」というのは、戦士のダルマと規則に従って、義務に忠実に、戦争目的に応じて実務的（ザッハリヒ）に必要なこと、という意味です。つまり「仕事（Werk）」なわけです。この信仰によれば、こうした〔戦士の〕

仕事は宗教的な救済を損なわないどころか、それに奉仕するのです。

英雄が死んだとき、インドの戦士には昔からインドラ[*4]の天国がありました。ゲルマンの戦士にとってのヴァルハラ[*5]とまったく同じです。しかし、ゲルマンの戦士が天使のコーラス付きのキリスト教の天国を軽蔑していたように、インドの戦士はニルヴァーナ〔涅槃〕を軽蔑していたでしょう。

このような倫理の専門分化によってインドの倫理をして可能になったのが、完全に無傷の君主の技法の取り扱いでした。君主の技法の取り扱いは、ただ政治の固有法則性に従い、そのためもちろんこの法則性をラディカルに高めたものでした。一般に理解されていることばの意味での「マキアヴェリズム」は、インドの文献ではカウティリヤ[*6]による『実利論〔アルタシャーストラ〕』（キリスト教よりはるか前、チャンドラグプタの時代と言われている）で古典的な形で主張されています。これに比べたら、マキアヴェッリの『君主論』などは害のないものです。

フェルスター教授がいつもその近くに立っているカトリックの倫理では、よく知られているように「福音的勧告（consilia evangelica）」が聖なる命のカリスマを贈与された者の特別な倫理となっています。ここでは、血を流したり、営利を求めたりすることが許されない修道士がいる。しかし、それだけでなく、それと並んで敬虔な騎士と敬虔なブルジョワもいる。騎士には流血が、ブルジョワには営利追求が許されています。倫理に等級をつけ、そうした倫理を救済論の一つの有機体のなかに割り当てていく。インドほど、このことを整合的に進めたところはありません。しかし、整合性においては劣るとしても、キリスト教的な信仰の前提でも同じことがなされなければならなかったし、またそれが許されてきました。原罪による世界の堕落は、罪と魂を危険に陥れる邪教に対するしつけの手段として、暴力行使を倫理に導入することを容易にしました。しかし、純粋に信条倫理的で無宇宙論的な山上の垂訓の要求や、それを基礎にする絶対的な要求としての宗教的な自然法は、革命的な力を保持したし、社会が動揺する時期にはほとんどいつでも原初的な力強さをもって姿を現しました。

山上の垂訓や宗教的な自然法が生み出したのは、とりわけラディカルな平和主義的セクト〔教派〕でした。そのなかの一つは、ペンシルヴェニアで対外的に非暴力的な国家という実験をしました。クエーカー[*7]です。独立戦争が勃発したとき、クエーカーたちはこの戦争が主張する理念のために、武器をもって参加することができなかった。そのかぎりで、彼らの末路は悲劇となりました。これに対して、ふつうのプロテスタンティズムは、国家に、したがって暴力行使という手段にレジティマシーを付与しました。神的な制度として、絶対的に、です。そして特にレジティマシーをもつお上の支配機関である国家にそうしました。ルターは戦争への倫理的な責任を個人から取り去り、それを支配機関に押しつけました。信仰以外のことで支配機関に従うことは、けっして罪にはなりえなかったのです。カルヴィニズム[*8]は信仰を守るための手段としての暴力を再び原理的に認めました。つまり、イスラームでは当初からその不可欠の要素であった宗教戦争を認めたのです。

こうした政治倫理の問題を投げかけたのは、もっぱらルネサンスの英雄崇拝から生まれた近代の不信仰だと言われることがありますが、そんなことはまったくないのがわかります。結果は本当にさまざまですが、すべての宗教はこの問題と格闘してきました。語られてきたことに基づけば、それ以外ではなかったのです。人間の団体の手には、レジティマシーをもつ暴力行使という特殊な手段が、純粋にそれ自体として握られている。政治の倫理的な問題のすべてに特別なものがありますが、それを規定しているのが、この事実なのです。[*9]

*1　ヘラはギリシア神話に出てくるオリュンポス最高の女神。アプロディテについては、「仕事としての学問」32段落の訳註*4を参照。

*2　ギリシア神話に出てくる異色の神。別名バッカス。激情的・本能的な衝動を体現するとされ、アポロンと対置される。アポロンについては、「仕事としての学問」32段落の訳註*5を参照。

*3　『バガヴァッド・ギーター』は、ヒンドゥー教の聖典。「神の歌」の意。戦意を喪失した王子アルジュナにバガヴァッド（クリシュナ）がヨーガの秘説を説く。

*4　インド神話における英雄神。

*5　北欧神話の最高神オーディンは、自分の館に死んだ勇者を招いた。ヴァルハラとは、戦死者の霊が住むこの宮殿のこと。

*6　カウティリヤ（Kautilya）（前三五〇―二八三年）は、マウリヤ朝の創始者チャンドラグプタ王の宰相で、『実利論』の著者。

*7　クエーカーは、一七世紀半ばのイギリスで生まれたプロテスタントの一派。正式にはフレンド派。集会で霊的経験をして震えることから、この名がつけられた。多数の良心的戦争反対者を生んだ。

＊8　カルヴァン（Jean Calvin）（一五〇九—六四年）に発するプロテスタントの思想。神の絶対性を強調する予定説を一つの特徴とする。『プロテスタンティズムの倫理と資本主義の精神』で、ウェーバーはこの予定説がもたらす「内面的な孤独化」に注目している。

＊9　ヤーコプ・ブルクハルト（Jacob Burckhardt）（一八一八—九七年）の『イタリア・ルネサンスの文化』（一八六〇年）を参照。

［フォロワーの情念と倫理的パラドクス］

［76］目的はなんであれ、こうした〔暴力という〕手段を使って活動する人は誰でも、そしてすべての政治家はそれをしているのですが、〔暴力という手段を用いることにともなう〕特別な結果に翻弄されます。宗教的であれ、革命的であれ、信仰による戦士は特に高い程度においてそうです。

現代のことを例にしても問題ないでしょう。絶対的正義を地上において暴力を使って打ち立てようとする者は、そのためにフォロワー、つまり人間の「装置」を必要とします。この人は、人間の装置に内的・外的なプレミア——天上の〔救済に関わる〕報酬か、地上の〔現世利益に関わる〕報酬か——というニンジンをぶら下げる必要がある。さもなければ、装置は機能しません。

内的なプレミアというのは、現代の階級闘争の条件で憎しみと復讐心を満たすこと、とりわけルサンチマンと似非倫理的な独りよがりの正義感を満たすこと、したがって敵を誹謗中傷し、汚名を着せたい、という欲求を満たすことです。外的なプレミアは、冒険、勝利、戦利品、権力、給料です。こうした装置が機能することに、リーダーの成功は全面的に依存しています。したがって、自分自身のモチベーションではなく、この装置のモチベーションにも依存するのです。赤衛隊[*1]、スパイ、アジテーターといったフォロワーをリーダーは必要とします。こうした人たちに継続的に例のプレミアを提供し続けることができるかどうかに、リーダーの成功はかかっているのです。したがって、リーダーがその活動の条件のもとでなにができるかは、そのリーダーの手には握られていないのです。フォロワーの行為の動機は圧倒的にゲスですが、〔リーダーに〕なにができるかは、こうした動機によって規定されてしまっています。リーダーの人物やなにごとかへの真面目な信念が少なくともフォロワーの一部の心を占めるかぎりで、このようなゲスな動機には歯止めがかけられる。しかし、おそらくこの世ではそれが多数派の心に届くなどということはありません。しかも、それだけではありません。信念が主観的にはどれほど真面目であったとしても、大多数の場合、実のところ、その信念は復讐や権力や戦利品や給料を求める気持ちに対して倫理的に「レジティマシーを付与する」にすぎないのです。これについては誤魔化されないようにしましょう。というのも、唯物論的な歴史解釈も、好きなときに乗り込むことができる辻馬車ではなく、革命の担い手の前で停まってくれるわけではないからです。そうではなくて、こうなります。エモーショナルな革命のあとにやって来るのは、伝統主義的な日常です。信念の英雄は消える。特にその信念自体は消えてしまう。あるいは、〔こちらのほうがいっそう多くの影響をもたらしますが）信念は政治的な俗物やテクノクラートの慣例的な決まり文句の一部になってしまうのです。

こうした展開は信念の闘争の場合に起こり、その展開のスピードは特に速い。なぜなら、信念の闘争は、真のリーダー（革命の預言者）によって行われるか、鼓舞されるかするものだからです。というのも、リーダーの装置はどこでもそうですが、ここでもまた「規律」を貫くために〔魂を〕空虚にし、物象化し、精神をプロレタリアート化する。これが成功の条件の一つだからです。そのため、信仰の戦士だったフォロワーが支配権を握ると、このフォロワーはとりわけ容易に平凡きわまりないサラリーマンに成り下がることになります。

＊1　赤衛隊は、赤軍の前身。ボリシェヴィキの指導のもと、一九一七年に編制された労働者の武装部隊。

［77］そもそも、政治を行おうとする、ましてや政治を〔使命を受けた〕仕事（ベルーフ）として行おうとする者は、いま述べたような倫理的パラドクスと、その圧力のもとで自分自身から生み出されてしまうかもしれないものへの責任を意識しなければなりません。

繰り返します。政治を行う者は、悪魔的な力と関係を結ぶのです。そして、この悪魔的な力は、暴力行為のなかにならどこにでも潜（ひそ）んでいる。ナザレ出身〔イエス・キリスト〕であっても、アッシジ出身〔聖フランチェスコ〕でも、インドの王のお城の生まれ〔仏陀〕でも、無宇宙論的な人間愛と善意の偉大な達人たちは、この政治的手段、つまり暴力を用いて活動することはありませんでした。この達人たちの王国は「この世のもの」ではなかった。それでも、この達人たちはこの世で影響を及ぼしたし、いまでも影響を及ぼしています。プラトン・カラターエフ[*1]やドストエフスキーが描く聖人たちの人物像は、いまなお、こうした達人たちの最も適切な再現です。自分の魂の救済を求め、他者の魂を救うことを求める者は、政治という経路を通じてこれを追求することはありません。政治は、これとはまったく別の課題をもっています。暴力でしか解決できない課題が、それなのです。

政治の守護神ないしデーモンは、愛の神との内的緊張関係のもとで生きています。教会を通じて現れるキリスト教の神とも、そうなのです。そして、その内的緊張は、いつなんどき、どうしても解決できないような対立という形で爆発してもおかしくない。このことは教会支配の時代ですら知られていました。フィレンツェに対して何度も何度も聖務禁止令が出されました。当時としては、カント的倫理判断の（フィヒテのことばを使えば）「冷静な是認」[*2]などよりもはるかに、これは人々とその魂の救済にとってずしりとした圧力でした。しかし、市民たちは教会国家に対して戦った。そして、こうした状況に言及しながら、マキアヴェッリは、ある美しい一節で、自分の魂の救済よりも祖国の都市の偉大さを重んじた市民たちを、彼の英雄の一人に賞賛させています。ぼくが間違っていなければ、『フィレンツェ史』[*3]の一節です。

＊1　トルストイの『戦争と平和』に登場する。ロシアの善良な民衆の典型のような人物。

＊2　フィヒテ「知識学の原理による道徳論の体系」（一七九八年）、高田純・藤澤賢一郎訳、『フィヒテ全集』第九巻（哲書房、二〇〇〇年）、二〇五頁。

＊3　『フィレンツェ史』第三巻七の「八聖人戦争」についての記述を指すと思われる。「わが魂よりもわが祖国を愛す」という表現は、友人フランチェスコ・ヴェットーリ（Francesco Vettori）（一四七四—一五三九年）宛の書簡（一五二七年四月一六日付）に出てくる。

［78］父なる都市や「祖国」といっても、もちろんいまではすべての人にとって一義的な価値があるものではないかもしれません。それなら、これに代えて「社会主義の未来」や、あるいはまた「国際平和」の未来と言ってみても、みなさんはいまのような仕方で、まったく同じ問題を抱え込みます。

政治的な行為は、暴力的な手段を使って、責任倫理的なやり方でなされます。こうした行為によって手に入れようとするならば、すべてのものが「魂の救済」を危うくする。しかし、この「魂の救済」が信仰闘争において純粋なる信条倫理によって追い求められるならば、結果に対する責任が欠如しているので、損害をこうむり、何世代にもわたって信用をなくすことにもなる。というのも、このとき行為者はここで戯れている例の悪魔的な力を意識することがないままだからです。

悪魔的な力は情け容赦がない。そして、この力は行為にも、そして内面的にその人自身にも重大な結果をもたらす。行為者がそれに気づかないと、この人はなす術（すべ）なくその結果に翻弄されてしまいます。

「悪魔は歳をとっている」。この一節で言われているのは、年月や年齢のことではありません。「だから、悪魔を理解するには、おまえたちも歳をとるんだ」[*1]。議論の際に出生証明書の日付で言い負かされるなんて、ぼくもけっして承服しない。〔ここにいるみなさんの〕一人は二〇歳で、ぼくは五〇歳を過ぎている。これは事実です。しかし、このたんなる事実は、結局のところまた、それだけで畏敬の念を抱いて死んでいく業績だなどとぼくに思わせることはありえない。これをなすのは年齢ではありません。そうではなくて、もちろん、生の現実へのまなざしの訓練された冷徹さ、そして生の現実に耐え、それに内面的にもちこたえる能力が、これを成し遂げるのです。

*1 ゲーテ『ファウスト』第二部第二幕六八一七―六八一八行。「仕事としての学問」37段落でも引用されている。

[79] たしかに政治は頭で行われます。しかし、まったく確実なことに、頭だけでもない。本当にそうなのです。この点で、信条倫理に生きる人はまったく正しい。しかし、誰にも指図ができないことがあります。信条倫理に生きる人として行為すべきか、それとも責任倫理に生きる人として行為すべきか。そして、いつ一方をとり、いつ他方をとるべきか。こうしたことについてです。

一つだけ言えることがあります。もし、いまこの（みなさんが思うところでは）「不毛」ではない興奮の時代に[*1]——興奮はそれでも絶対に、いつも真の情熱というわけではありません——、突如として信条倫理に生きる人が大勢で次のようなお決まりの文句を言いまわるとする。「世界は愚かでゲスだ。わたしが、ではない。結果に対する責任は、わたしにあるのではなくて、わたしが尽くしてやった他のやつらにある。その愚かさとゲスさを、わたしが根絶してくれよう」。

そうしたら、ぼくは率直にこう言います。「まず、ぼくはこうした信条倫理の後ろにある内的な重みの程度を問いただし、鑑定する。ぼくが相手をしているのは、十中八九までが〔スカスカで軽薄な〕シュークリームで、この人たちは、自分が担っているものがなにかをリアルに感じることなく、ロマンティックなセンセーションに陶酔している、という印象だ」。こんなやつらに、ぼくは人間的にほとんど関心をもたないし、まったく感動はしません。

それに対して、計り知れなく感動的なのは、次のような場合です。ある成熟した人がいる。高齢か若年かは、どうでもよい。この人は、結果への責任をリアルに、そして全霊をもって感受し、責任倫理的に行為する。こんな人が、ある時点で「他のあり方はできない。わたしはここに立つ[*2]」と言うときです。これは人間的に本物であり、心を打つなにかです。というのも、こうした状況は、もちろんぼくたちの誰にでも、内面的に死んでいなければ、なんらかのときにやって来る可能性があるに違いないからです。そのかぎりで、信条倫理と責任倫理は絶対的な対立ではなく相補関係にあります。これらが合わさって、本物の人間を生み出す。「政治への使命」をもつことができるのは、こうした人なのです。

*1　62段落を参照。

*2　一五二一年、神聖ローマ皇帝カール五世によって招集されたヴォルムスでの帝国議会でルターは教義の撤回を求められたが、これを拒否して次のように述べた。「教皇も公会議も、しばしば間違いを起こし、相互に矛盾してきたことは明らかなので、わたしは教皇と公会議だけを信じるなどということはできない。だから、聖書の証言と明白な理由によって説得されないならば、わたしは自分が挙げた聖書のことばによって、良心において確信し、神のことばにとらわれている。したがって、わたしはなにも取り消すことはできないし、そのつもりもない。良心に反して行動するのは、確実でもないし、得策でもないからである」。こう陳述した上で、ルターは「他のあり方はできない。わたしはここに立つ」と述べたと言われるが、その真偽については論争がある。

［反動の時代］

［80］さて、ご来場のみなさん。一〇年後に、この点について、もう一度、話してみようではありませんか。残念ながらたくさんの理由から、ぼくは危惧せずにはいられません。そのときには、もう反動の時代[*1]が始まっていて、みなさんのうちの多くが、白状すればぼくもですが、望んだり期待したりしたもののうち、ほんの少し、たぶんまったくゼロということはないが、それでも目に見えるところではほんの少しだけしか実現されていないのではない

か。これは、きわめて可能性が高いことです。そして、それを知っても、ぼくは心が折れたりしないでしょう。しかし、もちろん内面的な重荷にはなります。その時点で、ぼくはみなさんのなかで、いま自分を本物の「信条倫理の政治家」だと感じており、この革命という陶酔に参加している人が、ことばのより内面的な意味で、どう「なっている」のかを見てみたいのです。

そのとき、シェイクスピアの『ソネット』一〇二[*2]があてはまるような事態であれば、よいのですが。

そのときは春で、ぼくらの愛は若葉だった
ぼくは毎日、歌で愛を迎えた
夏のはじめに小夜鳴鳥(さよなきどり)が歌うように
そして、夏が秋になろうとすると、鳥は鳴かなくなる

しかし、事態はこうではありません。ぼくたちの前にあるのは、夏の花盛りではなく、凍りついた暗闇と過酷さが支配する極北の夜です。いま外面的にどのグループが勝っても、そうです。というのも、なにもないところでは、カイザーだけでなく、プロレタリアートも権利を失っているからです。この夜は、ゆっくりと明けることでしょう。そのとき、いま見るところでは、こんなにも元気よくその春が咲き乱れている人たちのなかで、誰がまだ生きて

いるでしょうか。そして、みなさん一人一人は、そのとき内面的にどうなっているでしょうか。気難しくなっているか、俗物になる、つまり世界と仕事を簡単に、いい加減に受け入れるか。あるいは、第三の、めずらしくないものとしての神秘的な現世逃避[*3]か。最後のものは、その才能があるか、（しばしば、そして悪いことに）それをモードとして苦しまぎれに身にまとう人のなかで行われます。

いずれの場合でも、ぼくは次のような結論を出すでしょう。この人たちは自分自身の行いに向き合って耐えることがなかったのだ。そして、現実がそうであるような世界にも、そしてその日常にも耐えることができなかったのだ。この人たちは自分では自分に政治への使命があると信じていたが、客観的に、そして事実として、最も内面的な意味では、そんなものはもっていなかったのだ。以上が結論です。

人と人との関係のなかで簡素でシンプルに同胞愛を育（はぐく）み、その他のことでは純粋に実務的（ザッハリヒ）に自分のその日の労働に勤（いそ）しむというのであれば、はるかによかったでしょうに。

＊1　政治における反動とは、進歩的な変革への反作用のこと。『アドルフ』（一八一六年）の著者として知られるバンジャマン・コンスタン（Benjamin Constant）（一七六七―一八三〇年）の『政治的反動論』（一七九七年）は、フランス革命後の状況についての考察である。ウェーバーの講演から半年ほどで、ワイマール憲法が公布される。その一〇年後、一九二九年一〇月にはニューヨークで株価が大暴落したことをきっかけに世界恐慌に陥る。そして、一九三三年、ヒトラーが政権を掌握することになる。

＊2　ウィリアム・シェイクスピア（William Shakespeare）（一五六四―一六一六年）は、『ハムレット』（一六〇〇年）、『オセロ』（一六〇四年）、『リア王』（一六〇五年）、『マクベス』（一六〇六年）などで知られるイギリスの劇作家・詩人。ここで引用されている『ソネット』のドイツ語訳は、シュテファン・ゲオルゲによる（MWG I/17, S. 251）。

＊3　プロテスタンティズム研究で有名になったので、ウェーバーの名前は「禁欲主義」と結びつけられることが多いが、彼は「神秘主義」への理解も深く、この部分でも単純に神秘主義を否定しているわけではない。アーサー・ミッツマン『鉄の檻――マックス・ウェーバー　一つの人間劇』（安藤英治訳、創文社、一九七五年）を参照。

［81］政治というのは、硬い板に力強く、ゆっくりと穴をあけていく作業です。情熱と目測能力を同時にもちながら掘るのです。この世界で何度でも不可能なことに手を伸ばさなかったとしたら、人は可能なことすら成し遂げることはなかった。これはもちろん絶対に正しいし、歴史的な経験はすべてこのことを証明しています。しかし、それをなすことができる人は、導く人でなければならず、またそれだけでなく――とても簡単な意味において――英雄でなければならないのです。

そして、導く人でも英雄でもない人も、あらゆる希望がだめになってももちこたえるハートの強さで、いますぐ武装しなければなりません。さもなければ、今日可能なことすら実現できない。自分の立っているところから見て、自分が世界のために差し出そうとするものに対して、この世界があまりに愚かでゲスだとしても、それで心が折れてしまうことなく、こうしたことすべてに対してすら「それでも」と言うことができる自信のある人だけが、政治への「使命（ベルーフ）」をもっているのです。

訳者あとがき

　本書に訳出したマックス・ウェーバーの二つの講演には、すでに長らく定番となっている文庫版の翻訳があり、それ以外にもいくつもの翻訳が存在している。それにもかかわらず新訳を出すというのは、ずいぶん無駄な努力だと言われてしまうかもしれない。しかし、古典とされる多くの本は、読み手の時代感覚が変わると、その本の現れ方も変わってくる。今回、翻訳した二つの講演についても同じことが言える。

　かつて日本の研究者はウェーバーの著作を熱心に読んできた。彼の著作を手がかりにしながら「ヨーロッパ近代」を把握することが課題だった。自然科学にしても、近代の資本主義にしても、近代法のシステムにしても、そこで生み出された「合理主義」に逃れがたい「普遍性」があるとすれば、それを理解し、それと対峙し、そうして「日本の近代化」について考える必要がある。『プロテスタンティズムの倫理と資本主義の精神』をはじめとする彼の著作は、こうした基本的な問題関心のもとで読まれてきた。

　本書に収録された「学問」講演でも、ウェーバーは「進歩」について論じている。それには宿命的な「重さ」がある。しかしながら、議論されているのは、そうした「進歩」の不可避性（だけ）ではない。むしろ、（生きることの）意味の不確かさ、学問の「基礎づけ」の不可能性、学問的な「思いつき」の不可思議、大学や研究所に就職することができるかどうかの偶然などが論じられている。学問への「使命（ベルーフ）」は、エビデンスで固めることができない心許なさとセットになっている。

似たようなことは「政治」講演にも見て取ることができる。ウェーバーは官僚制の「鉄の檻」について論じたと言われてきた。二〇世紀の初頭は、なんといっても「組織の時代」である。彼はフォード自動車の創業者ヘンリー・フォード（Henry Ford）（一八六三―一九四七年）と同世代でもあった。工場にしても、政党組織にしても、大学の機構にしても、そのあり方は大きく変化しつつあった。ウェーバーは、そうした流れと正面から向き合っている。

しかし、それと同時に、本書で彼が何度も話題にしているのは、選挙権が拡大するなかで、名望家が没落し、政治リーダーの「パーソナル」な要素が強く作用するようになることであり、そうした意味での政治の流動化である。そこでは「理念」ではなく、ポストや利権によって動く「フォロワー」が決定的に重要になる。しかも、彼らはしばしば「憎しみと復讐心を満たすこと、とりわけルサンチマンとエセ倫理的な独りよがりの正義感を満たすこと、したがって敵を誹謗中傷し、汚名を着せたいという欲求を満たすこと」を求め、それによって態度を決める。もちろんウェーバー自身は「ポスト真実（post-truth）」という語を用いているわけではないが、「事実」よりも受け手の感情や好みがより大きな政治的意味をもつような事態は、すでに彼の考察の射程に入っている。

ドナルド・トランプがアメリカ合衆国大統領に選出されたとき、反知性主義のポピュリズムという点で似ているとして、第七代大統領のアンドリュー・ジャクソンが引き合いに出された。ウェーバーが「政治」講演で特に注目するのは、イギリスのバーミンガムから始まった「コーカス・システム」の発展とともに、白人男性の普通選挙権が実現した、いわゆる「ジャクソニアン・デモクラシー」の時代の政治の変容である。大規模で、かつ規律化された「重い」政党組織は、「軽い」風によって動く「世論」に支えられた政治リーダーのパーソナリティへの依存を高めていく。組織化とパーソナル化がともに進んでいくという「官僚制化とカリスマの弁証法」を、彼はこの講演で印象深く描いている。

三〇年ほど前に初めてこの二つの講演を読んだとき、わたしが感じたのは「重さ」だった。逃げようにも逃げられず、壊そうにも壊せない「近代」の宿命を見据えたのがウェーバーという人だ、というのが、そのときの理解だった。しかし、今回、翻訳をしながらそこに感じたのは、むしろ「軽さ」の感覚のほうだった。

そのため、この訳書では「重厚長大」な表現はなるべく避けるようにした。「諸君」、「我々」、「我が国」など、わたしが日頃使わない表現はもちろん使わなかった。ウェーバーの一人称は「ぼく」、(明確な目標を前提にした)チャンスではなく「偶然」、僥倖は「サイコロ賭博」、ザッヘは「なにごとか」、脱魔術化は「魔法が解ける」、猟官は「就職活動」、服従は「言うことを聞く」、追随者は「フォロワー」、ディレッタントとディレッタンティズムは「物好きな素人」と「素人芸」、学者は「研究者」、献身は「コミットメント」と訳した。

なお、これまで定訳とされてきた「職業としての学問」、「職業としての政治」というタイトルを「仕事としての学問」、「仕事としての政治」にした理由については、本書冒頭の「凡例」で述べたとおりである。ドイツ語の"Beruf"には、生計を立てるという「職業」の意味と、神からの「召命」ないし「天職」という意味の両方がある。なにごとか「で(von)」生活するという意味と、なにごとか「のために(für)」生きるという両方の意味を同時に捉えるためには、前者の意味合いが強い「職業」よりも「仕事」ということばのほうが適切であると判断した。

『プロテスタンティズムの倫理と資本主義の精神』の有名な一節で、「ピューリタンは仕事人間(Berufsmensch)たろうとした。ぼくたちは仕事人間たらざるをえない」(MWG I/9, S. 422)とウェーバーは書いている。大塚久雄はこの箇所を「天職人」と訳し、梶山力、安藤英治は「職業人」と訳している。「天職人」とすると「食べていくために働く」という意味合いが弱くなり、「職業人」とすると「使命」の意味合いが薄れてしまう。そして、どちらにしても「ワーカホリック」というニュアンスも消えてしまう。もちろん、長らく定着してきた「職業としての学問」、「職業としての政治」というタイトルの訳語を変えることには多くの批判があることは覚悟している。是非については、読者の判断に委ねたいと思う。

この訳書の下訳を前任校の立命館大学といまの勤務校の成蹊大学のゼミの学生に読んでもらった。いろいろな感想や指摘をもらい、そのいくつかはこの訳書に反映されている。しかし、この本を扱ったゼミでは、あまり話が通じず、かつ議論もうまく展開しないことがしばしばだった。かつてよく読まれた本が次第に読まれなくなるのには、それなりの理由がある。原著者のウェーバーが語りかけている読者は、革命のさなかにいた。そこでは、いずれのイデオロギーも急進化しつつあり、コミューン的な結びつきや「神秘主義」も近くにあった。いま日本でこれを読んでいる若い読者とは大きくかけ離れている。

このため、読むのがしんどくなりそうなあたりで、あるいはあまり駆け足で読み飛ばしてほしくない箇所で、できるだけ押しつけがましくなく、軽く肩を叩くような記述を訳註に盛り込むことにした。ゼミの報告のときに困っている学生にひとこと声をかけるような、そうした間合いと短さを意識した。もう少し勉強してみたい人のための関連文献も、あまり重くならない程度に、日本語のものを中心に少しだけ挿入した。もちろん、そんなものは必要としないという読者は、訳註を飛ばして読んでいただきたい。訳註などはそもそも余計なお節介だし、もともとそんなものは本文にはなかったのだから。また、この訳註は「プロ」の研究者向けではないので、不十分な記述や訳者の個人的な趣味（の悪さ）、あるいは偏（かたよ）りを見つけても、どうかご容赦いただきたい。

二〇一九年は「仕事としての政治」の講演から一〇〇年にあたり、二〇二〇年はマックス・ウェーバー没後一〇〇年ということになる。一〇〇年という時間に特に必然的な意味があるわけではないが、なんらかの回顧をする際に、この翻訳が少しでもお役に立てれば幸いである。それと同時に、圧倒的な「偶然」が支配するこの世界で、「なにごとか」に「使命」を感じ、そして「なにごとか」を「職業」として生計を立てていくというのは、そうした時間的な節目を超越したテーマでもある。学問にしても、政治にしても、あるいはそれ以外の分野にしても、「仕事」について考え、あるいは考えあぐねているときに、本書を手にとってくれる人がいれば、そして本書を読むことでなにかの手がかりを見つけてくれる人がいれば、訳者として大変うれしく思う。

拙い翻訳ではあるが、完成までにたくさんのかたがたに助けていただいた。松本礼二先生、亀嶋庸一先生、水谷仁さん、野口暢子さんには、一部ないし全体を読んで、貴重なコメントをいただいた。深く感謝申し上げたい。ご指摘をいただいたのに、結局、私のこだわりを通してしまったところも多い。誤りや不十分なところについての責任は、もちろんすべてわたし自身にある。

ウェーバーの二つの講演をまとめて新訳を出すという提案をしてくださったのは、講談社の互盛央さんである。この二つの講演のテクストを翻訳することは、子どもの頃の通学路のようによく歩き慣れた道を歩くようなものである、と思っていた。しかし、実際に翻訳を始めると、何度も躓いた。見えていなかったことに気づいて愕然とすることも幾度もあった。互さんにはなんども助けていただいた。もしいくらかでも読みやすい訳文になっているとすれば、彼のおかげである。「職業としての」か、「仕事としての」かの選択も含めて、翻訳している期間に多くのかたがたにさまざまな形でご指摘やご助言をいただいた。そうした会話の一つ一つが、本書のどこかで形になっている。心から感謝したい。

二〇一八年三月二八日

野口雅弘

4月1日　ウェーバー、ミュンヘン大学教授就任
5月14日　ウェーバー、ヴェルサイユ条約反対声明準備のためパリに召集される
5月28日　ウェーバー、連合国側に「教授意見書」提出
6月20日　シャイデマン政権退陣
6月21日　バウアー内閣成立
6月28日　ヴェルサイユ講和条約調印
8月14日　ワイマール憲法公布
11月　ケインズ『平和の経済的帰結』
11月5日　ケルゼン「デモクラシーの本質と価値」講演

1920年

1月10日　国際連盟発足
2月24日　ヒトラー、ミュンヘンのビアホール（ホフブロイハウス）でナチ党（NSDAP）の綱領を発表
3月13日　カップ一揆
3月19日　アメリカ上院、ヴェルサイユ条約批准否決
3月27日　ミューラー内閣成立
6月6日　第1回国会選挙（ワイマール連合敗北）
6月14日　ウェーバー死去（56歳）

1918年

1月8日　ウィルソン「14箇条の平和原則」、下院で演説

3月3日　ブレスト＝リトフスク講和条約締結

初夏　ウェーバーとシュンペーター、ウィーンのカフェでロシア革命について激論

6月13日　ウェーバー「社会主義」講演

11月3日　キール軍港で水兵の反乱

11月8日　バイエルン共和国成立（クルト・アイスナー暫定首相）

11月9日　シャイデマン、共和国を宣言

11月10日　ヴィルヘルム二世が退位、オランダ亡命

11月17日　ウェーバー「ドイツ将来の国家形態」講演

11月20日　ドイツ民主党（DDP）結党

11月23日　アイスナー、開戦関連の文書を公開

12月9〜12日　ウェーバー、内務省で憲法草案起草

1919年

1月　シュミット『政治的ロマン主義』

1月1日　ドイツ共産党（KPD）設立

1月5日　ドイツ労働者党DAP（ナチ党の前身）設立

1月15日　カール・リープクネヒトとローザ・ルクセンブルク暗殺

1月17日　ウェーバー「「戦争責任」問題について」発表

1月18日　パリ講和会議開始

1月19日　ドイツ国民議会選挙

1月28日　ウェーバー「仕事としての政治」講演

2月6日　ワイマールで憲法制定国民議会

2月11日　エーベルト大統領就任

2月21日　クルト・アイスナー暗殺

2月25日　ウェーバー「ライヒ大統領」発表

3月29日〜4月2日　ヴェルサイユ講和交渉の準備会議

関連年表

1914年

6月28日　サラエヴォ事件

8月1日　ドイツ、ロシアに宣戦布告

8月2日　ウェーバー、ハイデルベルクの陸軍野戦病院に勤務

8月4日　ドイツ軍のベルギー侵攻、イギリス参戦

8月26～30日　タンネンベルクの戦い

1915年

5月7日　Uボート、英客船ルシタニア号撃沈

8月22日　ウェーバーの弟カール戦死

9月5～8日　ツィンマーヴァルト国際社会主義者会議

12月23日　ウェーバー「中間考察」発表

1916年

1月1日　スパルタクス団結成

3月　ウェーバー「潜水艦作戦の強化」（アメリカ参戦のリスクを強調する意見書）提出

11月7日　ウィルソン米大統領僅差で再選

12月5日　ロイド・ジョージ英首相就任

1917年

4月6日　アメリカ参戦

4～6月　ウェーバー「新秩序ドイツの議会と政府」発表

10月25日　ウェーバー「国家社会学の諸問題」講演

11月7日　ロシア10月革命、ウェーバー「仕事としての学問」講演

KODANSHA

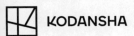

＊本書は、講談社学術文庫のための新訳です。

マックス・ウェーバー（Max Weber）
1864-1920年。西洋近代について考察したドイツの法学者・経済学者・社会学者。比較宗教社会学的な研究，特に『プロテスタンティズムの倫理と資本主義の精神』で有名。

野口雅弘（のぐち　まさひろ）
1969年生まれ。政治学修士（早稲田大学），哲学博士（ボン大学）。現在，成蹊大学教授。専門は政治学・政治思想史。著書に『闘争と文化』，『官僚制批判の論理と心理』ほか。

講談社学術文庫

定価はカバーに表示してあります。

仕事としての学問
仕事としての政治

マックス・ウェーバー

野口雅弘 訳

2018年7月10日　第1刷発行
2021年8月24日　第6刷発行

発行者　鈴木章一
発行所　株式会社講談社
東京都文京区音羽2-12-21 〒112-8001
電話　編集（03）5395-3512
販売（03）5395-4415
業務（03）5395-3615

装　幀　蟹江征治
印　刷　株式会社廣済堂
製　本　株式会社国宝社
本文データ制作　講談社デジタル製作

ISBN978-4-06-512219-8

「講談社学術文庫」の刊行に当たって

これは、学術をポケットに入れることをモットーとして生まれた文庫である。学術は少年の心を養い、成年の心を満たす。その学術がポケットにはいる形で、万人のものになることは、生涯教育をうたう現代の理想である。

こうした考え方は、学術を巨大な城のように見る世間の常識に反するかもしれない。また、一部の人たちからは、学術の権威をおとすものと非難されるかもしれない。しかし、それはいずれも学術の新しい在り方を解しないものといわざるをえない。

学術は、まず魔術への挑戦から始まった。やがて、いわゆる常識をつぎつぎに改めていった。学術の権威は、幾百年、幾千年にわたる、苦しい戦いの成果である。こうしてきずきあげられた城が、一見して近づきがたいものにうつるのは、そのためである。しかし、学術の権威を、その形の上だけで判断してはならない。その生成のあとをかえりみれば、その根は常に人々の生活の中にあった。学術が大きな力たりうるのはそのためであって、生活をはなれた学術は、どこにもない。

開かれた社会といわれる現代にとって、これはまったく自明である。生活と学術との間に、もし距離があるとすれば、何をおいてもこれを埋めねばならない。もしこの距離が形の上の迷信からきているとすれば、その迷信をうち破らねばならぬ。

学術文庫は、内外の迷信を打破し、学術のために新しい天地をひらく意図をもって生まれた。文庫という小さい形と、学術という壮大な城とが、完全に両立するためには、なおいくらかの時を必要とするであろう。しかし、学術をポケットにした社会が、人間の生活にとってより豊かな社会であることは、たしかである。そうした社会の実現のために、文庫の世界に新しいジャンルを加えることができれば幸いである。

一九七六年六月　　　　野間省一

顔を強張らせながらも、できるだけ井澤の目を見て告げる。ここで目を逸らしたら怯えているのが彼にわかってしまう。これ以上、つけ込まれるのはごめんだ。

「本当にいいのかな？　社長はナナちゃんがホステスの仕事をしてること知ってるの？」

井澤が私に近づき、私の耳元で残酷に囁いて口角を上げる。

怖い……。誰でもいいから、助けて！　お願い！

心の中で何度も懇願する。

その時、鈴木さんがエレベーターに向かうためか、打ち合わせスペースの前を横切った。私は彼女に必死に目配せしたが、彼女は横目で私を見ると、面白そうにほくそ笑んでそのまま通り過ぎる。

どうして？　私が困っているとわかったはずなのに、なんでそのまま行っちゃうの⁉　ほかに誰かいないの？　誰でもいいから助けて！

心の中でそう叫びながら誰かいないか探すけれど、タイミングの悪いことに周囲に人はいない。そうなると、ここにはいない専務の顔ばかりが思い浮かぶ。

このまま、こんな男に従うしかないの？

震えながら、私は数歩あとずさる。

「ひと晩でいいんだよ」

井澤が私の両肩をガシッとつかみ、淫靡(いんび)な笑いを浮かべながらゆっくりと告げる。

もう逃げ場がない。井澤が怖かった。自分を軽く見られて悔しかった。

追いつめられた私はどうしていいかわからず、血が滲むほど唇を強く噛みしめる。

その時、前田先生が打ち合わせスペースの前を通りがかり、私は先生に目で『助けて』と合図した。先生は私と井澤の様子を見て瞬時に状況を察したのか、私たちに近づいて井澤の肩を叩いた。

「お取り込み中、すまない。このメガネ、落とされませんでしたか？」

前田先生が微笑みながら、シルバーフレームのメガネを掲げる。

「……いや、それは私のでは……」

井澤が、先生の突然の登場にたじろぐ。

「あっ、失礼。かけてましたね」

前田先生は井澤に向かってニッコリ笑うと、今度は私に声をかける。

「君、田崎(たさき)課長が探していたよ」

田崎課長？

私が驚いて前田先生を見上げると、先生は私に近づき声を潜めて言った。

「ここはいいから、早く行って」

「前田先生……」

私は軽く頷くと、井澤の顔を見ずにエレベーターの前まで走り、ちょうど着いたエレベーターに飛び込んだ。

よかった、助かった。

私は胸を押さえながら息を深く吐く。先生の登場にすごくホッとした。田崎課長なんていないけど、前田先生は機転を利かせて井澤の注意を引き、私を助けてくれたのだ。

エレベーターの中で私は制服のポケットからスマホを取り出すと、何かにすがるように両手でギュッとスマホを握りしめる。

専務に電話して彼の声が聞きたい。でも、専務はまだ飛行機の中だ。

声だけじゃない。専務に会いたい。彼に触れたい。彼にギュッと抱きしめてほしい。そして、この不安をかき消してもらいたい。

お願い……早く帰ってきて！

抱きしめたい［俊ＳＩＤＥ］

飛行機に乗っていても、考えるのは麗奈のこと。

シートを倒して仮眠をとろうと目を閉じても、麗奈の顔が頭に浮かんでくる。井澤がちょっかいを出してこないか心配だった。

会社には杏子もいるし、送り迎えは海里に頼んでいるから大丈夫だとは思うが……妙な胸騒ぎがする。いつもと違って落ち着かない。

自分のことであれば、こんなに心配しないのにな。

麗奈は肝心な時ほど無防備だ。これまでの彼女を見ているからこそ不安になる。何もなければいいんだが……。

予定時刻よりは二十分ほど遅れたが、約十三時間のフライトを終え、飛行機が空港に着陸した。

シートベルト着用サインが消えると、俺はスマホの電源を入れ、メールが来ていないか確認する。すると、気になるメールが二件入っていた。

一件目は麗奈から。メールが届いたのは十分前。

【無事に着きました？】

たった一行。麗奈らしいといえば、麗奈らしい。

今日は何もなかったか。

少しホッとして胸を撫で下ろす。

メールが届くだけマシか。搭乗前に送ったメールの返事も素っ気なかったし。

思わず笑ってしまう。

少しは俺がいなくて寂しいと感じているだろうか？　意地っ張りな彼女。俺のことを恋しがればいい。俺のことをもっと欲しがればいい。ほかのことは何も考えられないくらい、俺のことで頭をいっぱいにして……。

二件目は亮からで、麗奈のメールの数分後に来ていた。

「あいつからなんて珍しいな」

メールを開き、さっと目を通す。

【今日、会社の受付近くの打ち合わせスペースで、メガネをかけた小太りの男が中山さんにしつこく絡んでた。今日は俺が助けたから大丈夫だったが、気をつけろよ】

身体が一瞬にして強張る。

……井澤の奴、やっぱり現れたか。亮がいてくれて助かったが、あいつがいなかったらと思うとゾッとする。

亮は俺が今日から出張でいないことを知らない。あとで亮と杏子に事情を話して、何か対策を練る必要があるな。

チッと舌打ちせずにはいられなかった。

「どうした？　舌打ちなんかして」

須崎が声をかけてくる。

「ジュピターの例の開発部長が、今日うちの会社に現れたらしい。俺たちが海外出張って知ってて現れたんだ。完全に麗奈狙い。厄介だな。お前が専務室に連れてきたからだぞ」

麗奈のことが心配だ。俺と違って、彼女は井澤のことを楽観視してたから、ショックも大きいだろう。

須崎に向かって恨み言を言うと、こいつは顔をしかめながら反論した。

「俺のせいかよ。お前らの事情なんて知らねえぞ」

「責任とってもらおうか」

「はあ？　なんだよ、責任って？」

須崎が片眉を上げる。

「馬車馬のように働いてもらう」

悪魔のように口角を上げて告げると、須崎は眉根を寄せてぼやいた。

「……横暴」

「横暴で結構」

俺がニヤリと笑うと、こいつは不満そうに声をあげた。

「俺って結構、頑張ってるぞ」

須崎の主張に、俺はわざと首を傾げた。

「本当か？　じゃあお前に全権委任して、このまま帰ろうかな？」

「……冗談だろ？」

須崎がギョッとした顔になる。

「半分本気だが」

須崎に向かってフッと笑ってみせると、こいつは困惑した顔で俺を見た。

「おいおい！」

「北米でのスマホ市場の参入は、今が重要だからな。ここで負けたら、北米からは撤退だ。お前の手腕が試されるよ。チンタラやってたら、そのまま置いて帰るぞ」

「お前は高みの見物か？」

「種は蒔いた。いざという時は助けるが、お前の交渉力に期待しているよ。モバイルの展示会で通信事業者の連中に、うちの新機種『エスポワール』を売り込め。俺たちが北米で生き残れるかどうかは、お前にかかってる」

「……持ち上げるようなことを言ってるが、お前は何もしないってことだろうが」

須崎が不満げにポツリと呟く。

「何か言ったか？　もう一度言ったら、帰りの飛行機はエコノミーになるぞ」

俺は口角を上げながら、意地悪く告げる。

図体がデカイこいつにとっては、エコノミークラスは拷問に等しい。

「……げ。それは勘弁」

須崎はギョッとした目になり、顔を歪める。

「俺はモバイルライトの社長と会う。なんなら代わろうか？」

俺は須崎に向かって、からかうように笑う。

『モバイルライト』は北米第一位の通信事業者だ。ここへの売り込みが成功すれば、うちのスマホ事業のグローバル化の足がかりとなるだろう。

俺がニヤリと微笑むと、須崎は苦虫をかみ潰したような顔をしながら俺を見た。

「俺がまだそんなお偉いさんとのパイプを持ってないの知ってるだろ？　俺が行っ

たって会ってもくれないだろうが。性格悪いぞ」

「自覚してるよ。俺は一本電話をかけてから行くから、お前は先に行って、俺のぶんも荷物を受け取っておいてくれ」

須崎と話していても、麗奈のことが気になって仕方がない。

「へいへい」

いつものように須崎は気のない返事をすると、リュックを背負って先に行く。

腕時計を確認すると、時刻は午前十一時を回ったところ。時差が十三時間だから、日本は夜の十二時か。

電話をかけるには遅い時間だが、ちょっと前にメールも来たし、あの井澤に会ったのなら、麗奈はきっとまだ眠れずにいることだろう。スリーコールで出なければ切るか。

麗奈の番号を呼び出して、電話をかける。ワンコールもしないうちに、彼女が電話に出た。

『……はい』

「今、ニューヨークに着いた。そっちは変わりないか？」

井澤の件を知ってて、あえて聞いてみる。

『……はい、特に』

嘘つきだな。声に元気がない。もっと俺を頼ればいいのにな。

「亮からメールが来た。井澤が会社で麗奈に絡んできたんだろ？　どうして嘘をつくんだ？」

俺は責めるような口調ではなく、優しく彼女に尋ねる。

『……言うと、心配すると思って』

マズイと思ったのか、麗奈の声が尻すぼみになる。

「バカだな。俺のことを気にしてどうする？　井澤には何もされなかったか？」

クスッと笑いながらも、麗奈のことが心配で、さらに質問を続ける。

『何も……』

いつもと違って歯切れが悪い。何もなかったわけじゃなさそうだ。

「じゃあ、何か言われたか？」

数秒沈黙したあと、麗奈は言うのをためらいながら、口を開いた。

『……ひと晩つき合ってくれたら……あの仕事のことは黙っておいてやるって……』

麗奈のことを婚約者だと言っておいたのに、彼女をそんな風に脅すなんて……俺も相当ナメられているようだ。

俺がその場にいたら、ぼこぼこに殴っていたかもしれない。

「ＯＫしなかったよな？」

思わず少し厳しい声になる。

『……はい』

麗奈の声に生気がない。いつもなら『もちろんです』とか言って、憤慨しそうなのに。精神的にかなりまいっているのだろう。

「それでいい。何があっても麗奈は奴の要求を呑まないこと。いいな？」

『……はい』

麗奈のそばにいられないのがもどかしい。抱きしめて慰めてやりたいのに……今は触れることさえできない。彼女の顔にも髪にも触れられない。温もりも伝わらない。

「こんな時に出張ですまない」

俺はただ麗奈に謝る。

俺や須崎が長期出張で麗奈は不安になっているだろう。

『……仕事ですから仕方ないです。謝らないでください』

「聞き分けがよすぎるな。本音を言ったほうが、よく眠れるぞ。怖くて眠れないんじゃないか？」

『ちゃんと……ちゃんと、一週間で帰ってきますよね？』

麗奈がためらいながらも、すがるように俺に聞いてくる。こんな彼女は初めてだ。

「帰るよ。だから、うちで待ってろ」

『……大して役に立たないけど、私も出張に同行すればよかった』

麗奈がクスッと笑う声が聞こえたが、なんだか様子がおかしい。

……泣いているのだろうか？

「怖いのか？」

『……怖い。……今日離れ……たばかりなのに……専務に会い……たい』

麗奈がすすり泣きながら、本音を口にする。

俺は麗奈の声をもっと聞きたくて、スマホを握り直して頷いた。

「ああ」

『……そばにいてほしい』

麗奈の言葉に胸が締めつけられそうになる。

なぜ俺は今、麗奈のそばにいてやれないんだろう。今の俺は彼女を抱きしめてやれない。声しかかけてやれない。

麗奈、すまない……。

俺は心の中で謝ると、唇を噛みしめながら頷いた。

「ああ」

『……今、専務はニューヨークなのに、私ってワガママですよね』

麗奈が自嘲ぎみに呟く。

「ワガママじゃない。亮と杏子に事情を説明しておくし、俺も一刻も早く帰れるようにする」

『……無理はしないでください』

「それは麗奈だろ。今日はブランデーでも少し飲んで、ゆっくり寝ること。お酒を置いてある場所はわかるよな？　もし不安だったら、有休をとって休んでもいい」

『甘々上司ですね』

麗奈の声が少し元気になる。

「婚約者だからな」

俺は明るく言いながら、彼女の気をほかに逸らす。

『私はまだ認めてませんよ』

〝まだ〟ね。時間の問題だな。

「帰ったら嫌って言うほど抱きしめるから、覚悟しておけよ」

『そんなの嫌って言うに、決まってるじゃないですか！』

麗奈が電話口で語気を荒らげる。

きっと恥ずかしくて顔を真っ赤にしているに違いない。

「もう言わせないし、もう待たない」

『また勝手なことを言って……ズルい』

近くにいなくても麗奈の表情が手に取るようにわかる。もし俺がそばにいたら、上目遣いに俺を見ているだろう。

「そうやって俺のことだけ考えていればいい。悪夢も見ずに眠れるさ」

『嘘ばっかり』

「嘘じゃない。麗奈？」

電話の向こうにいる麗奈に優しく呼びかける。

『はい？』

「好きだよ」

麗奈にちゃんと伝わるように、自分の想いを込めてゆっくり囁く。〝好き〟という言葉自体、俺の記憶では彼女以外の人間に言ったことはない。

一瞬沈黙したあと、麗奈はためらうような口調で言った。

『……専務、帰ってきたら、今の言葉をもう一度言ってくれますか？』

「何度でも言うよ。その代わり、麗奈ももうプライベートでは、いい加減〝俊〟て呼んでくれないか？　まだ俺のこと、名前で呼べない？　俺っていまだにそんなに信用ないのか？」

俺はすねるような口調で言って、麗奈の心を揺さぶる。

以前も名前で呼ぶように言ったけど、その場の数回だけで、麗奈はいまだに〝専務〟としか呼んでくれない。

だが、そろそろ〝俊〟と呼んでくれるんじゃないだろうか。

『……俊』

麗奈が恥ずかしそうに、俺の名前を口にする。

きっと彼女の顔は、ボッと火がついたように真っ赤になっていることだろう。

可愛すぎて、そばにいたらギュッと抱きしめてたな。麗奈に名前を呼ばれると、なんだか耳に心地いい。

「そう、それでいいよ。また電話する。おやすみ」

『おやすみなさい』

「好きだよ、麗奈」

最後に囁くようにそう言って、俺は名残惜しくも電話を切る。

彼女との繋がりが切れたみたいで寂しくなり、俺は数秒間、じっとスマホの画面を見続けた。

会いたいのは俺も同じだ。

電話を切ったばかりなのに、もっと麗奈の声を聞きたくてたまらない。このまま、また飛行機に飛び乗って帰国したい。

「マジで須崎に任せたくなってきた」

でも、またあいつがぼやくか。できるだけ早く仕事を切り上げて帰国しよう。早く帰って麗奈を安心させてやりたい。そして、彼女を抱きしめて自分も安心したい。

麗奈が悪夢を見ずにぐっすり眠れるよう……心の中で俺はただひたすら願った。

伝えたい想い

俊からの電話を切ったあと、彼に言われた通り、ブランデーを少し飲んですぐにベッドに入った。

一気に飲んだせいか、身体が熱い。目を閉じてまどろんでいると、身体がふわふわしてきた。

そばに俊がいないのに、彼に優しく包まれているような感じがするのはなぜだろう。

俊に守られている……そんな気がする。

俊と電話で話すまでは、ベッドに入っても身体が緊張してて、不安で眠れなかったのに……。

俊の声を聞いただけでホッとした。

爽やか王子だろうが、腹黒王子だろうが……根本的に彼は優しい。今はそれがよくわかる。さっきだって、ニューヨークに着いたばかりなのに、私のことを心配して電話をかけてきてくれたのだ。

俊に『好きだよ』って言われて、胸がドクンと大きく高鳴った。

彼は私に大事なものをくれた。お金でも、宝石でもない。

それは……俊の心。

彼の声には彼の想いが詰まっていた。私の心の中に彼がいる。だから、今の私は強くいられる。あんなスケベ男には絶対に屈しない。夜の仕事だって家族のためにやったことだ。私は負けない。

だから、お願い……。毎日でなくていいから、俊の声を聞かせて。仕事の話でも、軽口でもなんでもいい。あなたをそばに感じたい。

俊が帰国したら私も俊に言いたい。言いたくてたまらない。

「私も……俊が好き……」

いざ口にしてみると、ちょっと恥ずかしい。でも、彼に伝えたい。

早く、早く俊に会って言いたい。溢れるこの想いを。

彼が好き……。

もう隠してはおけない。彼への気持ちを自覚してもあらがっていたけど、素直に認めて告白すべきだ。

俊とは住む世界が違うし、彼が今、私を好きだとしても、愛人がいた父のようにすぐに心変わりすると思ってた。

でも……さっき俊に『好きだよ』と言われて目が覚めた。

たとえ釣り合わなくても、この気持ちは誰にも止められない。それに、将来のことなんて誰にもわからないのだ。未来を怖がっていても仕方がない。

俊は本気で私を好きでいてくれる。私も今のこの想いを大事にしなかったら、きっと一生後悔するだろう。大事なのは今、この瞬間だ。

俊は誰にも譲れない。それくらい彼が好きだ。それくらい彼が欲しい。

早くあなたに会いたい――。

俊が日本を発ってから、ようやく五日目の金曜日。

一分、一秒が長く感じられて、私は気づけばいつも時計を見ている。カレンダーを見て、俊が帰国する日を指折り数えた。

こんなに彼のことで頭がいっぱいになるなんて……彼がかけた魔法の威力はすごい。

俊は有休をとるよう勧めてくれたけど、結局、毎日出勤した。

「今日のお弁当はなんでしょうね？」

美月ちゃんが郵便物を仕分けしていた手を止め、瞳を輝かせる。

「今日も来るとは限らないよ」

私は苦笑した。

ここ数日、お昼休みになると、前田先生が有名店のお弁当を差し入れて、私の様子を見に来てくれる。

「あら、今日もあるわよ。私がリクエストしておいたから」

杏子がフフッと楽しそうに微笑む。

リクエスト？

最近、杏子と先生がやけに親しいと感じるのは、気のせいだろうか？　杏子は頻繁に医務室に行っているようだし、定時後もふたりで一緒に帰っているし……なんだか怪しい。

「こんにちは。今日は料亭『胡蝶（こちょう）』の幕の内弁当だよ」

ノックの音がしたかと思うと、スーツ姿の前田先生が現れて顔をほころばせる。

先生は今日、メガネをかけていた。そう、井澤に絡まれた時に先生が持っていた、あのシルバーフレームのメガネだ。先生はもともと近眼で、コンタクトとメガネを併用しているらしい。

白衣の印象が強かった彼だけど、昼休み中は白衣を脱ぐみたいで、Yシャツにネクタイを締めた姿にもだいぶ慣れてきた。

「すごーい豪華‼　さすが先生」

美月ちゃんが、それはそれは嬉しそうに歓声をあげる。

料亭『胡蝶』って大物政治家とかが利用する高級料亭でしょう？　あそこのお弁当なんて、ひとつで四千円近くするんじゃない？

お弁当代を前田先生に払おうとしても、彼は『美人に囲まれて食事できるんだからいいよ』と笑って、いつもお金を受け取ってくれない。

不意に杏子が前田先生に近づいて何か耳打ちすると、彼はコクリと頷いた。

なんだろう？　ひょっとして私のことかな？

俊から事情を聞いたふたりが、いろいろと気にかけてくれるから、とても心強い。

冗談を言って和ませてくれたり、あまり眠れなかった時は、軽めの入眠剤を処方してくれたり……。

でも、油断は禁物。あと二日で俊は帰ってくるけど、気を引き締めなくちゃ。

和やかで楽しいランチの時間が終わると、前田先生は医務室に戻った。

私たちも仕事モードに戻り、慌ただしく業務をこなしていく。

今日は来客が多くて、秘書室は朝からバタバタしていた。

定時を過ぎても社長の打ち合わせや常務の会議が終わらず、杏子や美月ちゃんは待機状態。

担当幹部を夜の会食場所に送り出すまでは、秘書は帰れない。

私は定時で帰るつもりだったけど、さっき俊からメールで会議の日程調整の依頼が来て、今、ほかの出席者の日程を確認しているところだ。

すると、杏子のデスクの上に置いてあるスマホがブルブルと震えた。

杏子はスマホを手に取って確認すると、すぐに制服のポケットにしまった。

「打ち合わせ長引いてるわね。ちょっと応接室に様子を見に行ってくるわ」

杏子は椅子から立ち上がって、慌ただしく秘書室を出ていく。

「あっ、私も会議室の後片づけしないと！」

やっと常務の会議が終わったのか、美月ちゃんも慌てて席から立ち上がったかと思うと、お盆を持って会議室に向かった。

私も立ち上がって隣の給湯室に向かい、洗い物を片づける。

「今日はもう六時過ぎてるし、さすがにあのスケベ男は現れないわよね」

そう呟いた時だった。

杏子のデスクの内線が鳴る。

私は慌ててタオルで手を拭くと、杏子のデスクに駆け寄り、受話器を取って応対する。

「はい、秘書課中山です」

内線は、俊を狙っている受付の鈴木さんからだった。

前回のこともあるし、彼女と話すのはちょっと苦手だ。

鈴木さんは勘がいいのか、あの翌日、私と顔を合わせると、『ジュピターの方とやけに親密ですね。専務は知ってるんですか？』って、悪意のある笑顔で声を潜めて私に聞いてきた。

先日、私が困っていた様子を見て、彼女はきっと面白がっていたのだ。

『長谷部さんは？』

「今、席を外していますけど」

私は少し警戒しながら、鈴木さんの言葉を待つ。

井澤のことには触れてきませんように。

『そう。三条物産の佐々木常務が見えてます。特別応接室に案内しました。あまり待たせると失礼ですよ』

鈴木さんが、私をバカにしたようにクスッと笑う。

え？　でも、社長は今打ち合わせ中だし、三条物産なんて社長の予定に入ってなかったはずだけど……。

それに、鈴木さんの最後のセリフ。

『待たせると失礼』なんて言われなくてもわかってるわよ。

ちょっとカチンときた。

「わかりました」

とりあえず内線を切って、杏子にメモを残す。

杏子はまだ戻ってこないから、とりあえず私が行って、ひと言声をかけておいたほうがよさそうだ。

秘書室を出てエレベーターに乗り、二十八階で降りて特別応接室のドアをノックする。

「失礼します」

ドアを開け、お辞儀(じぎ)をして顔を上げるが、応接セットの椅子にもソファにも誰も座っていない。

二十畳近くある広い応接室の中に入り、奥に進んで辺りをキョロキョロ見渡すと、ドアの陰に、今一番会いたくないあの男がいた。

「やあ、ナナちゃん」

忘れもしない、気持ち悪いあの男の声。

井澤がニヤリと不気味な笑みを浮かべて、ドアを閉めた。

……やられた。鈴木さんにハメられた！

彼女は、先日、井澤が私にしつこくつきまとうのを見ていたのだから、このスケベ男が三条物産の常務ではないことくらい、知っていたはずだ。

杏子が内線に出たとしても、鈴木さんは何か理由をつけて私を特別応接室に行かせただろう。わざわざ特別応接室に通したのは、重要来客だと私に信じ込ませるため。

ショックだった。同僚にここまで意地悪されるなんて……。

「今日は社長に呼ばれて来たんだよ。接待でね。でも、食事の前におやつを食べるのも悪くない」

社長に呼ばれた？

でも、杏子はそんなことひと言も言っていなかった。井澤のことは俊も私も、杏子に説明しているし、彼が来るなら私に知らせてくれるはずだ。

どういうこと……？

井澤の目はギラついている。

ヘビのような目で舐め回すように見られて、怖くて身体が一気に冷たくなった。

そんな私に、井澤が一歩一歩近づく。

逃げようとしても金縛りにあったかのように、身体が硬直して足が動かない。

このままだとマズイ。

「あっ……あ……」

声までが私の意思に逆らう。

この肝心な時に……どうして声が出ないの！

井澤が私に近づき、私の髪に触れた。

嫌だ、気持ち悪い！

「受付の子、いい同僚だね。社長と会食の約束があるって言ったら、ここに通してくれたよ。『社長はまだ打ち合わせ中ですので、ここでお待ちください』ってね。いつもと違って豪華な部屋だし、社長の打ち合わせが終わるまで楽しもうか」

「い……や……」

私は震えながら頭を振る。

「あの若造の専務には、可愛がってもらってるんだろう？」

ニヤニヤしながら、井澤が私に顔を近づける。

彼の息がかかると、私の全身にザワワッと鳥肌が立った。

「俺とちょっと遊ぶくらい、いいだろう?」

「いや……」

「お前が傷物になったら、あの若造悔しがるかな? それともお前を捨てるかな?」

井澤の卑劣で残忍な言葉に、目の前が真っ暗になる。

俊はまだニューヨークだし、杏子もすぐにメモに気づくとは限らない。

絶体絶命——。

でも、やっぱり頭に浮かぶのは俊の顔で、彼の名を呼ばずにはいられない。

「俊ーっ!!」

私はギュッと目をつぶって、声を限りに叫んだ。

彼女の告白に［俊SIDE］

金曜日の今日、昼過ぎに日本に帰国した俺は、すぐに会社に戻り、杏子から連絡があるまでずっと亮と一緒に医務室にいた。

医務室は隠れるのには最適な場所だ。周辺は人気があまりなくて静かだし、専務室から離れている。

俺は当初の予定より二日早く自分の仕事を切り上げ、そのほかの交渉事などは須崎に一任して帰ってきた。

俺が同席しなくても、須崎ならひとりでやれるだろう。

須崎は須崎で、すぐには帰れない個人的な事情ができた。あいつにとって、俺の命令は好都合だったはずだ。帰国する時は、大きな土産（みやげ）を持ってくるかもしれない。

俺の帰国を知っているのは、ジュピターの社長と親父と杏子と亮の四人だけ。

仕事のめどがついた時点で、杏子に頼んで親父とジュピターの社長と井澤の予定を押さえさせ、井澤をハメることにした。

俺は麗奈にも伝えようとしたが、杏子が『内緒にしておいて、突然現れたほうがドラマティックだわ』と笑いながら言って反対した。

彼女は俺の恋愛を面白がっている節があるが、まあいい。杏子に麗奈のことで協力を仰いだこともあってか、杏子とはだいぶ打ち解けてきた。

杏子の話によれば、受付の鈴木とかいう女性社員が麗奈に悪意を持っているらしい。もし、今日麗奈をハメるような行動をとれば、麗奈に今後危害が及ばないようなんらかの策を講じよう。

受付には、ほかに杏子が可愛がっている後輩がいて、彼女が杏子と密に連絡をとることになっている。

井澤が来るのがわかっていれば、事前に対策を練れる。

ジュピターの社長には、こちらの事情を説明した。

ジュピターの社長が社内調査を行ったところ、井澤は社内のほかの女性にも手を出していたらしい。奴のしっぽをつかんでジュピターの社長に引き渡す。

ただし、無傷で渡せるかどうか、今の俺には保証できない。

「お前も変わったな。惚れた女が心配で、予定を早めて出張から戻ってくるなんてなあ」

亮がマグカップに入れたコーヒーを飲みながら、しみじみと呟く。

確かに変わったと思う。麗奈に会う前はいつも仕事優先で、自分以外の人間を心配するなんてあり得なかった。

でも、今は違う。仕事よりも、自分よりも大事なものができた。

確実に変わったのは、麗奈の父親が亡くなった時だ。自分が麗奈を大事に守らなければ、って思った。

だが、それを改めて亮に言われると、少しムカつく。

俺は目を細めながら、冷ややかに亮を見据える。

「俺のぶんの仕事は完璧に済ませた。誰にも文句は言わせない」

今回のアメリカ出張で、北米最大の通信事業者であるモバイルライトとの提携が決まり、今秋からうちのスマホをアメリカで販売することになった。俺の狙い通りの展開だ。

「……お前って、ハマるとすごいのな。結婚したら、仕事が終わると即行で家に帰りそうだ」

「それもいいかもな」

俺はフッと微笑する。

彼女と接していると、自分の心が満たされる。ひとりでいるより、彼女と一緒にいるほうが自然になってきている。心が温かくなって、自分に余裕ができたような……。

これが……幸せというものなんだろうか。

ほかの誰にも俺たちの邪魔はさせない。麗奈が承諾すれば、すぐに籍だけでも入れるか？

「……今、『婚姻届用意しよう』って思っただろ？　なんか、お前の考えが読めるぞ」

「よくわかったな」

俺が素直に認めると、亮は顔を引きつらせ、若干引いていた。

「お前……怖いわ」

怖くて結構。欲しいものを、ただ素直に手に入れようとしているだけだ。自分の欲求に忠実で何が悪い。

医務室にこもって一時間ほど経っただろうか。杏子から連絡を受け、俺たちは例の応接室に向かった。

ちょうど麗奈が応接室に入った直後のようで、井澤の声が聞こえてくる。

しばらくすると、麗奈が俺の名前を叫んだ。

「俊ーっ!!」

その声に自分の身体が反応し、ドアを蹴破るような勢いで開ける。

視界に飛び込んできたのは、井澤が顔を近づけて麗奈の髪に触れている姿だった。

井澤が俺の顔を見て顔面蒼白になった。

グッグッと血が煮えたぎるような怒りに、感情が支配される。

殺意がみなぎっている今の俺なら、井澤に直接触れなくても、この怒りのオーラだけで奴を瞬殺できる気がする。

それを感じとったのか、亮が苦笑しながら背後からポンと俺の肩に手を置く。

「お前、頼むから殺すなよ。もっとクールになれ」

あんな気持ちの悪い男が麗奈に触れているのに、冷静でいられるか！

「さあ。自信ないね」

俺は井澤をギロッと睨みつけながら冷たく言うと、スタスタと奴のもとまで歩いて、首根っこをつかむ。

「……は、長谷部……専務……これは……その……」

井澤が慌てふためきながら素っ頓狂な声をあげる。

見苦しい男だ。俺の顔を見ながら目を丸くし、言葉を詰まらせる様は、見ていて滑稽だった。

まあ、海外出張中のはずの人間がここにいるんだ。驚きもするだろう。

殴り倒したいのをグッとこらえ、怒りをたぎらせた目で井澤を睨みつける。

奴はそんな俺を前に、恐怖におののいていた。

「まずはその汚い手を離せ」

俺は井澤を、ボールを床に叩きつけるように引き倒すと、井澤はそのまま床に倒れ込む。

少々言葉が乱暴になったが、気にしてはいられない。

井澤が手を床について、上体を起こす。

このまま頭を下げたら、土下座になるな。それでも足りないくらいだが。

「ち、違う！　誤解だ！　この女が誘ってきたんだ！」

井澤が必死に反論する。

往生際の悪い奴。

俺は心の中で毒づくと、刺すような鋭い視線で井澤を見据えた。

「お前、鏡を見たことがあるか？　お前のような小太りの中年男を誰が誘うか！　俺という婚約者がいるのに、彼女がお前を誘うわけがない。それとも、俺の容姿はお前に劣るのか？」

一言一句、はっきり冷酷に告げて井澤を黙らせる。

「それは……」

井澤がわなわなとうろたえながら、俺から視線を逸らす。だが、俺にここまで言われて相当悔しかったのか、奴は唇を噛みしめた。

「もし、今日無事に家に帰れたら、転職先を探すんだな。お前のところの社長もこの件は知っているし、言い逃れはできない」

冷たく言い放つと、奴は一瞬ギョッとし、床にひれ伏すかのようにうなだれる。

本当はこの程度じゃ俺の気は収まらないが、怒りに任せて忘れてはいけない。今一番大事なのは、麗奈の安全だ。

俺は近くでずっと硬直したままだった麗奈の手をつかみ、自分の胸の中に誘った。

いつもは抵抗するはずの彼女が、すんなり俺に従ってギュッと俺のスーツをつかむ。彼女は震えていた。

ずっと怖くてたまらなかったのだろう。早く連れ出さないとマズイな。

「麗奈、もう大丈夫だ」

麗奈をこの腕で力強く抱きしめると、彼女の綺麗な髪を撫でながら、安心させるように彼女の耳元で声をかける。

井澤は亮に任せて、麗奈を早く落ち着ける場所に連れていくか。

「亮、とりあえず警備員を呼んで引き渡してくれ」

「了解。でも、お前……その毒舌すごいな。俺が呆然としたよ」

そばで静観していた亮が苦笑する。

「長谷部専務、待ってください！　誤解です！」

俺が麗奈を連れて応接室を出ようとすると、床に座り込んでいた井澤がすがるような目をして、俺を呼び止めた。

「言い訳はお前のところの社長にでもするんだな。俺たちの前にもう姿を見せるな！」

吐き捨てるように言うと、麗奈の肩を抱きながら応接室を出る。エレベーターに乗って、二十九階で降り、専務室に入ると、彼女をソファに座らせて俺もその横に腰かけた。

「……今度……こそ……ダメだと……」

井澤の姿が見えなくなって安心したのか、麗奈が堰(せき)を切ったように泣きだした。

「ああ」

「怖かっ……た」

俺はズボンのポケットからハンカチを取り出し、麗奈の涙を拭う。

「よく頑張った」

「……俊が戻ってきてくれてよかった。ニューヨークだってわかってたけど……俊のことしか頭に浮かんでこなくて……」

「麗奈が俺の名前を呼ぶの、聞こえたよ」

「……すごく……すごく……会いたかった」

麗奈がそう言って俺に抱きついてくる。

伝わるその感触、その温もり……。これは夢じゃない。

安心したのは俺も同じだ。麗奈にやっと触れられてホッとした。

「俺もずっと会いたかった」

麗奈のほっそりした身体を強く抱きしめる。

「……いつ戻ってきたんですか？」

「今日の午後だ。やっぱり麗奈が心配で、須崎を置いて帰ってきた」

いたずらっぽく笑って、おどけてみせる。

「須崎さんかわいそう」

泣いて目を真っ赤にした麗奈が、顔を上げてクスッと笑う。

「そうでもないさ。須崎は今頃楽しんでるだろうな」

「え？　どういうことですか？」

「須崎の話なんてどうでもいい。今は俺のことだけ考えろ」

「……すでに考えてますけど」

少し声のトーンが落ちた麗奈の頬に、俺は手をやる。

「まだまだ足りない。もっと俺に夢中になれよ」

麗奈の瞳を見つめながら言うと、彼女は半ばヤケになったかのように、語気を強めて言い放った。

「もう夢中になってます！」

彼女の告白に、その場の空気が一瞬固まった。

数秒後には、麗奈がバツの悪そうな顔をするが、俺は彼女の言葉に自然と口元が緩んだ。

やっと、俺への気持ちを認めた。嬉しくて仕方がない。

「あっ……あの……その……あはは」

麗奈が乾いた笑いを浮かべながら、そわそわしだす。なんとか笑ってごまかそうとしているけど、耳まで真っ赤だ。

「ふーん。俺のことを考えていて、俺に夢中ね。それって結局どういうこと？」

麗奈の顔をじっと見つめながら意地悪く微笑み、彼女の髪をひと房つまんで、クルクルともてあそぶ。

「それは……」

麗奈が動揺して言葉に詰まる。

彼女としては失言だったのだろう。だが、ここで逃げられては困る。

「言うまで家に帰さない」

言っても、今日は家には帰さないけどな。

俺はニヤリと口元に笑みを浮かべ、麗奈の瞳を捕らえる。

「えーとですね。つまり……つまりその……。あーっ、やっぱり無理！」

麗奈がブンブンと頭を横に振る。

「無理じゃない。すごく聞きたいんだ。言えよ」

俺は麗奈に顔を近づけると、彼女の耳元で優しく囁く。

すると、彼女は恥ずかしがりながらもようやく観念したように、上目遣いに俺を見ながら、俺への想いを口にした。

「……好きなんです」

麗奈が赤面しながら、小声でボソッと呟く。

そんな彼女が愛おしくてたまらない。だから、今日もつい、いじめてしまう。

「聞こえない。もう一度」

「え？　もう一度？」

『まだ言うの？』と言わんばかりの表情で、目を丸くしながら麗奈が呟く。

「そう。もう一度」

ゆっくり頷きながら妖艶に微笑むと、それを見た麗奈がゴクリと唾を飲む。

数秒の沈黙のあと、彼女は意を決したように口を開いた。

「だから、俊が好きなんです！」

ドアの外にも聞こえそうなくらいの大声で、麗奈が叫ぶ。勢いに任せて言ってしまえば楽だと彼女は思ったのだろう。

どうしよう。可愛すぎて彼女に触れずにはいられない。彼女からの言葉なら毎日でも聞きたい。

「合格」

クスッと麗奈の目を見て満足げに笑って、彼女の頬を両手で挟み、口づける。

柔らかくて甘いその唇。触れるだけで酔いそうになる。止められない。ここが会社というのを忘れそうだ。

帰国したばっかりで、身体の感覚がおかしいのかもしれない。麗奈の気持ちもはっきりしたし、このまま抱いてしまいたい。

　キスを続けながらそんなことを考えていると、突然ドアがノックされて、麗奈が慌てて俺から離れる。

　そして、俺の返事を待たずにドアが開いた。

　そんなことをする相手は、うちの会社にふたりしかいない。須崎と……社長である親父。

　邪魔者め。

　心の中で俺は毒づく。いいところで邪魔されて、俺としては面白くない。

「せっかちな人ですね。返事を待ってから入ったらどうです？」

　素っ気なく言って、俺は冷ややかに親父を見据える。

「まあまあ、そう言うな。麗奈ちゃんが心配だったんだよ」

　親父がニコニコしながら悪びれずに言う。

　親父の後ろにはジュピターの社長がいて、俺と麗奈は慌てて立ち上がる。

　こちらも人のよさそうな笑顔を浮かべているが、この人は親父と同様に隙がなくて、なかなかしたたかだ。

「やあ、久しぶりだね。うちの者が君を怖がらせるような真似をして、本当にすまない」

ジュピターの社長が、麗奈に向かって謝る。

すると彼女は目を見張り、声をあげた。

「……園田さん⁉」

「ナナちゃん。いや、麗奈ちゃん、二度とこんなことにはならないから」

見覚えのある紳士が、私に優しく声をかけてくる。

嘘……。

「園田さんがジュピターの社長ー!?」

思わず叫んでしまった。開いた口が塞がらない。

会社の役員とは聞いていたけど、社長だったなんて……。そういえば、来客リストにあったジュピターの社長の名前……〝園田〟だった。いくら井澤のことがあったからって、全然気づかないなんて、私って……ほんとバカで間抜け。

園田さんってすごく気さくで、〝優しいおじ様〟って感じだったから、もっと顧問とかお気楽そうな役職だと思ってた。

いや、別に顧問の役職を悪く言うわけじゃないけど……。

「聞いたよ。俊君と婚約したそうじゃないか。私も、式には呼んでもらえるのかな？

自称キューピッドの私としては嬉しいよ」

自称キューピッド？ なんのこと？ それに、婚約って……俊は園田さんにまでそんなこと言ってたの？

私が首を傾げると、園田さんは柔らかな笑みを浮かべた。

「実はね、私は君の叔母さんのファンなんだ。叔母さんに会うといつも君の話を聞かされていてね。私も会ってみたくなったんだよ。話してみると気立てのいい子だし、君の窮状を叔母さんから聞いて知ってたから、なんとかしてあげたくなったんだ」

叔母さんのファン？ お店ではいつも私を指名してくれてたから、全然気づかなかった！ 叔母さんが身内の話をするなんて、よっぽど親しいってことだよね。

あっ‼

「ひょっとして……叔母さんのお店に出資してくれたのって園田さんですか？」

「君の叔母さんにはフラれちゃったけど、彼女を支えてあげたくてね。僕には妻も子供もいないし、私の道楽だよ。君のことも娘みたいに思ってるんだ。それに……」

園田さんが、チラリと俊のほうに目をやる。

「俊君も私にとっては息子同然でね。彼は今まで女性に対して冷めた見方しかしていなかったけど、麗奈ちゃんに会ったら、彼も変わるんじゃないかと思ったんだ。タイミングよく俊君もアメリカから帰国したし、俊君にこの店を紹介した。まあ、俊君が君に興味を持つかどうかは賭けだったけどね。麗奈ちゃんは叔母さんの援助を断ったけど、君の叔母さんも僕も、麗奈ちゃんにあの仕事はさせたくなかったんだ」

じゃあ、叔母さんが私に俊の相手をさせたのは、彼とくっつけるのが狙いで？

「私も君の叔母さんも、麗奈ちゃんが結婚して幸せになることを願ってるんだ。私から見て、君たちはお似合いだと思うよ。あと二十歳若ければ、私が立候補したかもしれないな」

ははっと園田さんは笑うと、私に向かって軽くウィンクする。

園田さんは優しいし、今でも相当モテるだろうな。

「麗奈に会わせてくれたことには感謝しますが、彼女は絶対に渡しませんよ」

俊は園田さんを挑戦的な目で見ながらニヤリとすると、社長も園田さんもいるのに私をギュッと抱きしめた。

「ちょ、ちょっと……」

私が小声で抗議するが、俊は離してくれない。

「はは、若いっていいね。このぶんだと来年には孫ができるかな」

「いいね。私もぜひ抱かせてほしいね」

社長と園田さんが顔を見合わせて笑う。

待って、まだ婚約も結婚もしてないのに、どうして孫の話になるの！

「早く孫が欲しいなら、ふたりきりにさせていただけるとありがたいのですが」

俊が礼儀正しい態度をとりながら、いつもの作り笑いをする。

私には『空気読めよ』って悪態をついているように見えるけど。

親にまで作り笑いしなくてもいいのに……じゃなかった!!　ダメ！　ふたりきりにしないで！

さっきまでの甘い空気を思い出す。

もし、社長たちが現れなければ、私……どうなっていたんだろう。ふたりきりになったら、絶対家に帰してもらえない。私……俊が好きだと自覚はしたけど、そこまで心の準備できてないよ。

「まだいいじゃないですか。ゆっくり――」

「ああ、そうだな。麗奈ちゃん、息子のことをよろしく頼むよ」

ふたりを呼び止めようとした私の声は、社長の声に空しくかき消される。

社長が園田さんと和やかに笑いながら、部屋を出ていく。

お願いです！　まだいてください！

「邪魔者はいなくなった。じゃあ、さっきの続きをしようか？」

俊が不敵な笑みを浮かべ、私をソファに座らせ、自分の膝をソファに乗せて私に覆い被さる。

「いえ……それは……まだ早い……」

私がうろたえていると、俊はクスクス声を出して笑った。

「すごくビクついてる。怖いのか？」

俊が面白そうに目を輝かせながら私の唇に触れると、私の心臓は彼に聞こえるんじゃないかっていうくらい、大きく鳴りだした。

「……心の準備が」

「そんなの麗奈の場合は、おばあちゃんになっても『できない』って言うに決まってる。俺も麗奈のことを学習したんだよ」

「でも……」

「『でも』じゃない。もう待たないって電話で言っただろ？」

俊が私を真剣な眼差しで見つめてくる。

「もう待てない。ここじゃ落ち着かないから帰るぞ。これ以上、邪魔が入るのはごめんだ」

……本気だ。

俊は私を抱き起こすと、自分のデスクの横に置いておいた黒いビジネスバッグをつかみ、私の手を握ってそのまま専務室を出る。

私は俊に促されて、秘書室に置いていた自分のバッグを取りに行き、彼に連れられるままタクシーで俊の家へと向かった。

タクシーの中では、俊は私の手をつかんだままずっと無言だった。

こういう時の彼は危険だ。

触れた手から、彼がピリピリしているのが伝わってくる。

井澤の件もあったし、身体がまだ緊張しているのだろうか？　俊にしてみれば私のことが心配で気が気じゃなかっただろう。

マンションに到着し、俊の家の中に入ると、彼はやっと口を開いた。

「シャワー浴びてくる。適当にくつろいでてくれ」

スーツのジャケットを脱いでネクタイを外すと、俊はリビングのソファの上にそれらを無造作に投げる。

そして、私の顔をろくに見ずにバスルームへ向かった。

『適当にくつろいでてくれ』って言われても、狼に食べられそうなのに、くつろげるわけないじゃない。

ソファに腰かけるけど、どうしても落ち着かない。

仕方なく、俊のスーツのジャケットとネクタイを手に取り、彼の寝室のウォークインクローゼットにあるクリーニング行きのボックスに畳んで入れる。

俊は一度袖を通したら、必ずクリーニングに出す。

彼のこんな習慣を知ってるなんて……。なんか私……ほんとに妻みたい。

最近、俊の性格や嗜好、生活習慣がだいぶわかってきた。

完璧な人に見えるけど、俊は鶏肉が嫌いだ。

理由を聞いたら、ある日学校給食で出された鶏の唐揚げに鳥の毛がついていて、鳥が殺されるのをリアルに想像してしまったからだとか。

優しいんだよね。

その話を聞いた時、小さい頃の俊に会いたかったなって思った。きっと頭もよくて、顔も整ってて女の子にモテモテだっただろう。

でも、その一方で、大人の顔色をいつも窺っていたんじゃないだろうか。もう捨てられたくなくて……大人の前ではいい子を演じて……。裏の顔と表の顔をあれだけ上手に使い分けられるのは、子供の頃から仮面をかぶっていたからだと思う。身内にさえ本性を見せないって、前田先生が言っていたし……。

母親に捨てられた心の傷は、想像以上に深いのかもしれない。だとしたら、どうすれば癒やしてあげられるのかな？　私にできる？

リビングに戻ると、ソファに腰かけてじっと俊を待った。

タクシーに乗っていた時の俊は冗談も口にしなかったけど……彼もそれだけ余裕がなかったのだろうか。あまり俊らしくなかった。

「今……勝手に帰ったら絶対怒るよね？　俊が本気で怒ったら、ニコニコ笑いながら無断で私の部屋の解約手続きしちゃいそう」

……怖い。

「それいいな」

物思いにふけっていると、突然俊の声がした。

え？　何がいいの？

後ろから登場した俊に驚いていると、彼が紺色のパジャマを着てタオルで頭をガシガシかきながらフッと微笑した。

こういう男っぽい仕草。弟がやってるの見てて慣れてるはずなのに、俊がやると妙に色気があるというか……。

思わず見惚れてしまう。

「麗奈の部屋の解約……いい案だな」

俊が私の目を見てニヤリとする。

嘘、なんで考えてることがわかったの？　もしかして声に出してた？　マズイ。

「違うの！　そうじゃなくて……」

私はブンブンと首を横に振る。

……これはいつものペースだ。いつもの俊に戻ってる。

俊は私に近づき、身を屈めた。

すると、グリーンティーの爽やかな香りが漂う。俊愛用のシャンプーの香りだ。世界の高級ホテルのアメニティーにも使用されていて、私もこの香りが好きだったりする。

この香りに包まれるとすごくリラックスできるし、ちょっと贅沢な気分になれる。

「ふたつ家があるなんて不便だしな。解約して一緒に住もう」

悪魔が誘惑するように、彼は私の耳元で甘く囁く。その声に背筋がゾクリとした。

そのテノールの甘い声！　どんだけ人を誘惑する武器持ってるんですか。

「だから、同棲は嫌なんですってば！　会社でもそう噂されるのは嫌です！」

リビングに響き渡るくらい大声で叫び、ソファからバッと立ち上がる。

「『同棲は』ねえ」

俊が顎に手を当てながら、そう呟いて企み顔で微笑む。

「あっ、『同居』って言わないでくださいね」

ハッと思い立って私は慌てて先手を打つ。

「わかってるよ」

俊が私の顔を見てニヤリとする。

……なんなの？　この余裕の笑顔。先を読んだつもりなのに……。なんかすごく嫌な予感がするんですけど。

「じゃあ行こうか、俺の寝室」

俊が妖しく微笑んで私の手をつかもうとするが、私はするりと彼から逃げる。

寝室と聞くと……なんか生々しい感じがする。

やっぱりダメだよ！　ダメなものはダメ！

「私もシャワー浴びてきます！」

俊を見ずにそう宣言して、私はバスルームへ向かう。

ひとまず彼から逃げよう。あのまま追い込まれたら、彼の思うツボだ。

ドキドキしながら、たっぷり時間をかけてシャワーを浴びる。それからゆっくり着替えて、いつもは適当なドライヤーも念入りにかけてリビングに戻る。

すると、俊はソファに横になって寝ていた。

「あれ？」

……なんというか、拍子抜け。でも、今日アメリカから帰国したんだもん。そりゃあ疲れてるよね。

日程早めて帰国したし、ろくに睡眠もとってなかったんじゃないだろうか。

無防備な寝顔。

俊の横に腰かけ、人差し指で彼の頬をプニッと押してみるが、起きる様子はない。

「可愛い。この寝顔……ずっと独占したいって思うのは欲張りかな？」

俊の寝顔をどれくらい眺めていたのだろう。緊張が解けてホッとしたのか、瞼がだんだん重くなってきて……私はそのまま意識を手放した。


気がついた時にはベッドの上にいた。

目を開けると薄明かりの中、今度は俊が私をじっと見つめていた。

なんだか妖しい雰囲気。

「今……何時なの？」

目をこすりながら俊に尋ねる。

「深夜一時過ぎだ。お腹空いた」

俊が何を思ったか、カプッと私の耳たぶを甘噛みする。

「キャー‼」

寝ぼけていた頭が一気に目覚めた。

「な、な、何するんですか！」

耳を押さえながら俊に抗議するが、彼は私があたふたしているのを面白そうに見ていた。

「お腹が空いたから麗奈を食べてる」

「私は食べ物じゃありませんよ！」

私の鎖骨をペロリと舐めながら、俊がニヤリとする。

「食べ物だよ。俺だけのな」

彼の熱を直接肌に感じる。

ひょっとして……。

布団をちょっとめくって確認すると、案の定下着姿になっていて……。

いつの間に脱がせたの？　この余裕……憎らしい。

なんで私だけが心臓が壊れそうなほどドキドキしなきゃいけないの！　俊と私じゃあ経験値が違いすぎるよ。私は初めてだけど……俊は絶対、経験豊富なはずだ。

過去の恋人の話を俊から聞いたことはないけど、顔も知らない彼の元カノに私は嫉妬していた。

「俊ばっかりズルい」

少しむくれながらボソッと呟くと、俊はわけがわからないのか首を傾げた。

「何が？」

「だって、俊は私が初めてじゃないでしょう？」

きっと、俊にはこんな私の気持ちなんかわからない。

それなのに俊は私を真摯な瞳で見つめ、こう告げた。

「でも、好きな女を抱くのは初めてだ。だからこんなにドキドキしてるし、この俺が緊張してる」

……緊張？　タクシーの中で無言だったのも、やっぱりそれが原因……？

そんなことを考えていると、俊の胸に抱き寄せられた。

ドク、ドクという彼の心臓の音が聞こえるが、彼が認めるように鼓動が速い。腹黒王子が私相手にこんなに緊張してる。

……なんだろう、この気持ち？

俊が人間らしく思えてなんだか嬉しい。私はそんな彼が……愛おしいんだ。俊をもっと近くで感じたい。彼が欲しくてたまらない。彼しかいらない。この……衝動。

どうしよう……彼に愛されたい。彼に満たされたい。ああ……もう私の負けだ。

「俊……ならいい」

覚悟を決め、俊の目を見て小さく呟く。

すると、彼は甘い微笑みを浮かべた。

「ほかの誰にもやらないけどな」

そう言って私に愛しげに口づける。それが合図だった。

甘美なキスはすぐに深く激しくなり、私たちはその夜、初めて身体を重ねた。

「愛してる」

疲れ果てて意識が遠のく前、俊は確かにそう私の耳元で囁いた。

彼の言葉に胸がキュンとなって、「私も」って微笑みながら彼に向かって呟いたような気がする。

そのまま、私の身体は幸福感に包まれ、彼の腕の中で私はぐっすり眠った。

朝目覚めて俊と目が合うと、彼がとろけるような笑顔で私にチュッと軽く口づける。

「おはよ」

嬉し、恥ずかし、恋人の時間。彼の素の笑顔を独占できるのは、私だけの特権だ。

情熱的な夜から一週間後の朝のこと、俊が朝食を食べ終わると、テーブルの上に、とある書類を置いた。

テレビドラマでよく見かけるやつだ。

「これはなんですか?」

目を見開きながら、私はその書類を食い入るように見つめた。

「知らないのか?　婚姻届」

ニッコリ笑いながら俊が答える。

この男は……。知らないわけないじゃない。

私が何を聞きたいのか知ってて、こんなこと言うんだからタチが悪い。しかも、時間があまりない朝に見せるなんて……。

「そういう意味じゃなくて、なんでここにあるんですか?」

よく見ると、妻の欄以外は全部記入済み。夫の欄は俊の名前で、証人欄には社長と海里の名前が書いてある。あまりにも用意がよすぎて、私は驚いて目を丸くしながらも呆れた。

今週から北京(ペキン)出張に行っていた社長は、昨日帰国したばかり。タイミング的に、昨日社長に署名してもらったのだろう。

そして、この海里の署名も昨日の夜もらったに違いない。

平日の夜に、海里と三人で食事だなんて言いだすから、おかしいと思ったんだよね。

その流れで私は俊の家に泊まることになったんだけど、海里は『明日の朝、大学に顔を出すから』と言って、学生寮に帰っていった。

すべてはこの瞬間のためのお膳立て。

最近、俊と海里は本当の兄弟なんじゃないかと思えてくる。それくらいふたりは仲がいい。

俊が急に私の手を両手で包み、真剣な表情で告げる。

「お父さんの喪がまだ明けてないが、結婚しよう」

私をまっすぐ見つめるその瞳に揺らぎはない。俊が本気なのはわかる。

「でも……」

早すぎない？

私は戸惑いを隠せない。

だって、俊と恋人になったのはつい最近だ。つき合いだして、すぐに人生を決めるなんて……。

「麗奈は〝でも〟が多すぎだ。悪い癖だな。俺のほかに結婚したい奴でもいるのか？」

「いません！　私には俊だけなのに、いるわけないじゃない！」

「だったら俺の妻になればいいだろ。なんの心配もいらない」

俊が私にペンと印鑑を差し出す。

……なんで印鑑まで？　これ、会社のデスクの中に置いてるやつじゃない。……杏子とも結託してるよね？

俊が秘書室で私のデスクあさるわけないもん。

「……好きって認識したの、最近ですよ。もうちょっとくらい時間くれたって……」

「待てない。それに……」

俊がニヤリと真っ黒な笑みを浮かべる。

うっ、なんか嫌な予感。

「あの夜、避妊しなかったんだよな」

茶目っ気たっぷりの表情で、俊がとんでもないことを口にする。

「嘘……」

私は口を大きく開けたまま絶句した。

初めてで緊張していて、気にする余裕が全然なかった。避妊しなかったってことは、つまり……妊娠の可能性もあるわけで……。赤ちゃんができるかもしれない!!

顔からサーッと血の気が引いていく。

安全日っていつだっけ？　そもそも私の排卵日っていつ？

考えても答えは出てこない。

……だって、今まで知る必要もなかったから。それに……避妊なんて私の頭には全然浮かばなかったよ。

「緊張してたし、余裕なかったんだ。麗奈はピルなんて飲んでないよな？」

全く悪びれずに告白する俊に、私は疑いの眼差しを向けた。

絶対企んでたでしょう？　わざとだよね？　こんなにブラックな笑顔見せるんだもん。

俊は緊張してたかもしれないけど、彼が避妊を忘れるなんて考えられない。

ひょっとして『同棲は嫌』って言ったから、強引に結婚に持ち込もうとしたのだろうか？　だとしたら……本当に腹黒い。

「麗奈、うちに嫁に来い。絶対に後悔させないから。それに、もう麗奈は俺しか愛せないよ」

なんなのよ、その絶対の自信。……確かに俊以外の男性なんて男として見れない。俊が言う通り、彼に出会ってしまった今、ほかの男の人なんて今後も好きになれない気がする。

「俺も麗奈しか愛せない。麗奈を愛してる」

俊が愛おしげに私を見つめ、その想いを熱く口にすると、胸がキュンと高鳴った。

ああ……この甘い顔に言われると私、弱いんだよね。

結婚……。重い二文字。

でも……いずれって思うなら、早いか遅いかの違いか。俊以外の人とは結婚したくない。それは、今はっきり言える。

ああー、もう考えると頭の中ぐちゃぐちゃになりそう。もういいや。俊に抵抗しても、彼には勝てないのだから、逆らうのはやめよう。

「ほかの女の子がいいって言っても、一生離してあげませんよ！」

私がそう言って婚姻届にサインをして捺印すると、俊は私に軽く口づけて満面の笑みを浮かべた。

「望むところだ」

それから、ふたりで一緒に婚姻届を役所に提出すると、俊が嬉しそうに破顔した。

「今日から長谷部麗奈だ。間違えるなよ。それと、子供はあくまでも授かり物だから、今はふたりの時間を楽しもう」

長谷部麗奈……。なんだかまだくすぐったい感じがするけど、そのうち慣れるのかな？

まさかサインした当日に提出するなんて思わなかったけど、入籍して嬉しくて顔が自然とほころぶ。

「はい」

私は幸せを噛みしめながら俊の目を見てゆっくり頷くと、彼は柔らかな笑みを浮かべた。

「じゃあ、会社行こうか」

俊が私の手をつかんで指を絡めて恋人繋(つな)ぎをする。

彼と結婚したんだと思うと、彼の指から伝わってくる温もりに、ジーンと胸が熱くなった。

そして、ふたりで出勤すると専務室の前で杏子と会い、彼女が私たちに向かって心から微笑んだ。

「入籍おめでとう」

「ありがとう」

杏子に礼を言うと、俊と声が被ってしまい、彼と思わず目を合わせて笑ってしまった。

「息もピッタリね」

杏子はそんな私たちを見てクスッと笑みをこぼすと、俊に近づき、小声で何かを伝える。

なんだろう？

不思議に思っていると、なぜか俊と一緒に社長室に通される。社長室にはすでに先客がいた。

「海里に……叔母さん……なんでここにいるの？」

応接セットのソファに海里と叔母がくつろいだ様子で座っていて、私の顔を見て晴れやかに笑う。

私が唖然(あぜん)としていると、横にいた俊がしたり顔で説明する。

「俺が呼んだんだ。今日から俺たち親族だからな」

私が婚姻届に記入する前にみんなに予定させておくなんて……。私がサインするの確信してたんだよね。

ははは、と乾いた笑いが込み上げてくる。

……もう驚きもしない。これが私の旦那様なのだ。

「婚姻届は、さっき無事に提出を済ませました」

俊がみんなに報告すると、この場にいたみんなが笑顔で拍手をして、祝福してくれた。

その後、みんなでランチを近くのホテルで一緒にし、俊とともに会社に戻って午後の打ち合わせのため専務室に行くと、須崎さんがいた。

「須崎さん？」

私は彼の姿を見て驚きの声をあげる。

アメリカから帰国するの今日だったの？　もっと長くなると聞いていたのに。

俊からすでに結婚のことを聞いていたのか、須崎さんに「おめでとう。こいつのお守り（も）をしっかり朝まで頼むわ」とニヤニヤしながら意味ありげに声をかけられる。

「須崎さんたらもう……」

彼の言葉に赤面する。

会社で恥ずかしいことを言わないでください。

でも、それよりも気になったのは須崎さんにべったりくっついている金髪の美女。歳は二十七、八歳くらいに見える。腰まであるストレートの金髪が印象的で、マリンブルーの瞳も魅惑的でとても綺麗。それに、あの真っ赤なルージュの唇……。すごく色気がある。

この女性は誰ですか？

問いかけるように無言で俊を見上げると、彼はすぐに答えてくれた。

「彼女は須崎の恋人のキャット。過去にいろいろあったけど、今回のアメリカ出張で丸く収まったらしい。今日から須崎のアシスタントをやってもらう」

須崎さんの恋人？

私が驚いていると、そんな私の顔を見てキャットさんが妖艶に微笑んだ。

「これからよろしくね」

キャットさんは日本語で挨拶すると、須崎さんの手を引いて専務室を出ていこうとする。

「ほら、隼人。社内を案内してくれるんでしょう？　早く行くわよ」

「……ああ」

キャットさんの勢いに気圧（けお）されぎみの須崎さんは、彼女に引きずられるように専務室を退出する。

その様子を見た私は呆気にとられた。

「あの須崎さんが尻に敷かれてる」

私の言葉に俊がクスッと笑みをこぼす。

「まあ、須崎は図体はデカイが、キャットには弱いんだ。でも、人のことはいいからこっち向けよ、麗奈」

優しく呼びかけられて俊のほうを振り返ると、彼の手には小さな赤い箱が握られていた。

「本当は婚姻届見せる前に渡したかったんだが、サイズがなくて取り寄せた。ちょっと前に宝石店から届いたんだ。サイズは杏子に確認済みだ」

さっき杏子が俊と話してたのって、これのことだったの？

俊はニッコリ微笑んで箱の中に入っていた指輪を取り出すと、私の左手を取り、ゆっくり指輪をはめる。

「俺の大事な奥さんに」

それは、上品な丸みを帯びたプラチナ台の中央にブリリアントカットの一カラットのダイヤと、それを囲むようにメレダイヤが散りばめられた、気品ある美しい指輪。

最近何かこそこそやってると思ったら、こういうことだったのか。

指輪は私の指にピッタリで、私は嬉しくて数十秒間、じっと指輪を眺めた。

すごく綺麗。それに俊は……『大事な奥さん』って言った。

感無量で言葉が出ない。涙が込み上げてきて頬を伝う。

「俊……あ……あり……がとう」

私が声を詰まらせながら、なんとか感謝の言葉を口にすると、俊は私の頬の涙を親指の腹で拭い、そっと私を抱きしめた。

「これからは、ずっと一緒だ」

私の耳元で俊がそっと囁くと、私はコクリと頷く。

幸せすぎて涙が止まらない。

そんな私を見て俊がニヤリとする。

「ああ、言い忘れてたけど、麗奈の社員寮の部屋は、総務の寺沢だっけ？　彼に言って解約させたから」

「え？」

思いがけない俊の言葉に、止まらなかった涙が引っ込む。

今朝入籍したばかりだよ。それに、俊が言い忘れるわけがない。彼は策略家なのだから、絶対タイミングを計っていたはずだ。

しかも、よりによって寺沢君に頼むなんて……容赦ないな。傷口に塩を塗るようなことして……。

数日前ならカンカンに怒っていたところだけど、今はため息ひとつ。

「しょうがない人ですね」

「寮の荷物は今週中にうちに移せばいい。結婚したのに別々に住むなんておかしいだろ？　麗奈の手間を省いてやったんだよ」

俊がニッコリ微笑む。その笑顔に悪びれた様子は全くない。

ええ、そうよね。彼はこういう人よね。

私……さっきまで幸せを実感して泣いてたんだけどな。でも、こんな腹黒王子を好きになってしまったのだから仕方がない。

そういえば、昨日杏子が言ってたっけ。

受付の鈴木さんは私への嫌がらせが俊にバレて会社にいづらくなり、自分から地方の営業所に異動願いを出したって。ロッカーのいたずらも自分だと白状したらしい。でも、私はおそらく陰で俊が関与したんじゃないかって思う。でなきゃ、わざわざ地方の営業所なんて自分から希望しない気がする。

それに、ジュピターの井澤部長は懲戒解雇は免れたけど、どこか地方の工場に飛ばされたらしい。

俊は私が気にすると思っているのか、彼らの話には一切触れてこない。

「せっかくだから、ベッドを新しくするか。もっと快適なものを」

俊が妖しい目をして微笑む。

そんな彼を見てちょっと呆れてしまったけど、私は数秒後にはクスクスと声を出して笑った。

俊が優しいだけの人だったら、彼がただの爽やか王子だったら、私はこんなにも彼のことを好きにならなかったかもしれない。

怒ったり、笑ったリ、ハラハラしたり、ドキドキしたり……。

私の日常は慌ただしいけど、彼といる時は生き生きしていると自分でも思う。それに、私自身が彼とずっと一緒にいたい。

「麗奈？」

俊が不思議そうに私の瞳を覗き込むと、私は彼の肩に手を置いて背伸びをし、彼にチュッと口づけた。

ここが専務室なのにこんなことをしてしまう私は、相当俊に毒されているのかもしれない。

私の突然のキスに驚く俊の顔を見て、内心『してやったり』とほくそ笑んだけど、やはり彼のほうが一枚も二枚も上手（うわて）だった。

「それじゃあ、まだ足りないな」

すぐに気を取り直して悪魔のように微笑むと、俊は私の頭をガシッとつかみ、甘く口づけた。

「愛してるよ、奥さん」

愛おしげに私を見つめ、俊がとろけるような極上の笑顔を私に向ける。

ほらね。こんな顔されたら、もう何も言えない。

私の腹黒王子は最強だ。

番外編

クールビューティの決断［杏子ＳＩＤＥ］

麗奈が兄と結婚してから二ヵ月経った。

彼女は結婚してからすごく幸せそう。でも、私と前田先輩の関係はもうすぐ終わろうとしている。

彼との再会は偶然だったのだろうか？　それとも必然？

会社の医務室で再会した先輩と関係を持つまでに、そんなに時間はかからなかった。

先輩とは小学校から高校まで同じで、兄と同級生だったから面識があった。

特に高校の時は、先輩は兄と同じ部活で仲がよかったので、何度かうちに遊びに来たことがある。家で見かけるうちに、学校でも廊下ですれ違うと、先輩は笑顔で声をかけてくれるようになった。

前田　亮は男としてとても魅力的だ。頭も顔もよくて、包容力もあって……。女の子には誰にでも優しいし、昔からすごくモテていた。

再会を祝って食事をして、雰囲気に流されてそのまま……。

お互いひとり暮らしだけど、会うのはいつも高級ホテルで、お互いの家に行くのは嫌だった。相手のことをよく知って、もっと親密に……そんな関係は望まない。その刹那を楽しめればそれでいい。なんの約束も、なんの束縛もない。

私は恋愛に淡白すぎて、本気で人を好きになれない。特定の恋人を作る気もないし、結婚する気もない。私は自由……だ。

男を変えるサイクルはだいたい三ヵ月。親友の麗奈にそれを話した時は、苦笑された。真面目な彼女には、私の恋愛観は理解できないだろう。

男には執着しない。先輩とも……あともう少しで三ヵ月。

「そろそろ……潮時かな」

先輩も来週から大学病院に戻るみたいだし……別れるにはちょうどいいかもしれない。自分からわざわざ別れを切り出さなくても、離れてしまえばいずれは自然消滅するだろう。

今日は金曜日だから、彼に会うのも多分……今日が最後。

社内郵便で届いた郵便物を開封していると、先輩がお弁当を持って笑顔で現れた。

先輩の豪華な差し入れは週一回になったけど、ジュピターの部長の件が解決したあとも続いていた。

「今日は『レストラン・エスプリ』の米沢(よねざわ)牛ハンバーグ&(アンド)フォアグラ弁当だよ」

先輩は近くにいた麗奈にお弁当が入った紙袋を手渡す。

「キャー、今日もすごい豪華ですね！」

美月が両手を組んで祈るようなポーズをして、歓声をあげる。

私は慌ててデスクの上を片づけ、お茶の準備をしようと椅子から立ち上がる。すると、先輩と一瞬目が合った。

……何か言いたげ。でも、ニコニコ微笑むだけだ。

いまだにつかめない人。

「来週から、この豪華なお弁当ともサヨナラなんですね。前田先生、大学病院に戻られるんですもん」

美月が残念そうに呟く。

「美月ちゃんは俺と離れるよりも、お弁当と離れるほうがつらそうだな」

先輩は声を出して笑いながら美月をからかうと、ほんの一瞬私のほうを横目で見て爆弾発言をした。

「……実は大学病院には戻らず、離島に行くことになったんだ」

離島？　そんなの聞いてない。

急須を持った手が一瞬止まる。

「離島ってどこですか？」

麗奈が秘書室のテーブルの上にお弁当を並べながら、先輩に視線を向ける。

「沖縄の宮古島（みやこじま）。海が綺麗なところだよ」

先輩が目を細めながら、ニッコリ微笑む。

それからランチの間、何を話したのかほとんど覚えていない。

麗奈と美月が後片づけのために席を立つと、先輩が私に耳打ちしてきた。

「今日もいつものところで」

私の目を見てフッと微笑すると、彼は席を立って医務室に行ってしまった。

彼が消えていったドアのほうをじっと見る。

私の返事も聞かないで行っちゃうなんて……ズルい人。それにしても、沖縄の宮古島……遠い。

仕事の合間にネットで宮古島を検索し、観光のサイトをボーッと眺める。

珊瑚（さんご）に覆われた島で、エメラルドグリーンの海がすごく綺麗だ。世界有数のダイビングスポットでもある。沖縄の離島の中ではわりと大きくて、ショッピングセンターも大きな病院もあるし、生活するにもそれほど不便ではなさそうだ。

「ちょっと行くには遠すぎるよね」

専務室に行っていた麗奈がいつの間にか戻ってきて、私のパソコン画面を横目でチラリと見ると、意味ありげな視線を投げてくる。

麗奈には言ってないけど、彼女は私と先輩の関係に気づいているのだろう。

「どんなとこかなって見てただけよ」

私は麗奈の顔を見ながら笑ってごまかす。

『そう、本当にそれだけ』と、自分に言い聞かせる。

「そうかな？　でも杏子、〝心ここにあらず〟って感じだよ。先生行っちゃうと寂しいでしょう？」

寂しい？　私が？　……まさか。

「美月じゃないけど、あのお弁当が食べられなくなるのは寂しいわね」

平静を装って適当な言葉を口にしながら、作り笑いをする。

「……意地っ張りね。それとも……自覚ないだけ？　好きなんでしょう？」

美月が席を外しているせいか、麗奈は珍しく踏み込んでくる。

「兄さんの友人としては好きよ。優しいもの」

でも……兄と同じで、人になかなか本心を見せないけど。

私は麗奈に向かってクスッと笑ってみせる。

「……そういう意味じゃないんだけど。杏子はなんでもクールに考えるけどさ、もっと熱くなってもいいんじゃないかな？」

「熱くね……。あり得ないわね」

そんなの私じゃない。恋愛なんて感情に、心を乱されたくなんかない。

「もう、後悔しても知らないよ」

麗奈が呆れたように言う。

私は後悔なんてしない。別れようと思ってたところなんだから……。

想定外だったのは、彼が沖縄の離島に行くってことだけ。東京にいるはずが沖縄になった。ただそれだけのこと。

結局、別れるのなら関係ない。むしろ、会う機会がなくなって好都合だ。

それから仕事を定時で終わらせ、先輩との待ち合わせ場所である会社の裏のカフェに向かう。カフェの扉を開けて店内を見渡すが、先輩の姿はない。窓際の席に座って、いつものように店員にカプチーノを頼み、彼を待つ。

「ちょっと早く来すぎたかな」

店員が持ってきたカプチーノを飲みながら窓の外を眺めていると、こっちに向かって走ってくる彼の姿が見えた。先輩に向かって手を振ろうとしたが、胸の上で止まった。

女の子が彼を呼び止めたのだ。淡いピンクのカットソーに白のタイトスカート。

……あれは、経理の影山（かげやま）さん。

影山さんが頬を赤くしながら、先輩にブルーの花で統一されたブーケを手渡す。

すると、先輩はいつもの笑顔でブーケを受け取った。

……告白だろうか。

学生時代から見慣れていた、彼のそんな光景。

でも……なんだろう。胸の中がモヤモヤする。

ふたりから目を逸らし、飲んでいたカップの中をじっと見る。

「……疲れてるのかな」

今日の私はおかしい。仕事も全然身が入らなかったし、普段では考えられないケアレスミスを連発して、美月に笑われた。

「杏子、どうした？　ボーッとして」

不意に先輩に声をかけられる。

「あっ、ちょっと考え事をしてただけ」

顔を上げてそう答えると、視界にあのブーケが入ってくる。

「モテる男は大変ね」

ブーケを忌々しげにじっと見つめ、冷ややかに呟く。

「ああ、この花か。俺には似合わないな」

先輩がチラリとブーケに目をやり、困ったように笑う。

その顔が可愛くて、ちょっとムッとしていたのに笑ってしまった。

「そうね。先輩には聴診器がお似合いよ」

「その『先輩』っていうの、いい加減どうにかならないか？」

「だって、先輩は先輩でしょう？」

彼はテーブルの上に置いてあったレシートを慣れた仕草で手に取ると、私に顔を近づけて耳元で囁いた。

「ベッドの中では『亮』なのにな」

先輩の目がいたずらっぽく笑う。

「先輩！」

私は赤面しながらキッと先輩を睨みつけたが、彼は声をあげて笑うばかりで全く反省していない。

素早く支払いを済ませた先輩は、私の手を握って店を出ると、タクシーを呼んだ。

「広尾（ひろお）まで」

タクシーに乗り込むと、先輩が行き先を告げた。

広尾って……まさか。てっきり今日も、いつものホテルだと思ってたのに……どうして？

「たまにはいいだろ、俺の家。明日は土曜だしな」

先輩は私の戸惑いに気づいたのか、私の目をじっと見つめてくる。

来週沖縄に行くのに、どうして？　私は……遠距離恋愛なんて面倒なことは望まない。

「杏子は『今日が最後』って思ってるかもしれないが、俺は違う」

いつになく真剣な眼差し。

ああ……バスケの試合中に見た……あの熱い目と同じだ。

「でも……遠距離なんて……」

先輩らしくない。私たちは気楽な関係だったはずなのに……。

「最近気づいた。俺って意外と執着するんだよ」

先輩が私の手をギュッと握る。

タクシーが先輩のマンションの前で停車すると、彼はカードで支払いを済ませて、私の手をつかんで足早にマンションの中に入る。

閑静な住宅街に佇む、ガラスウォールとブラウンを基調とした外観のオシャレな低層デザイナーズマンション。先輩の家は、パティオ付きの３ＬＤＫの豪華な家だった。

きっと分譲だろうな。沖縄行ってる間はどうするんだろう？

荷物はほとんど梱包済みなのか、玄関前の長い廊下に段ボールの山ができていた。

「先輩……やっぱりホテルのほうがよかったんじゃ……」

「大丈夫。泊まるには問題ないよ」

先輩に手を引かれたままダイニングに通される。

ダイニングテーブルの上には、ラップされた皿が綺麗に並べられていた。

「俺の手料理ってわけにはいかなくてな。ホテルのケータリングを頼んでおいた」

「……準備いいですね。家政婦さんにも、いろいろお願いしたんでしょう？」

先輩の家には週二回家政婦さんがやってきて、掃除や料理をしてくれるらしい。

「ああ。今日は大事な日だからな。いろいろと」

先輩が私に向かってウィンクする。

食事中、先輩は今回の赴任の件を私に説明してくれた。

宮古島で開業している、先輩の尊敬する先生が病気で倒れたため、三年の約束で宮古島に行くことに急遽(きゅうきょ)決めたそうだ。

先生は老齢で、先輩が任期を終えたら後輩を後任に据えるらしい。先輩は以前から地域医療に関心があったみたいで、どれだけ最新医療を導入できるか試してみたい、と彼はその思いを熱く語った。

その瞳はキラキラしていて、ずっと先を見据えている。

先輩がすごく羨ましい。それに引き替え、私はどうだろう。夢とか野心とか……なかったな。ただ親が敷いたレールの上を走ってるだけ……。縁故入社だしね。

「……それでだ」

先輩がコホンと咳払いをして、持っていたナイフとフォークを皿の上に置く。そしてポケットに手を入れ、小さなエメラルドグリーンの箱を取り出して、テーブルの上に置いた。

それを見て、私は驚きで目を見開いた。

……嘘でしょう?

「三年で必ず戻るから待っててほしい」

先輩が真摯な目で私を見つめながら、そう告げる。思いもよらなかった彼のプロポーズに驚いた私は、両手で口を押さえた。

感動で胸が熱くなって、声が出ない。

こんなにも嬉しいなんて……。先輩にプロポーズされて、初めて自分の気持ちに気づいた。

私は……先輩が好き。

今ならわかる。いつも冷めた恋愛しかしてこなかった私だけど、先輩との関係が終わるのを、心の奥底でずっと恐れてた。本当は先輩と、ずっと一緒にいたかった。

先輩は箱を開けて中身を取り出すと、私の目を見て言った。

「俺と結婚してくれ」

箱の中に入っていたのは、小さなブリリアントカットのダイヤが埋め込まれたプラチナのリング。シンプルだけど品があって、婚約指輪っていうよりは、ずっとつけていられるような、結婚指輪に近い。ごてごてしたのは嫌いだし、これは私の好みだ。

先輩が私の左手をつかんで、その指輪をハメる。サイズはピッタリだった。

驚いて先輩の顔を見ると、先輩は得意気に笑った。

「これは男よけだ。いろいろと準備したんだよ。リサーチは万全」

「あっ……」

……そういえば、数日前に麗奈と指輪の話で盛り上がったっけ。その時に好みやサイズも聞かれた……あれはこのための誘導尋問だったのか。

「忙しくても、毎日必ず電話する。だから俺を信じて待っててほしい」

「三年も私なしで我慢できるんですか？」

私はクスッと笑って椅子から立ち上がり、先輩に近づいてキスをした。

彼も熱く応えながら、椅子から立ち上がって私を抱きしめる。

ああ……たまらなく彼が欲しい。もっと愛されたい。この腕を離したくない。私はどんどん貪欲になる。こんな自分は初めてだ。

それから寝室に運ばれて……。

「愛してる」

彼がベッドで初めてその言葉を口にした時、胸がギュッと締めつけられて身体が熱くなり、涙がこぼれた。

先輩の優しい眼差しに、私の心は幸せでいっぱいになった。

土曜日も、日曜日も、私は先輩とずっと一緒に過ごした。

先輩はベッドの中でも、それ以外でも、甘い言葉でずっと愛を囁く。それは、私にとってとても幸せな時間だった。

そして月曜日の朝、先輩とマンションの前でキスをして別れた。先輩は空港へ行き、私はいつものように会社に出勤。

いや……今日の私はいつもと違う。夢を抱いてワクワクしている。

私の左手の薬指につけている指輪が、キラリと光った。

亮が宮古島に行ってから一ヵ月後——。

私は彼が赴任した病院の前に、スーツケースを持って立っていた。

二階建ての鉄筋コンクリートの小さな病院。

入口のドアを開けて中に入り、すぐ右手の受付にいる五十代くらいの女性に「前田先生の知人です」と告げて、中に入れてもらう。

今、時刻は午後二時過ぎ。午前の診療時間が終わったため、今は患者がいない。

診察室のプレートを見つけて、そっとドアを開けると、彼がパソコン画面を見ながらカップ麺をすすっていた。

彼の食生活はどうなっているのだろう。ちょっと心配になる。

彼は私にはまだ気づいていない。

ドキドキしながら彼に声をかけた。

「亮」

「えっ？」

私の声に驚いた亮が私のほうを見て、持っていた箸をポロリと落とす。

彼は信じられないものでも見たかのように、目を見開いた。相当びっくりしたのだろう。

それもそのはず、亮には私が来ることを伝えていなかったのだから。この反応が見たくて、彼にはずっと内緒にしていたのだ。

予想通りの反応に、思わず口元がほころぶ。

「三年なんて待てないわ。会社辞めてきたの。責任とってくれる？」

私が亮の顔を見ながらニッコリ微笑むと、亮は驚きで言葉を詰まらせた。

「や……辞めたってハセべを？」

「そうよ。だから、返品は不可能よ」

私が亮の目を見て頷くと、彼は満面の笑みを浮かべて椅子から立ち上がった。

「もちろん。喜んで」

「今日から亮の健康管理は私がします。それに、看護助手になれるよう勉強もするわ。異論はないわね？」

「仰せのままに」

亮は微笑しながらそう言うと、私を抱きしめて情熱的なキスをする。

私も彼の首に手を回して、彼のキスに応えた。

ああ、やっぱり彼といると安心する。彼のいるところが私のいるべきところだ。彼のいない一ヵ月は、とても寂しかった。

もう亮と離れたくない。ずっと一緒にいたい。

「もう離れないから」

亮の耳元で愛おしげに呟くと、彼は嬉しそうに破顔した。

「ああ。俺たちはずっと一緒だ」

今の私には夢がある。

彼を助けて、彼と一緒に生きていきたい。

そして、彼の温かい眼差しの中で、私も笑っていたい。

特別書き下ろし番外編

彼女に捧げるクリスマスウェディング［俊SIDE］

事の発端は、海里のこのひと言だった。

「俊さん、姉さんと式は挙げないんですか？」

俺のマンションのリビングで、海里とふたりウィスキーを飲んでいると、彼が真剣な眼差しを俺に向けてきた。

麗奈は今、入浴中だ。

彼女と入籍してから、早くも一年半が経とうとしている。街ではクリスマスツリーが飾られ、あちこちでクリスマスソングが流れて、十一月だというのに早くもお祝いムード。

麗奈と結婚してからは、月に二度は海里をうちに呼んで、みんなで食事をすることにしている。海里は俺にとっても大事な義弟だし、彼らの両親が他界した今では、ここが海里の実家だと俺は思っている。

海里は今年の九月に司法試験に見事合格した。大学四年での合格は快挙だが、合格してすぐに弁護士になれるわけではない。これから一年間、司法修習を修了しないと、念願の弁護士になれない。司法試験合格後も海里は勉強三昧らしい。

「お義父さんの喪が明けたし、そろそろ式を挙げなきゃな、って思ってる。麗奈のウェディングドレス姿見たいし」

結婚式のタイミングをいつにしようか、見計らっていたところだった。

「……ですよね」

海里がちょっと困惑した表情で、ウィスキーの入ったグラスを見つめる。

「……どうした？」

「さっき、鍋の片づけしてる時に、姉に『父さんの喪が明けたんだから式を挙げたら？』って言ったんですけど、ニッコリ笑顔で『今すでに幸せだし、あまり興味がないからいいよ』って言ってて……」

「ほんと麗奈は無欲だな。女の子ならウェディングドレスを一度は着たがると思うが」

麗奈があまり乗り気ではないなら、秘密裏に事を進める必要がありそうだ。

「俊さんといて幸せだから、そんな夢見る必要もないのかもしれないけど、やっぱり苦労をかけたぶん、姉さんにはもっと幸せになってもらいたいんですよね。その象徴が結婚式なのに……」

グラスを見つめたまま、海里が残念そうに呟く。

「海里にまで心配かけてすまない。麗奈に必ずウェディングドレスを着せるから、クリスマスは予定があるかもしれないが、その前後の日を空けておいてもらえるかな？　ちょうど杏子たちもクリスマスに休みをとって、こっちに戻ってくるんだ」

「クリスマスに結婚式ですか？」

俺の言葉に驚いたのか、海里が顔を上げる。

「クリスマスっていうイベントに浮かれて、俺が結婚式を企んでるなんて気づかないだろ？　意外だし、いろいろとカモフラージュしやすい。麗奈には内緒だよ。もし、海里がすでに秘密の彼女とのクリスマスの予定を入れてるなら、彼女も一緒に連れてくるといい」

海里が珍しくギョッとした表情になり、口をあんぐりと開ける。まさか俺が気づいているとは思わなかったのだろう。

海里は麗奈の後輩である秘書室の井川さんとつき合っている。出会いのきっかけは、うちで開いたホームパーティーだと思う。海里が井川さんを送っていったし、そこから恋に発展したのだろう。その後もふたりを呼んで食事会を開くと、ふたりが目と目で会話するような場面を何度か見かけた。

数秒の沈黙のあと、俺にはもう隠し通せないと思ったのか、海里は素直に認めた。

「……全く、俊さんには隠し事できませんね。姉さんだってまだ気づいていないのに」

「弟の恋人がまさか自分の同僚だなんて、麗奈は思わないだろうしな」

麗奈は鈍感だし、海里に井川さんを恋人だと紹介されてもピンとこないかもしれない。

「絶対バレないと思ってたんですけど。姉さんにはまだ内緒にしておいてもらえますか？」

「それはいいが、彼女を本気でモノにするつもりなら、関係をオープンにして外堀を埋めたほうがいい」

俺はニヤリと口角を上げ、自分の経験をもとにアドバイスする。

「俊さんて……ほんと手段選ばないですよね。相手が自分のことを好きにならなかったら、その手は使えませんよ」

「自分に振り向かせればいいだけだ」

不敵な笑みを浮かべると、海里は苦笑した。

「簡単に言いますね」

「欲しかったら、全力で奪わないとな」

逃がさないし、ほかの奴にも絶対に渡さない。

実際、総務の寺沢が麗奈に迫った時があったが、俺は彼女を離さなかった。寺沢には同情はしても、悪いことをしたとは思わない。俺が寺沢の立場なら、絶対に引かなかった。俺を見てあっさり引き下がったということは、寺沢の麗奈に対する想いはその程度だったってことだ。

「……ちょっと姉さんに同情しちゃうな。俊さんが相手なら逃げられないですからね」

「俺がそれだけ麗奈を愛してるってことだよ」

麗奈の顔を思い浮かべ、ニッコリ微笑みながら言うと、海里は呆れ顔で俺を見た。

「……ごちそう様です。鍋食べに来たんですけど、のろけ話を聞かされるとは思いませんでした」

「悔しかったら、海里も早く交際をオープンにしろよ」

「そうですね。当てられっぱなしは悔しいですからね」

海里が俺に向かってニッと笑う。

「海里ー、次お風呂入っていいよ。何か楽しい話でもしてた?」

入浴を終えて、グレーの部屋着に着替えた麗奈がバスタオルで頭を拭きながらリビングに現れる。

「俊さんののろけ話を聞かされてたんだよ」

海里が楽しげに麗奈に微笑むと、彼女は目を細めながら、疑わしげに彼の顔を見る。

「嘘！　ふたりで私のことを何か噂してたんでしょう？　ほんと、ふたり仲いいよね」

「本当にのろけ話聞かされてたんだよ。僕は邪魔みたいだから、先にお風呂いただきますね、俊さん」

海里が俺に向かって軽くウィンクすると、ソファから立ち上がって、すぐにバスルームに消えた。

あのウィンクは俺たちの邪魔をしない、って意味もあるけど、結婚式と海里の恋人の話は秘密に、ってことだろう。

「ねえ、海里と何を話してたの？」

麗奈はまだ俺たちの話が気になるのか、今度は俺に聞いてくる。

「それは男同士の秘密だ。麗奈だって、杏子と秘密の話くらいするよな？」

俺はニッコリ微笑んで、麗奈の質問を退ける。

「……そうだけど、気になるじゃない？」

「俺が気になるのは、麗奈のこの濡れた髪だな」

俺の横に座る麗奈の髪をひと房つかんで、話をすり替える。

「ちゃんと乾かさないと風邪ひくって、いつも言ってるのにな」

「うっ……ごめんなさい」

俺の言葉に反論できないのか、麗奈がうつむいて俺から視線を逸らす。彼女が髪の毛をちゃんと乾かさないままでいるのは、いつものことだ。

俺はクスクス笑いながら、バスルームからドライヤーを取ってくると、毎日やっているように麗奈の髪を乾かした。

幸せな日常。でも、やっぱり彼女のためにも、絶対に結婚式は挙げたい。亡くなったお義父さんもきっと喜んでくれるはずだ。

それから杏子に協力してもらい、麗奈に内緒で結婚式の準備をした。

そして、クリスマス当日の今日――。

俺たちは今、チャペルがある軽井沢のホテルにいる。

うちの親父のコネを使って、運よく予約がとれた。表向きは、クリスマスにみんなでスキーをする、ってことになっている。親父たちも、もう到着して別室で休んでいるが、麗奈は何も知らない。

俺たちの部屋は、このホテルで一番広いロイヤルスイート。豪華なソファセットを配した広いリビングに、ふたつのベッドルームがある。リビングの窓からは今日、式を挙げるチャペルが見える。

一時間前までは俺も麗奈もスキーを楽しんでいたが、今はシャワーを浴び終え、午後六時からホテルの部屋で、今日撮影したビデオをソファに座って観始めた。

「俊、海里が美月ちゃんとつき合ってる、って知ってたでしょう?」

ビデオに映っている海里と井川さんの姿を観て、麗奈が責めるような口調で言う。

「まあな」

俺が素直に認めると、麗奈は軽くむくれた。

今回の旅行に、海里は麗奈の同僚の井川さんを連れてきた。突然、井川さんを彼女と紹介され、麗奈はかなり驚いていた。

「教えてくれればよかったのに。杏子もうすうす勘づいてたみたいだし。姉の私が知らないなんて……」

麗奈が俺の顔を見ながら、可愛く口を尖らせる。

「海里は自分でちゃんと紹介したいだろうと思ってな」

麗奈と海里の姉弟(してぃ)は絆が深いから、俺の口から言うより、海里から直接麗奈に伝えたほうがいいと思った。

「……それはわかるけど。じゃあ、『スキーはあまり得意じゃない』って言ってたのは、どこの誰でしたっけ？」

麗奈が俺に恨みがましい視線を向けるが、その顔がどんなに可愛いか、彼女は自覚していない。

要はスキーのことで俺に怒ってて、ただ文句を言いたいだけか。

「バックで滑りながらビデオを撮る人が、苦手だなんておかしいでしょう？　てっきり、私と一緒に初心者コースでゆっくり滑ると思ってたのに……。私がほとんど初心者なの知ってるくせに、なんで中級者コースに連れてったの!?」

麗奈はかなりご立腹らしい。傾斜の急なコースに連れてったのがよほど怖かったか。途中、彼女は『スキー板を外す』って言い張ったけど、結局ボーゲンで下まで滑り切った。

「悪かった。人が少ないし、新雪のほうが気持ちよく滑れるかと思ったんだけどな」

初心者コースは人がごちゃごちゃしてて、ぶつかると危ない。

俺は苦笑しながら麗奈に謝る。

「すごーく怖かったんだからね！　ボーゲンしかできないのに、あんな傾斜の急なところに連れていくんだもん」

「でも、結局滑り切っただろ？　ビデオにだってこんなに可愛く映ってるし。明日はもっとうまくなってるさ」

俺は本心からそう言ったが、麗奈の見解は違った。

「全然可愛くない！　これは無様って言うの！　ああ～、こんな転んだところまで撮らなくても。私の部分は編集で消して」

麗奈は恥ずかしいのか、両手で顔を覆う。

「それは、可愛い麗奈の頼みでも無理だな。永久保存するさ」

俺は楽しげに微笑みながら、麗奈の手を彼女の顔からはがすと、彼女の唇にチュッと軽く口づける。

「キスで機嫌が直ると思ってるでしょ？」

麗奈が可愛い顔で、俺をキッと睨みつける。

「ダメかな？」

麗奈の瞳をじっと見つめながら甘く微笑むと、彼女はまた口を尖らせた。

「ズルいよ」

「自覚してる」

俺の言葉に、麗奈が『仕方ないな』って顔で笑う。

どうやら機嫌が直ったらしい。ああ、どうしようもなく愛おしい。多分、一生麗奈には飽きないだろう。

麗奈の頬に手を当て、今度は深く口づけた。

ほのかに香るいつもと違うシャンプーの香り。シャワーを浴びてほんのりピンクに色づいた肌。

すごくそそられる。ズルいのは麗奈のほうだ。

「……ヤバイ」

キスだけで終わらせられる自信がない。このままソファに押し倒してしまいそうだ。

だが、このまま衝動に駆られて麗奈を抱くことはできない。俺たちにとって、大事なイベントが待っているのだから。

「俊？」

麗奈が不思議そうに、上目遣いに俺の目を見る。

だから、その顔も反則だって何度言えばわかるのだろう。いつもこんなに無自覚なんだから困ったものだ。

「今はこれで我慢しとく」

麗奈をこの腕でギュッと抱きしめ、彼女の髪にキスをすると、タイミングよくドアベルが鳴った。

「夜までお預けだ」

残念そうに笑ってそう言うと、麗奈の手を取ってソファから立ち上がった。

「杏子が食事だって、呼びに来たのかな？」

麗奈が首を傾げながら俺を見る。

「まあ、そんなとこじゃないかな」

言葉を濁してチラッと腕時計に目をやれば、午後六時三十分過ぎ。

麗奈の手をつかんだまま歩いてドアを開けると、みんな揃っていた。

「え？　なんでみんなそんなフォーマルな格好をしてるの？　クリスマスパーティーにでも行くの？　でも、私……ドレスなんて持ってきてないよ」

麗奈が困惑の表情を見せると、海里がクリスマスカラーの真っ赤な包み紙に包装された、大きな箱を彼女に手渡す。

「メリークリスマス、姉さん。とっておきのパーティーがあるから、姉さんも変身しないとね」

海里が麗奈に向かって満面の笑みを浮かべるが、彼女は戸惑いの表情でじっと海里を見つめる。

「海里……？」

「ほら姉さん、開けてみてよ」

海里に促されて、麗奈が包み紙を取ってゆっくり箱を開けると、彼女はハッと息を呑んだ。

「これって……。ひょっとして、みんなグルなの？」

箱の中に入っていたのは、杏子にアドバイスされて知り合いのデザイナーに作らせた、純白のウェディングドレス。

「そのウェディングドレス、俊さんからのプレゼントだよ」

「俊が？」

麗奈がパッと俺のほうを振り向く。

「俺のために着てみせろよ。ウェディングドレス姿の綺麗な麗奈が見たい。見せてくれるよな？」

麗奈に優しく微笑むと、彼女の目がじわじわと潤んでくる。

「俊……ズルすぎ……。ありがとう」

感無量なのか、麗奈はそう呟いてドレスをギュッと抱きしめる。

「ほらほら、ふたりの世界に浸る時間はないわよ。早く着替えて」

紫のドレスを身にまとった杏子が、ニッコリ微笑みながら麗奈の肩に優しく手を置くと、緑のドレスを着た井川さんも麗奈の顔を覗き込んでニコッと笑った。

「麗奈さん、専務がびっくりするくらい綺麗になりましょうね」

「じゃあ、麗奈を借りるわよ、兄さん」

杏子がクルッと俺のほうを振り返ると、俺は口元に笑みを浮かべながら頷いた。

「ああ、よろしく頼む」

杏子と井川さんが麗奈を連れてベッドルームに消えると、亮がニヤニヤしながら俺を見た。

「これは、お前のぶん。お楽しみの最中だったか？」

亮が持っていたタキシードを俺に手渡す。

「うるさい。気づいても海里みたいに何も言わないのが、大人の対応だろ。同じ義弟でもどうしてこんなに違うかな」

俺はギロッと亮をひと睨みする。

亮と杏子も今年の春に結婚して、幸か不幸か俺に新たに義弟ができた。

「まあまあ、ふたりとも。今日はおめでたい日なんですから」

海里が俺たちの間に割って入る。

三人でいるといつもこんな感じだ。

「次は海里の番だ。井川さん、幸せにしてあげろよ」

　話の矛先を海里に向けると、彼はギョッとした表情になったが、すぐに爽やかな笑顔を俺に向けた。

「今日、みんなに恋人として紹介したばかりなのに、気が早いですよ。それに、俺はまだ研修中の身なんですよ。温かい目で見守っててください」

「そんな悠長なこと言ってると、美月ちゃんに逃げられるぞ」

　亮がバシバシ海里の頭を叩く。

「亮さんやめてくださいよ。僕が逃がすわけないじゃありませんか」

　叩かれた痛みをこらえながら言う海里の言葉に、亮の目が丸くなる。

「……海里君、俊に似てきたんじゃないか？」

「そう言っていただけるのは、光栄です」

　海里が口角を上げるが、その笑い方は俺にそっくりで……横にいた俺は引きつり笑いを浮かべた。

　性格は似てると思ってたけど、一緒にいるうちに表情も似てくるものなんだな。

「俊がふたりいるみたいだな」

　ククッと肩を震わせながら亮が笑う。よほど、奴のツボにハマッたらしい。

血は繋がっていないけど、家族になるってこういうことなのかと実感する。

「お前も義弟だし、そのうち俺に似てくるかもな」

俺がそうやり返すと、亮は『それは勘弁』という風に両手を上げて、笑うのをやめた。

それから、シルバーグレーのタキシードに素早く着替えて、麗奈より先にホテルに隣接するチャペルに向かった。

赤と緑のクリスマスカラーのキャンドルで照らされた、真っ赤なバージンロードが目の前に広がる。

参列席には俺の両親と、麗奈の叔母さんの姿があった。

祭壇の近くには、色とりどりの豪華なクリスタルの飾りをつけられた、大きなクリスマスツリーがあって目を引いた。

「うわっ、クリスマスウェディングって初めて出席するけど、華やかで嬉しさ二倍って感じだな」

扉の前で立ち止まってチャペルの中を見ていた亮が、思わず感嘆の声を漏らすが、横にいた俺や海里も、チャペル内の雰囲気に圧倒されていた。

慌ただしく中に入ってきた杏子たちと一緒に、亮と海里も着席する。

神父が現れて結婚式開始の宣言がされると、俺は祭壇までゆっくり歩き、花嫁の登場を待つ。

パイプオルガンの音がしてチャペルの扉が開くと、ジュピターの社長である園田さんの腕に手をかけて、麗奈が現れた。

あまりに綺麗な彼女のウェディングドレス姿に見惚れて、これからの式の段取りを忘れそうになる。

プリンセスラインの綺麗なシルエットのドレスを身にまとい、髪をアップにしてティアラをつけた麗奈は、それはそれは美しかった。手には深紅のバラのブーケを持っていて、ドレスの白とブーケの赤の対比がすごく綺麗で、大人の雰囲気だ。

麗奈は緊張しているのか、かすかに頬をピンクに染めながら、俺のほうにゆっくりと歩いてくる。

「俊君、幸せにな」

おじさんに声をかけられ、俺はゆっくり微笑みながら頷く。

そして、麗奈とふたりで神父のほうを向き、賛美歌の斉唱、神父の聖書の朗読が終わると宣誓が始まった。

「すこやかなる時も、病める時も……」

神父の言葉に俺たちは愛を誓い、指輪を交換した。

そして、いよいよ誓いのキス。

宣誓の時に、声が緊張で震えてガチガチになっている麗奈に、俺はブラックな笑顔で、ある事実を彼女に告げた。

「婚姻届書いてもらう時に、避妊しなかったって話したけど、あれ嘘だから」

「……え？」

俺の言葉に麗奈が目を丸くすると、彼女の頬に手をやり、唖然としている彼女の唇にそっと口づける。

彼女の目はずっと開かれたまま。

そんな麗奈を見て、彼女に出会った頃を思い出す。

麗奈に初めてキスした時も、彼女は驚きで目を見開いていた。

ずいぶん昔のような気がするが、今の彼女は思い出の中の彼女よりさらに美しい。

惚れた欲目だと人に言われるかもしれないが、今後も麗奈以外の女性を見ても、心が揺さぶられることはないだろう。

麗奈から離れると、ようやく俺の言葉の意味を理解したのか、彼女が頬を膨らませて俺を見てきた。

麗奈の怒った表情、全然怖くないんだけどな。

目が輝いて、より一層綺麗に思える俺は、彼女を溺愛しているようだ。

麗奈と腕を組み、バージンロードをゆっくり歩いて退場するが、彼女はまだ怒っているのか、じっと前を見据えたままだ。

そんな麗奈に向かって、俺は素直な感想を口にした。

「麗奈、すごく綺麗だ」

タイミングは計算していたけど、この言葉に嘘はない。

「そ、そんなセリフじゃあごまかされないから」

不意打ちの褒め言葉に、麗奈の頬がポッと赤くなる。

こうなれば、あともうひと押しだ。

「今夜、子供作ろうか?」

麗奈に顔を近づけて彼女の耳元で甘く囁くと、彼女はさらに真っ赤になって、チャペルの扉の前で立ち止まった。

「もう！　こんなところで言わなくてもいいじゃない！」

俺に向き直って、麗奈が小声で抗議する。

そんな彼女の瞳を見つめながら、俺は彼女に優しく笑いかけて許しをこうた。

「すまない。でも、麗奈にベタ惚れなんだ」

「……全く、しょうがない人ですね」

麗奈はため息交じりの声でそう言うと、俺の目を見て微笑む。

愛しい奥さんはどうやら許してくれたらしい。

「愛してる」

麗奈の顎をすくい上げて、リンゴのように赤く綺麗に色づいたその唇にキスをすると、彼女もそっと目を閉じてキスに応える。

そして、麗奈は至福の笑みを浮かべながら告げた。

「私も俊のそんな腹黒なとこ、愛してますよ」

お互い見つめ合い、ふたりでクスクスと声をあげて笑う。

聖なる夜に、俺たちは永遠の愛を誓った。

親しい人たちに祝福され、誰よりも幸せなクリスマス。

俺はこの日を一生忘れないだろう。

ホテルの部屋に戻ると、ホテルの客室係が俺に深紅のバラの花束を届けに来た。花束に添えられたメッセージカードには、【お幸せに】とひと言だけ書かれてある。差出人はわからないが、直感で俺を捨てた母からだと思った。親父が昔言っていたが、母は赤いバラが好きだったらしい。

今の俺には麗奈がいるし、この花束を見ても負の感情に支配されることはもうない。

母を許せるかはわからないけど、存在は認めよう。そう心の中で思った。

次の年のクリスマス、サンタは俺たちに素敵なプレゼントをくれた。それは、三千二百グラムの元気な男の子。

「俊にそっくり。第二の腹黒王子の誕生ね。きっと将来、女の子にモテるんだろうな」

麗奈が赤ん坊を抱きながら、俺に向かっていたずらっぽく微笑む。

「好きな女にだけモテればいいんじゃないか。麗奈が俺を好きになったように」

俺は麗奈に寄り添い、優しく彼女の肩を抱く。

聖なる夜に授かった大切な命。クリスマスは俺たち家族にとって、大事な記念日になるだろう。

HAPPY CHRISTMAS!

愛する妻と愛する息子に、最上級の愛を込めて。

fin

あとがき

　はじめまして、滝井みらんと申します。

　皆様のおかげで二冊目の本『腹黒王子の取扱説明書』が刊行となりました。お手に取っていただけて嬉しいです。

　今回は物語に出てくるエピソードについて、触れてみようと思います。ストーリー自体はもちろんフィクションですが、麗奈がクラブで俊に自分の秘密として、ミシン針で指を縫った話をしましたが、あれは私の体験談です。

　中学生の時、家庭科の先生がすごく怖い先生で、授業中焦ってミシンで自分の指を縫ってしまいました。指の痛みよりも、針が指を貫通するのを目の当たりにしたことのほうが、ショックでした。その一件があってから、家庭科の先生がちょっと優しくなりました。怪我の功名かな？

　また、クラブやキャバクラの世界は、あくまでも想像です。縁がない世界ですが、昔、友人と六本木の交差点で信号待ちをしていると、客引きをしているホストのお兄さんに会いました。普段は客引きとかは無視するのですが、そのお兄さんが「靴、落としましたよ」と言って私に靴を差し出してきて、思わず笑ってしまいました。

その靴は大きくて、どう見てもお兄さんの靴だったんです。結局、そのホストのお兄さんと十五分くらい話したでしょうか。顔も整っていて話し上手なお兄さんでしたが、あいにくお金の持ち合わせがなかったので、お店には行きませんでした。

お兄さん、無料で会話を楽しんじゃってすみません。

この小説の改稿作業を始めた頃、我が家にペットがやってきました。デグーというネズミに似た小動物で、餌をやるとピロリロと電子音のような声で鳴いて、とても可愛いです。私の改稿作業をずっと見守ってくれました。癒やしって大切ですよね。べリーズ文庫を読んで、いつも皆様がハッピーでありますように。

最後に、魅力的なイラストを書いてくださった竹中様、書籍化にあたり、いろいろとご尽力いただいた編集部の額田様、三好様、上野様、そしていつも応援してくださっている読者の皆様、本当にありがとうございました。

またいつかお目にかかれる日が来ることを願って。

滝井みらん

滝井みらん先生への
ファンレターのあて先

〒104-0031
東京都中央区京橋1-3-1
八重洲口大栄ビル７Ｆ
スターツ出版株式会社　書籍編集部　気付

滝井みらん先生

本書へのご意見をお聞かせください

お買い上げいただき、ありがとうございます。
今後の編集の参考にさせていただきますので、
アンケートにお答えいただければ幸いです。

下記URLまたはQRコードから
アンケートページへお入りください。
http://www.berrys-cafe.jp/static/etc/bb

腹黒王子の取扱説明書

2016年1月10日　初版第1刷発行

著　者　滝井みらん
©Milan Takii 2016
発行人　松島 滋
デザイン　hive&co.,ltd.
D T P　説話社
校　正　株式会社　文字工房燦光
編　集　額田百合　三好技知　上野真依（すべて説話社）
発行所　スターツ出版株式会社
〒104-0031
東京都中央区京橋1-3-1　八重洲口大栄ビル7F
TEL　販売部　03-6202-0386（ご注文等に関するお問い合わせ）
URL　http://starts-pub.jp/
印刷所　大日本印刷株式会社

Printed in Japan

乱丁・落丁などの不良品はお取替えいたします。
上記販売部までお問い合わせください。
定価はカバーに記載されています。

ISBN 978-4-8137-0047-0　C0193

ベリーズ文庫 好評の既刊

『甘い誓いのくちづけを』 河野美姫（かわのみき）・著

交際二年になる彼氏に婚約指輪をもらい、幸せな結婚を控えていた瑠花。ところが突然別れを告げられ、その場で泣いてしまう。すると「彼には、君は勿体ないよ」と声がして…。振り向くとそこには、夢のように綺麗な顔をした見知らぬ男性が!?　彼はショックで固まる瑠花の手を取ると、いきなり連れ去って!?

ISBN 978-4-8137-0023-4／定価：本体650円＋税

『常務サマ。この恋、業務違反です』 水守恵蓮（みずもりえれん）・著

エリート常務・航平のいる企業に、秘書として派遣された希望。彼の歴代の秘書達が長続きしない理由を、自らが彼の秘書となり探る。しかし、彼は業務違反どころか、そのルックスと仕事ぶりで女性社員の憧れの的！　立場上、彼とは一線を引くつもりだった希望だけれど、突然彼から告白され!?

ISBN 978-4-8137-0024-1／定価：本体640円＋税

『強引男子にご用心！』 佳月弥生（かげつやよい）・著

潔癖症のため、人との関わりを避けて地味に生きている総務部OLの華子。しかしある日、仕事はデキるのに軟派な営業マン・磯村から「あんた、キスもしたことないだろ」と、いきなりのキス！　絶対許せない！と思っていたのに、その後もやたら構われるうち、彼には触れられても嫌じゃないことに気づき…!?

ISBN 978-4-8137-0025-8／定価：本体650円＋税

『毒舌紳士に攻略されて』 田崎（たさき）くるみ・著

OLのめぐみは同期のイケメン、坂井が苦手。なぜなら彼は紳士なフリして毒舌だから。でも同期会で仲間に絡まれたところを助けられ、毒舌の裏に潜む彼の優しさに気づく。その矢先「彼氏ほしいなら俺にしとけ」発言!?　戸惑いながらも惹かれるめぐみ。このまま彼に攻略されてしまうの!?

ISBN 978-4-8137-0026-5／定価：本体650円＋税

書店店頭にご希望の本がない場合は、書店にてご注文いただけます。

ベリーズ文庫 好評の既刊

『イジワルな旦那様と花嫁修業!?』 有坂芽流（ありさかめる）・著

料理アシスタントの茉莉花は、ひょんなことからイケメンアナ・蓮水が司会をする料理番組に出演。ドSな彼が茉莉花は苦手だが、番組が評判を呼び、週1の番組で『新婚夫婦』を演じることに！　本番前、緊張していると「俺が助けるから」と囁く彼。口は悪いけど、実は優しい彼にドキッとして…!?

ISBN 978-4-8137-0033-3／定価：本体630円＋税

『社内恋愛なんて』 及川 桜（おいかわさくら）・著

大手電子メーカーのOL・みあは、過去の社内恋愛のトラウマから、エリート部長・誠一郎への恋心を封印している。でも部長はみあに急接近！「仕事以外で会いたい」積極的なアタックに戸惑うみあ。ようやく結ばれたふたりは、秘密の恋を続けるけれど、駐車場でのキスが見られ社内にバレて…!?

ISBN 978-4-8137-0034-0／定価：本体640円＋税

『偽フィアンセは次期社長!?』 実花子（みかこ）・著

OLの仁美は手作りアイテムを売るのが趣味。それが、次期社長と噂されるイケメン敏腕上司・松田にバレて「副業でクビになりたくなければ婚約者のフリをしろ」と秘密の契約を結ばされる！　以来、彼は強引にデートに誘ってきたり、突然キスしてきたり…。一体どこまでが芝居なの？

ISBN 978-4-8137-0035-7／定価：本体650円＋税

『秘密の誘惑』 若菜モモ（わかな）・著

外資系商社で働く萌は、姉夫婦のホームパーティーに参加。そこへ現れた青い瞳の男性は、萌の憧れの米国人支社長だった！　動揺のあまり所属部署を隠した萌に「君の部署を探すから、見つけたらデートしよう」と魅惑的に微笑まれドキドキは最高潮。そして突然、彼の秘書となるよう配属通知が届き…!?

ISBN 978-4-8137-0036-4／定価：本体660円＋税

書店店頭にご希望の本がない場合は、書店にてご注文いただけます。

ベリーズ文庫 2016年1月発売

『俺様紳士の恋愛レッスン』 桜 未都(さくらみと)・著

OL・円華は、仕事で知り合った人事コンサルタント・片柳のクールな紳士姿に一目惚れ。しかし偶然出会ったプライベートの彼は、超ドSで俺様だった！「お前は俺の言うことだけ聞いてろ」でもイジワルな彼の内に秘められた、甘い優しさを知って、そのギャップに円華は翻弄され…!?

ISBN 978-4-8137-0045-6／定価：本体650円＋税

『焦れ恋オフィス』 惣領莉沙(そうりょうりさ)・著

建設会社のOL・芽依は、社内一のイケメン同期・夏基に片想い中。同期の中でも特別仲の良い二人だが、モテる彼の恋人になれるわけがないと思い込んでいる芽依。ついに身をひくことを決意し、彼と距離を置き始める。すると夏基から「俺はお前を離したくない」といきなり抱き寄せられて…!?

ISBN 978-4-8137-0046-3／定価：本体660円＋税

『腹黒王子の取扱説明書』 滝井(たきい)みらん・著

ワケあってホステスのバイトをしているOLの麗奈。ある日、社長の息子でアメリカ帰りのイケメン専務・長谷部にそのことがバレてしまう。その途端、優しい王子様風の彼の態度が豹変！挑発的なキスをされ、腹を立てる麗奈だったけど、困った時にいつも助けてくれる彼に、次第に心揺さぶられていき…？

ISBN 978-4-8137-0047-0／定価：本体650円＋税

『この恋、国家機密なんですか!?』 真彩(まあや)-mahya-・著

旅行添乗員の唯は「お前をいじめていいのは俺だけ」と豪語する俺様な官僚・篠田と2年も付き合っているのに、彼の住所も電話番号も知らない。何度聞いても「仕事上の制約で話せない」と言われるばかりで不安を抱えていた唯だけど、ある大事件に巻き込まれ、予想外の彼の正体を知ることに…!!

ISBN 978-4-8137-0048-7／定価：本体640円＋税

書店店頭にご希望の本がない場合は、書店にてご注文いただけます。

ベリーズ文庫 2016年2月発売予定

Now Printing

『ウェディングロマンス』 水守恵蓮（みずもりえれん）・著

地味なOL萌は、営業部のホープで憧れの響と、まさかの結婚！　しかし結婚式の誓いのキスは頬に誤魔化され、寝室は別の新婚生活。彼が求めたのは『家族としての妻』と割り切る萌だが、彼と元カノの過去を知り嫉妬する自分に動揺し、彼への恋心を自覚する。そんな萌に響が伝えた本心は!?

ISBN 978-4-8137-0056-2／予価600円＋税

Now Printing

『強引上司の恋の手ほどき』 高田（たかだ）ちさき・著

電機メーカーで働く千波は初彼氏と上手くいかず悩んでいた。すると、女性経験豊富なイケメン課長・深沢に「お前の悩み、俺が全部解決してやるよ」と恋のいろはを教えられることに。強引に手ほどきを受けるうち、深沢が敷いた恋のレールにまんまとのせられ、気づけば心奪われて!?

ISBN 978-4-8137-0057-9／予価600円＋税

Now Printing

『スキャンダルハニー』 御厨 翠（みくりや すい）・著

ホテルで働く柚は、誕生日前に彼氏にフラれヤケ酒。翌朝目覚めると、隣には見知らぬイケメンが！　見るからに上流階級な男・佐伯は、介抱した代償として「身体で詫びてもらう」と柚に家事の世話係を命じる。最初は罰ゲーム気分の柚だったが、彼のオトナな魅力にいつしか翻弄されて!?

ISBN 978-4-8137-0058-6／予価600円＋税

Now Printing

『清く正しくあなたと同居』 砂川雨路（すながわあめみち）・著

同棲していた恋人にフラれ、貯金もない文（あや）は、営業部のエースである同期・青海の提案で、周囲に内緒で同居することに。でもその条件は、彼が将来結婚するときの練習相手として“仮想妻”を演じること！　“ただの同期”と思っていたのに、必要以上に甘やかしてくる彼に、毎日ドキドキさせられて…!!

ISBN 978-4-8137-0059-3／予価600円＋税

Now Printing

『フランボワーズは恋の味』 夢野美紗（ゆめのみさ）・著

恋愛小説家でありながら、恋とは縁遠い日々を送っている悠里。ある日、出版社から突然担当編集者が変わると告げられ…現れたのは、NY帰りのイケメン敏腕編集者・氷室だった。喜ぶ悠里だったけど、超ドSで強引な彼に振り回されっぱなし！　でも、甘いアメとムチを使い分ける氷室に惹かれ始めて…？

ISBN 978-4-8137-0060-9／予価600円＋税

タイトル、価格等は変更になることがございますのでご了承ください。